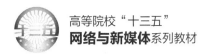
高等院校"十三五"
网络与新媒体系列教材

数据新闻
理论与实践

吴小坤 赵甜芳 ◉ 编著

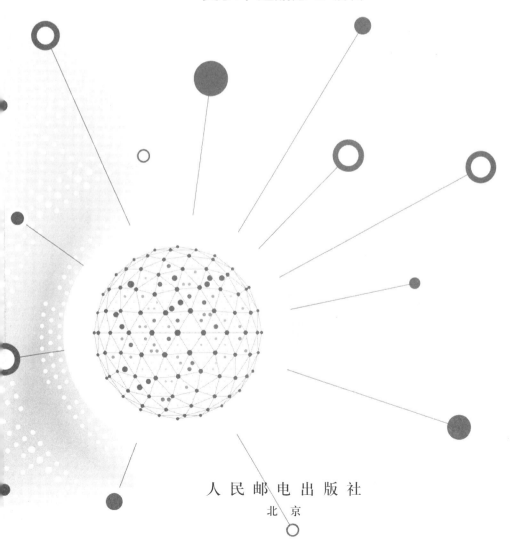

人民邮电出版社
北京

图书在版编目（CIP）数据

数据新闻理论与实践：微课版 / 吴小坤，赵甜芳编著. -- 北京：人民邮电出版社，2022.1（2023.12重印）
高等院校"十三五"网络与新媒体系列教材
ISBN 978-7-115-57311-7

Ⅰ. ①数… Ⅱ. ①吴… ②赵… Ⅲ. ①数据处理－应用－新闻学－高等学校－教材 Ⅳ. ①G210.7

中国版本图书馆CIP数据核字(2021)第184372号

内 容 提 要

本书将理论贯穿于实践之中，由三部分构成，主要内容层层递进：数据新闻入门、数据新闻基础实践和数据新闻进阶。

第一部分是根据作者在数据新闻领域的科研和教学实践，总结出的数据新闻的基础概念、市场情况、制作工具等入门知识。第二部分主要针对新的需求，在兼顾数据新闻基本规则和原理的基础上，对数据新闻选题与数据查找的基本方法，数据分析的格式、应用及基本关系，Excel 用于数据新闻的常用操作，数据新闻的图表表达，数据信息图的设计与配色原理，数据新闻的交互图表制作进行了详细介绍，更加贴合实践需求。第三部分是对现有数据新闻理论与实践的拓展，介绍了当前主流的智能分析工具和技术，包括社交网络分析与可视化、基于 Python 的新闻数据处理及可视化、人工智能方法在数据新闻中的应用等。

本书适合作为新闻传播等相关专业的教材，也适合从事新闻采写、文章编辑的媒体从业者及培训班等参考使用。

◆ 编　著　吴小坤　赵甜芳
　　责任编辑　王　迎
　　责任印制　李　东　胡　南

◆ 人民邮电出版社出版发行　　北京市丰台区成寿寺路 11 号
　　邮编　100164　　电子邮件　315@ptpress.com.cn
　　网址　https://www.ptpress.com.cn
　　大厂回族自治县聚鑫印刷有限责任公司印刷

◆ 开本：700×1000　1/16
　　印张：13.75　　　　　　　　　2022 年 1 月第 1 版
　　字数：276 千字　　　　　　　2023 年 12 月河北第 3 次印刷

定价：49.80 元

读者服务热线：(010)81055256　印装质量热线：(010)81055316
反盗版热线：(010)81055315
广告经营许可证：京东市监广登字 20170147 号

前 言 FOREWORD

　　数据与新闻，原本是两个关联甚微的概念，分属于科学和人文的两端。二者的结合使互联网时代无所不在的数据变得可见和可用，以及新闻生产从技术到流程的全面转型蜕变。在过去的几十年间，科学与人文的距离一次次被拉近，原本区隔的边界也变得模糊。在新闻传播学的教育与实践领域，这种变革的结果之一便是催生了数据新闻。

　　数据新闻的本质是新闻。与任何事物一样，新闻本身也在不断演化，而这个发展过程使新闻样态变得更加丰富多元，有些形式与传统报道大相径庭，以至于一些人对新闻的功能产生了怀疑。例如，借助可穿戴设备产生的数据记录城市骑行者轨迹的可视化作品算不算新闻？使用 AR/VR 等手段营造的沉浸式战争场景体验，算不算新闻？事实上，这些都是国际数据新闻大赛获奖作品所提供的视角，它们以独特的、更具贴近性和交互性的方式，让读者感受甚至参与到新闻中来。以今天的视角回顾数据新闻的发展历程，我们可以看到，正是在不断打破怀疑、颠覆认知的过程中，数据新闻才得以生长并焕发生机。使人们对数据新闻整体性有一个深入的理解，也是本书第一部分的要义所在。

　　数据新闻离不开数据。尽管数据常常给人一种纷繁复杂的感觉，但是它的本质却是简单而直接的。数据的产生，实际上是将我们生活中的具体事务不断抽象的过程，在大多数情况下，与我们的社会生产和生活不可分割。数据已经成为我们今天认识和了解世界的重要资源。人们要学会使用数据、从数据中提取有用的信息和知识，并且能够将数据以一种简单而直接的方式呈现给公众，是需要经过一番训练的。这项训练不仅包括数据本身的获取和分析，而且包括与之相关的对数据分析工具的掌握、数据可视化技能与审美训练等；更重要的是，要实现以新闻生产为目标的数据应用与可视化呈现，一方面需要理解新闻的核心价值，另一方面需要一种简单而清晰的呈现方式。能做好一则看似简单的数据新闻，并不容易。本书第二部分依照数据新闻生产的基本流程，撷取了其中最核心和实用的部分，从数据获取、分析和可视化的原理、技巧以及相关误区的角度，给学习者提供一份可以跟随学习的方案。

随着信息科技的发展，数据新闻在新闻业中的地位日渐提升。究其原因，既有新闻样式本身的不断完善，亦有新闻业转型大背景下人工智能在其中的驱动作用。未来，数据新闻的生产一定无法避开人工智能。同数据对新闻的意义一样，人工智能提供了多项可用的前沿技术，改变了新闻生产的性质，从而将数据新闻再向前推进一步。本书第三部分结合当下主流的智能分析工具，介绍了社交网络分析与可视化、基于 Python 的新闻数据处理及可视化、人工智能方法在数据新闻中的应用等，希望能够引导学习者进入一个更广阔的数据新闻新天地。

学习数据新闻的过程，是思维和能力得到全面训练和提升的过程。对很多文科生来说，也是一个不断自我突破的过程。独立完成一个数据新闻作品，能迅速提高学习者对数据新闻的理解程度、技能掌握程度、动手实践能力。学习者在开启一个数据新闻选题的时候，就开始进入"发现—碰壁—纠错—再发现"的学习历程，尽管在此过程中可能会遇到很多困难，也可能会时常感到沮丧，但结果却往往带来惊喜和欣慰。我们强烈建议学习者完成每章的实训，根据知识脉络制作独立作品。数据新闻提供了一条通达当下社会数据素养的路径，在这条道路上，情怀、严谨、耐心缺一不可。

最后，本书的完成得益于"教学相长"的过程，很多知识点和问题都根据实际课程教学中同学们遇到的困惑和问题设置。在此感谢王敏、李喆、李婉旖、谢田甜、周奕吟、余根芳、全凌辉、纪晓玉等几位研究生，他们为本书做了部分资源整理工作；感谢澎湃网湃客频道提供的专业指导与学生实践专栏；感谢智慧树在线课程平台此前为数据新闻慕课所做的努力；特别感谢人民邮电出版社的细致勘校和辛勤付出。感谢所有选择本书学习数据新闻的读者，您的宝贵意见和支持是我们在数据新闻教学和研究中前行的动力。

作者

2021 年 8 月

目 录 CONTENTS

第一部分　数据新闻入门

第二部分　数据新闻基础实践

第三部分 数据新闻进阶

第一部分

数据新闻入门

第1章　认识数据新闻

　　数据深刻影响着人们认识和思考世界的方式，在数据记者和编辑大量借助代码和软件来讲故事的今天，新闻不仅是一种客观呈现世界的方式，还能重塑社会对新闻本身的理解方式。数据新闻的样式在本质上如何区别于传统的新闻的样式？在界定上如何体现？以及其发展状况如何？对这些问题的理解有助于我们更好地把握数据新闻的选题与目标方向。

学习目标

- ❖ 了解数据新闻的概念界定；
- ❖ 掌握数据新闻的选题规则；
- ❖ 熟悉数据新闻的制作流程；
- ❖ 了解数据新闻的发展现状与趋势。

能力目标

- ❖ 对数据新闻及其相关概念的辨析能力；
- ❖ 对融合转型中数据新闻样态的理解与把握能力。

1.1　数据新闻的概念

　　随着数据新闻在媒体中的普及和发展，数据新闻这一概念也从最初的不稳定和不确定，逐渐变得明晰。尽管今天仍然对这一概念存在一些不同角度的解释，但对其核心要素并不存在太多的争议。"数据新闻"概念的形成意味着它作为一种独立的新闻样态，已被公众和专业人士所认可。今天我们看到的数据新闻，是在新媒体环境下生长起来的新闻样态，并有着与之相应的新闻业实践；它既是信息技术作用于新闻事业的效果，亦是新闻学自身演进的结果。

1.1.1　数据新闻的概念界定

　　"数据新闻"概念的形成与新闻实践有着非常紧密的关系。数据新闻是从数据中挖掘和发现新闻故事的路径，改变了传统的新闻思维。数据新闻不仅是信息或叙事，而且是一个发现问题的过程。在这个过程中，以数据为核心，发现或者解释这个世界上原本不为人所知或者不受关注的事实，通过数据建立关联是数据新闻记者一项基本的思维训练。数据新闻较早的实践者是《纽约时报》和《卫报》，它们在 2011 年和 2012 年围绕同性恋、犯罪和骚乱等议题展开大量的数据新闻报道，并取得引人注目的成效。在过去几年里，数据新闻的迅猛发展让这种报道形式成为国内外媒体中的常备内容。目前，世界范围内的很多主流或新兴媒体都开设了数据新闻专栏，将数据新闻作为其探索性产品的重要部分，也都取得了很好的成效，如国外的《洛杉矶时报》《华盛顿邮报》、FT、FiveThirtyEight、Buzzfeed、ProPublica；我国的财新网、新华网、网易、第一财经等。

然而，由于其概念的不确定和范畴的相对模糊，不同媒体在尝试数据新闻时往往基于各自的理解，在技术使用和内容表现上差别较大，同时也存在一些因夸大工具性或数据泛化而产生的误解。数据新闻并不是仅使用了数据的新闻，也不是由数据构成的新闻。在理解数据新闻这一概念的时候，我们需要避免一些误区。一个常见的误区是，认为新闻里使用了数据，甚至仅仅是数字，就可以称得上是数据新闻。另外一个与之相对的误区是，认为数据新闻需要使用海量数据，只有大数据才能撑起数据新闻。这些误区的根源往往是对"数据"的不当认知。

需要明确的是，数据≠数字，数据≠大数据。根据技术大百科（Technopedia）的解释，"在计算机科学领域，数据指数字化的信息载体。它可以是数字、文字、图表、语音、符号、视频等任何形式，其本身没意义，需要通过被使用才可能被赋予意义。"[1]然而，数据新闻既有的定义并未能解决其在实践应用层面的模糊性，这一概念仍需要进一步明晰。

数据只有在被使用的过程中才能转化为信息，并通过与故事结合呈现其意义。因此，数据新闻具有一定的操作适用性，并非所有的新闻都适合做数据新闻。数据新闻操作层面的适用性反过来能够对其概念框架形成预设。我们认为，数据适用于新闻的价值和意义主要遵循以下两条路径。

（1）使用一定量的数据为新闻提供支撑，并以可视化的形式呈现仅靠文字无法呈现的内容。

（2）从数据中寻找并发现问题，进而挖掘出新闻故事。

在第一条路径下，使用数据呈现仅靠文字无法呈现的内容是关键。有非常多的案例体现这一点，如 Buzzfeed 的"天空中的密探"将美国国土安全部（Department of Homeland Security，DHS）和美国联邦调查局（Federal Bureau of Investigation，FBI）的无人机航行的几万条数据用地图的形式呈现出来。这种做法成为当下数据新闻作品的一个主流方式。[2]在第二条路径下，

---

1 Definition of Data. Technopedia, revisited in 2017-09-04.
2 这类案例有很多，具体可看看 DJA 网站，以及财新数字说、DT 财经数据新闻栏目等。

从数据中发现的新闻故事往往能够打破我们的常规思维，帮助我们看到这个世界不同的一面。从操作层面来看，这条路径的要求更高，实现难度也更大，需要记者具备较强的数据运用能力，并对目标事件的环境和数据非常熟悉。

这两条路径规定的标准直接指向的是数据新闻与传统新闻在目标要旨上的根本不同，它同样可被用来辨别什么样的新闻适合做数据新闻，能够指导实践判断，并对数据新闻既有的界定予以补充。在此基础上，给出数据新闻的定义。

数据新闻是基于数据分析和计算机技术的可视化新闻样式，能够在新闻叙事中使用数据呈现仅靠文字无法呈现的内容，或者通过数据分析发现问题进而挖掘出新闻故事。

这一定义旨在为数据新闻划分边界，基于两条路径的条件规定，有助于解释和辨别大家长期以来困惑的，用大量表格和数据报道呈现的宏观经济分析、产业深度报道、个股评述等是否算作数据新闻的问题。

1.1.2　数据新闻概念的来源

从理论上看，数据新闻与精确新闻、计算机辅助报道等概念有一脉相承的关联。这主要体现在新闻报道中对科学性、精确性的追求和新技术手段的运用。20 世纪 60 年代，美国学者、新闻记者菲利普·迈耶（Philip Meyer）提出了精确新闻理论。这一理论的提出回应了当时新闻界的两个潮流：一个是新新闻主义的发展，另一个是社会调查研究的流行。根据迈耶精确新闻的定义，精确新闻的"精确"来自于采集方法的改变：是指记者在进行新闻报道时使用社会科学研究方法来收集新闻素材，完成新闻报道的采写，这些方法包括调查、实验和内容分析等。而精确新闻学的出现，反映出其对新闻报道准确性和客观性的追求，它要求记者通过调查和内容分析等科学方法，提高新闻的准确性和客观性。

在新闻报道朝着科学化和精确化发展的同时，计算机技术也逐步应用于社会调查和政府数据库建设中。这一历程包括：从 20 世纪 50 年代使用大型机处理政府数据库、发现和调查新闻事实的早期阶段，到 20 世纪 70—80 年代通过 PC 普及、商业和政府数据库的进一步开放形成的"以新闻报道为目的，对任何计算机化的信息来源的处理和使用行为"的第二个阶段，再到 20 世纪 90 年代中期以后利用互联网进行新闻采集、分析和制作的第三个阶段。计算机辅助报道强化了新闻报道的技术导向是使用计算机来辅助收集和处理信息的新闻报道方式。安德森（CW Anderson）将计算机辅助报道定义为"算法的、社会科学的和精确的报道形式"。在这个定义下，算法开始与新闻相结合，并为后来计算新闻学的兴起做好了铺垫。

数据新闻是在计算机辅助报道的基础上，从技术角度对新闻业的再度推进。这一概念首次公开使用是在 2011 年 1 月的 NICAR 大会上。在该会议上，学者们达成一项共识："计算机辅助报道"这一概念已经无法阐述这个行业的实践。自那之后，"数据新闻"被全世界的记者广泛使用。在数据新闻林林总总的概念界定中，最普遍使用的是教材 *The Data Journalism Handbook*（《数据新闻手册》）中的定义，该教材将数据新闻描述为"用数据处理的新闻"，并认为"数据新闻能让记者通过数据和信息图表来报道一个复杂事件的过程。"书中认为，"数据可以是新闻的来源，也可以是讲新闻故事的工具，还可以两者兼顾"。学者马可·科丁顿（Mark Coddington）等人总结道："数据新闻被广泛定义为基于数据的抓取、挖掘、统计、分析和可视化呈现的新型新闻报道方式，其数据的获取方法和来源更加多元。"国内学者方洁等人认为，"数据新闻并不是由某一位学者提出的概念，这个概念兴起于一个遍布全球的数据记者群，其影响的范围更广；相对于计算机辅助新闻报道，数据新闻的概念代表着一种新闻发展的形态，其内涵和外延比计算机辅助新闻报道更加广阔。"从这个意义上看，数据新闻指示了新闻朝向技术化发展的新阶段。

尽管存在时间上的先后和方法上的共通性，数据新闻、精确新闻、计算机辅助报道这 3 个概念仍然令人十分困惑。困惑一方面来自上述 3 个概念之间颇为纠结的承递关系，另一方面来自对数据新闻中的"数据"所指及其与新闻结合的理解。从概念的承递来看，国内存在两种较为明显的观点。一种观点认为，数据新闻是由精确新闻发展而来的，数据新闻是"数据时代的衍生品"，是"精确新闻的进一步延伸"。另一种观点则认为，数据新闻由计算机辅助报道发展而来，计算机辅助报道起源于精确新闻报道的需要，而数据新闻在计算机方面的应用可以被理所当然地视为是计算机辅助报道在大数据时代的提升和发展。这两种观点的争议在于，数据新闻在概念界定上是侧重于分析逻辑，还是侧重于技术逻辑。其背后的实质性问题则是：数据新闻与传统新闻之间的传承关系是否存在以及如何存在？对这个问题的理解差异，也直接影响到数据新闻概念界定和发展思路的不同。

现在，无论是读者还是新闻记者，对数据与新闻的结合都已不陌生。事实上，将数据应用于新闻并可视化在 20 世纪五六十年代早已有之。当时，著名的南丁格尔玫瑰图和伦敦霍乱地图在特殊的时代环境下，引起政府和社会公众的关注，并将早期信息图表式的数据新闻带入人们的视野。其后，信息图与新闻的握手并不少见，但并未引起足够的重视，更未能形成"数据新闻"的概念。无论是从技术应用还是从数据丰富度来看，当时的新闻生产在数据获取和故事挖掘方面都受到很大的局限，而这些恰是促成精确报道和计算机辅助报道向数据新闻转化的必要条件。

1.1.3 数据新闻价值区别于传统新闻价值的要义

数据的介入给传统新闻的价值观念带来了相应的改变。这一方面来源于数据本身的采集和处理的质量，另一方面来自于数据分析的方式。仅就数据本身而言，准确性、权威性、相关性是最为重要的评判要素。对于数据新闻来说，数据是核心，数据的价值在很大程度上决定了其新闻的价值。

1. 新闻时效性：数据趋势与预测性报道中的新闻未来时

一直以来，新闻被定义为是对新近发生事实的报道。在这个认知观念的关照下，新闻行业做的"预测性报道"，即记者凭借以往的新闻报道经验和新闻嗅觉，对尚未发生的事件进行报道。一些学者认为，这种新闻报道样式"违背了新闻的先有事实后有新闻的客观规律"。传统新闻报道的时效性是指对新近发生事件的及时报道，要求报道及时、内容新鲜。从时间上看，它包含两个时间段：一个是新闻事件发生的时间，另一个是新闻报道的时间。一般认为，从新闻事件发生的时间的层面看，有必要对发生在当天或前一天的事件进行新闻报道，与当天事件有关的先前事件也可以报道；从新闻报道的时间的层面看，新闻报道要及时跟进，并进行不断更新以满足人们对世界的求知欲。总体来说，在新闻价值判断中，时效性是指新闻事件发生时间和新闻报道时间的时间差，时效性越强，新闻的价值就越大。

基于数据的分析强调对事物发展规律和趋势的把握。数据新闻的出现提早了新闻报道的时间，数据新闻报道早在新闻事件发生之前就已经着手了。一个典型的例子是谷歌对流感在美国传播的预测报道。早在美国爆发流感的前几周，谷歌的专家团队就已经在《自然》期刊上发表了相关论文。在论文中，他们不但解释了为什么能够成功预测流感在美国的传播，而且预测了流感传播的特定地区。另一个典型的例子是，针对多年来随着经济发展和女性地位的提升，世界多个国家和地区生育率不断下降、育龄女性更习惯单身的现象，英国《经济学人》网站制作了 *The end of history and the last Woman*（《历史的终结与最后的女人》）的数据新闻，依照各国和地区净生育率数据，预测出这些国家和地区最后一个女性的出生时间，他们认为将会对该国家和地区造成不可遏制的负面影响，引起社会民众对这个沉重问题的关注和反思。

换句话说，数据新闻给新闻业提供了"创造新闻"的机会。传统的新闻报道是对已发生或是正在发生的事实的报道，而数据新闻通过发掘隐藏在数据背后的故事，依照数据发现再参照事实，可以创造出新的报道。比如，通过分析长时间跨度的数据，可以发现事物的发展规律和趋势，新闻由此超越时间和空间的限制，延伸了其新闻的时效性价值。

2. 数据适用性：中立的把关人与客观报道正当性的挑战

与记者经验视角的事实判断相比，对大规模相关数据信息的分析有助于揭示更大范围内问题的本质，并用数据证明它更接近事实的状态。尤其是对一些复杂的事件而言，数据新闻一方面提升了媒体的工作层面，促使媒体所报道的内容从表层现实到深层现实转变，这种转变不仅提高了媒体对社会问题的理解程度，还将改变媒体对报道客观性的实践水准。但另一方面，数据新闻对数据的高要求，不仅需要记者具备更高的数据素养对客观性加以验证，而且需要平衡数据使用和适用之间的关系，这两者之间的冲突对报道正当性提出了挑战。

《卫报》在 2011 年的伦敦骚乱报道中，借助数据呈现帮助社会公众了解事态进展和具体原因。当时的英国政府认为 Facebook 和 Twitter 等社交媒体是加剧骚乱发生的重要原因，认为它们方便了谣言传播，并据此要求临时禁止人们使用社交媒体。在这次骚乱中，英国政府没有调查骚乱发生的真正原因，只是急于处理骚乱。制作"骚乱中的谣言"的数据新闻团队利用检察机关和地方政府部门的数据，以交互地图方式证实了骚乱发生地和该地域经济状况有一定的相关性，有力地驳斥了首相卡梅伦在骚乱起初声明的骚乱与贫困无关的结论。此外，该团队还对 Twitter 的信息做了内容分析，发现 Twitter 虽然也在传播谣言，但是在公布事实和恢复社会秩序上发挥了积极作用。

这则新闻报道中使用了从 Twitter 上抓取的个人信息数据，个人的推文是否可以被作为公共资源来使用，是长期以来数据适用性问题的一个重要争议。事实上，不少数据新闻中的数据来源主要是政府机构、企业、研究机构、国际组织、民意测验和传媒机构自身采集的数据。其中，通过机构，特别是政府机构获取的公开数据所占比例最高。一方面，公开数据有益于公众利益和基本权利的保障；另一方面，公开数据中的记录也可能对人们的生活造成负面影响。对于数据新闻的生产而言，公开、可得的数据的丰富性，能够保证数据新闻的新闻源的丰富性和可检验性，从而拓展数据新闻的报道领域。与此同时，这些数据的易得性，也使得数据新闻报道面临新的伦理问题。其中最为突出的就是数据背后的社会责任冲突。

3. 隐含的数据逻辑：数据新闻中的公共意义关联

数据新闻源于调查报道，对公共性的追求是数据新闻的一个重要取向。数据的意义在于唤起公众对一些原本无意识的问题的认知，并且通过数据增强其论证的可信度。数据可视化对公共性的意义主要在于，通过数据能够建立或解构事件关联，在文章中会自成逻辑，帮助叙述和解释整篇故事。

在很多数据新闻案例中，新闻的公共性是通过数据挖掘和呈现而形成的，这与传统新闻价值中将公共性作为新闻报道的目标追求有所不同，数据新闻中的公共性在某些情况下并不是预先设定的，而是通过从数据发现的过程中逐渐显现出来的。由于记者的时间和精力有限，在大量的信息冲击下，很多精力被用于和其他平台的信息保持连接，致使很多记者在发掘新闻线索、核实事实真相和深度解析社会问题方面的投入不够，大量重复的新闻内容直接被微博、微信和直播网站搬用，在一定程度上代替了记者采访。在一些数据新闻报道中，记者通过分析数据找出相关性，阐释新闻故事，最后生成了新的意义。

4. 发现"异常性"的方法转变：数据背后的故事

"异常性"是衡量新闻价值的重要标准之一，早在 19 世纪 70 年代，"狗咬人不是新闻，人咬狗才是新闻"就成为美国商业报纸选择新闻的一条不成文标准。在新闻故事中，"异常性"主要以少见离奇的事件和从事非正常活动的人为主。但在对"异常性"的判断上，记者往往需要凭借在长期新闻实践中形成的新闻敏感和报道经验。从这个意义上说，数据新闻通过大量数据分析发现其中存在的异常值，从而挖掘出意想不到的新闻价值，这在传统新闻的生产方式中几乎是不可能做到的。

2013 年度 DJA 数据新闻调查类系列报道《2004—2013 年的阿根廷参议院支出调查》，出自阿根廷的《民族报》，《民族报》的团队成员在对三万份数据的分析中发现了异常值，继而发现时任参议长的布杜的开支数据存在巨大问题，引发当地强烈的社会反应。参议长布杜被司法调查，参议院的官员也开始正面回应自己的开支问题。

这篇报道的数据来自 3 个不同的发布来源：参议长颁布的政策文件，参议院行政部和参议院会计部分别公布的相关文件。由于文件格式不统一，《民族报》团队的工作人员几乎是从零开始，整理了 3 万多份文件，手动录入 Excel，最后将它们的格式统一，形成了详细的电子数据库。按照关键词检索、不同方式排列并进行比对核算后，记者发现时任参议长的布杜的开支数据中存在重大问题，并根据这些数据写出了 3 篇重磅报道。第一篇报道是针对布杜在公务出行中支出过大的问题，在数据中发现了保镖和助手配备过多、公务活动的进程过于冗长、不明开支等问题。第二篇报道披露了布杜挪用参议院应急资金购买自家的豪华家具，而且超出了预算的一倍。第三篇报道按照起止时间（2011 年 12 月 29 日—2012 年 12 月 25 日），将布杜 2012 年所有报销开支的公务出行标示出来，制作成一个互动式甘特表。通过这个互动式甘特表，读者一眼就可以看出，这些公务出行日期有大量的重叠部分，布杜不可能同时在两个地点出差。那些已经取消了出行的支出依然得到报销，这些都被该团队一一标注出来。

当下具有影响力的数据新闻不乏"从数据中发现异常值，从而挖掘新闻背后的故事"的新闻生产方式。例如，"卢森堡泄密""瑞士泄密"等系列报道，都是通过泄露的数据挖掘出具有更深层次价值的新闻内容。这一方式延续了调查报道的基本理念，但在实现方式上却有所不同。在传统新闻的调查报道中，记者深入一线环境中，收集相关资料，然后经过多方取证，对事件的全貌有清晰的把握，最后采用归纳演绎的方法报道出真相和事实；但是在数据新闻中，主要方法是对于已有数据和材料的再挖掘。换言之，数据的挖掘过程就是调查报道的过程，数据挖掘和数据分析的能力成为数据新闻记者需要具备的重要技能。

5. 趣味性再定位：从新闻作品到媒介产品的目标转移

如果说新闻是作品，那么数据新闻更接近于产品。不仅其生产流程、内容呈现和操作路径都对技术产生强烈的依赖，而且新闻作品常常能够自成一体，不再仅仅是某一个新闻报纸或 Web 页面的一小块，而是广泛存在于手机客户端、微信小程序等移动终端，成为依赖程序开发的产品。

报道政府部门的财政预算可以说是一个既繁杂又专业的过程。新闻的互动性设计提高了受众参与度，受众参与所带来的数据价值改变了传统新闻的内容构成模式。2012 年 BBC 和 KPMG 联合推出的《预算计算器：2012 年预算是怎样影响你的？》在个人生活的方方面面与政府预算之间建立起一种相关性，用户只要在界面应用上输入一般的个人生活信息（如一周所购买的香烟和啤酒数量、拥有汽车的数量、每月薪水等），按照所给数据，计算器能够显示出 2012 年的政府预算需要你付多少税、生活质量与上一年相比是否会降低。通过这种方式，媒体不但建立了一个用户数据库，而且能够通过互动与数据分析，为政策制定决策提供参考。

这种类型的数据新闻在呈现样式上往往也采取更为活泼的方式，如 2015 年的获奖作品，BBC 的《你最适合哪种运动？》是一项 60 秒的测试类应用，测试包括 13 个问题，如身高、力量、疼痛忍耐度、敏捷度、持久力、柔韧度、交互度、合作性、注意力、体脂肪等问题，每一个问题按重要性程度，在 1～10 的分值范围内进行自我评估。在该项测试的问题设置中，将一些抽象的问题进行具象化的表达，以促进应用用户能够更加确切地进行回答。这种类型的数据新闻中所蕴含的趣味性原则和贴近性原则都让受众的参与兴趣得到了更好地提升，而受众参与则构成了数据新闻的一部分。

从新闻价值取向的层面来看，传统新闻报道往往更加突出显著性和重要性等新闻价值要素，习惯用硬新闻的报道形式，而轻视趣味性这个新闻价值要素。而随着时代的发展和技术的进步，数据新闻在新闻价值要素的取向上发生了一些变化，开始高度重视新闻价值的趣味性要素，并通过各种技术手段发掘新闻的趣味性要素。

1.2 数据新闻的市场现况与社会建构反思

数据深刻影响着人们认识和思考世界的方式，在数据记者和编辑大量借助代码和软件来讲故事的今天，新闻不但作为一种客观呈现世界的方式，而且重塑社会对新闻本身的理解方式。数据新闻的特殊性之一是它带来了从传统的"谈论式"新闻向"工具式"新闻的转向。这不但源自其本身所具备的工具特征，而且直接指向了新闻实践的规范、知识和价值，不断推动新闻业的各个领域的创新发展。数据新闻不仅包括了内容生产与传播的转向，还涉及经营与社会建构等行业实践层面；同时也涵盖了新闻社会功能和价值的反思。

1.2.1　数据新闻的市场现况

伴随着中国媒体融合转型的现实需求，无论是业界还是学界，对这一领域都寄予了厚望，甚至期冀数据新闻这种新的产品形式能够改变媒体在新闻领域长期以来的营收亏损局面，带动媒体内部人才结构的转型。

2011 年以来，以搜狐、网易、新浪、腾讯四大门户网站为发端，我国媒体开启了数据新闻栏目化、专业化制作的进程，制作了大量以信息图为主要呈现形式的数据新闻。此后，新华社、中央电视台、财新网、《南方都市报》等主流媒体先后开设数据新闻专栏或专题报道，并配备专业队伍进行数据新闻制作。据不完全统计，截至 2019 年 5 月，我国现阶段已有至少 40 家媒体设置了固定更新的数据新闻栏目。不过，近年来一些媒体的数据新闻栏目停止更新，且数据新闻栏目新设立数量逐年降低，数据新闻栏目的增速渐趋平稳。

2015 年有 15 家新闻媒体或数据公司开设了数据新闻栏目，该年是建立数据新闻栏目最多的一年。此后数据新闻新建栏目数量逐年降低，发展趋于平稳。根据我们能够找到的数据新闻栏目（不完全统计），截至 2019 年 5 月，我国先后至少创立了 47 个数据新闻栏目，2018 年 6 月 1 日—2019 年 6 月期间总共发表报道 5 378 篇（含转载、联合报道），其中有 31 家单位数据新闻栏目保持着固定更新，也有 16 家单位的数据新闻已停更或无法查询到更新情况。

这背后的原因有多种，有些是因为媒体业务布局的调整，有些是因为人才流失带来后续生产困难，有些则是因为业务发展后，数据新闻被并入更大的数据服务项目中。这也说明，数据新闻内容生产的门槛较高，对人才和投入都有一定的要求。有意思的是，媒体对数据新闻栏目的重视程度与媒体数据业务的水平相一致，而这也是媒体融合所需求的"数据支撑力"的一部分。

从开设数据新闻栏目的媒体来看，数据新闻在纸媒比在电视媒体更受青睐。大多数的数据新闻作品也是以纸媒阅读为原型的形式。尽管很少有电视台设置专门的数据新闻栏目，但数据新闻已经作为一种新的新闻报道方式存在于一些电视台的日常报道中。中央电视台从 2014 年《据说春运》系列开始，制作了《据说》系列数据新闻，而据不完全统计，目前国内已有十多家地方、省级电视台推出了数据新闻专题报道。如江苏卫视的《大数据看迁徙》《大数据说消费》，浙江卫视的《大数据看春运》《大数据看出行》，湖北卫视的《湖北大数据》等。这些地方电视台多围绕"春运""两会"以及"五一"等节假日和社会热点事件，用动画、3D 视频、虚拟互动等媒体表现形式进行数据新闻报道。2016 年，广东卫视开设了全国首档大数据电视新闻栏目，此外的电视媒体更多地以节目、专题报道的形式进行数据新闻报道，或者将数据新闻作为日常报道的一种方式。

随着数据量的加大、数据可视化呈现的复杂化，数据新闻的内容生产和阅读门槛都在继续提高。从实际情况来看，数据新闻作品在内容风格上已经形成了两种不同的取向：一种是日趋专业化的数据分析，以大量的数据为基础，对数据进行深度挖掘和可视化呈现；另一种是借助数据，以活泼生动的可视化形式呈现原本生硬的话题。

在媒体的新闻生产领域，数据新闻栏目自设立起，就被寄予了社会价值和商业价值的双重期待。数据新闻的核心价值是一个关乎其能否持续发展的关键问题，媒体从业者普遍认为数据新闻最重要的价值还在于其社会价值，即好的数据新闻作品会对社会公众产生认知上的影响，并有着影响公共决策的可能性。数据质量和数据开放程度都是影响数据新闻发展的制约性因素。在经历了一段时间的探索之后，随着严格的数据新闻内容生产更加成熟，不少媒体通过拓展业务范围，寻找数据新闻的价值突破口。

媒体数据新闻的业务领域正在不断拓展，从用数据讲故事的新闻样式发展到数据咨询服务、数据可视化服务、数据有偿提供、线下数据活动以及多种样式的数据服务范畴。就数据新闻市场而言，由于媒体所具有的传播属性，数据新闻产品及其衍生品既可服务于政府、企事业单位，又可作为媒介产品传播给个人受众，故数据新闻产品覆盖市场范围广阔。除了严格意义的数据新闻，其服务范畴还包括：数据咨询研究服务、数据可视化服务、数据商店服务、数据预测服务等。概言之，数据新闻业务模式的多元化发展趋势，就是要贯通"数据新闻—数据产品—数据应用—数据产业"的各个环节，借助技术优势和研究深度，推动媒体核心业务融合转型。

1.2.2　数据新闻的内容趋势

数据新闻的内容将朝向更加强调新闻性、视频表现、多样性的方向发展。从更微观的内容生产来看，数据新闻的制作在经历了追求炫酷的可视化效果之后，开始逐渐回归新闻的本质。

（1）数据新闻开始更强调新闻性。在前些年，炫酷的可视化效果、游戏风格和视觉冲击是不少数据新闻制作者追求的目标。对视觉冲击的追求可以看作是一种尝试，但近两年来，数据新闻开始强调新闻属性，在选题和叙事方面要求更高，在内容深度方面要求增强。这也是数据新闻内容生产逐步走向成熟的标志。

（2）视频将成为新的数据表现形式。2019 年的一个热点概念是 5G，随着基础设施的布局完善，视频将迎来新一轮的发展。2018 年以来，在数据可视化领域已经显现了数据视频化的趋势。在原有表现形式的基础上，这些数据新闻作品大量使用 GIF 或其他一些动态图表格式，以静态视频形式呈现数据。这种形式的叙事表达比让读者点击阅读的交互形式更加高效，也不乏生动。

（3）数据新闻参与主体多元化将带动内容更为多样。以率先向社会开放数据新闻内容生产的澎湃新闻-湃客为例，到 2020 年底已有 135 家参与单位，包括高校、创业型的内容公司、数据持有方或提供方等。这些不同身份背景的创作者会不约而同地使用数据新闻的形态去讲故事，这在某种程度上印证了数据新闻的价值。

1.2.3　数据新闻的社会建构反思

社会建构论指向新闻样态存在的环境条件。数字环境下的新闻内涵改变受到社会建构的影响，新闻不仅是对新近发生的事实的陈述，而且包含了从社会各行各业产生的数据中挖掘，呈现原本不为人知或者不易发觉的新闻故事。从这个意义上，社会环境中泛在的数据对新闻起到了建构作用。

数据新闻是一种新闻样态的转向，这种转向不仅与技术有关，还是一种新闻生产方法论和思维方式的大变革，重构了新闻的生产理念。由于结合了"数据"与"新闻"，这一新的新闻样态在表现形式、生产流程和内涵指向上均区别于传统基于采、写、编、评的新闻样式。数据新闻从信息获取和使用，到生产加工流程，再到其意义呈现方式，数据和计算机技术的运用，对新闻结构的严谨性、新闻生产的运作方式、记者的劳动力和素养需求，乃至新闻机构的规范性都产生了潜在的影响。从更广泛的意义上讲，数据新闻蕴含的专业知识和事实真相之间的关系，或将更进一步改变我们对媒体社会功能和价值的认识，并持续重塑新闻的未来形态。

从信息基础来看，数据新闻是在互联网环境下，数据累积和数据开放发展起来的。这其中既有个人信息发布者源源不断的内容提供，也有用户的网络交互行为信息记录。有研究者指出，从网页上公开的 Excel、Word、PDF 文件中复制粘贴数据，并创造出新的数据集，已非难事。数据获取和创造的便利性给数据新闻的发展提供了广阔的空间，但另一方面，其获取和使用对专业性的要求更高。与传统的新闻形式相比，数据新闻对数据的依赖程度更高，无论是在数据采集、分析还是在呈现过程中，一旦数据发生错误或偏差，整个新闻报道都面临失实的风险。当下的数据新闻记者主要还是依靠自己寻找和分析数据完成数据新闻。信息技术的发展，将给数据新闻的生产流程方面带来进一步的变革。随着人工智能技术的发展，算法和模型将在数据采集、处理和选择方面发挥更大的影响，甚至可能直接以机器写作的方式完成现在尚需大量人力才能完成的数据新闻。

数据新闻的蓬勃发展折射出公众对信息公开的潜在诉求。随着媒体对数据需求的不断增多，基于公开数据的报道也将推动政府和组织开放数据的进程。2009 年以来，美国、澳大利亚、欧盟、英国、日本等相继制定了数据开放政策，许多国家和地区还颁布了《信息自由法》和《个人数据保护法》，对个人信息和隐私权加以保护。我国《"十三五"国家战略性新兴产业发展规划》提出"加快数据资源开放共享，发展大数据新应用新业态"，强调"政府数据开放共享""推动产业创新发展""健全安全保障体系"三位一体，到 2020 年底，逐步实现信用、交通、医疗、卫生等民生保障服务相关领域的政府数据集向社会开放。可以预见，在数据开放政策的推动下，我国的数据新闻还将有进一步的发展。

然而，与数据开放相伴而生的是数据安全与隐私权问题。隐私权是指从私密生活到独处的权利，再到今天的个人信息自觉权，每一阶段的变化都与信息环境紧密相关。在互联网时代，个人隐私权侵犯是个普遍且复杂的问题，其中存在很多模糊和争议之处。数据新闻使用了大量的网络数据，带来隐私权的担忧，尤其是通过计算机软件抓取的公开和个人信息是否侵犯了隐私权。比如，在春运交通流向地图中使用了大量的个人信息。但从这些信息中并不能看出某个人的行动轨迹，因此是一种无差别的信息。那么，这是否构成了对个人信息隐私权的侵犯？在另外的一些数据新闻中使用了大量的个人档案信息，比如对美国持枪者的信息公开是否构成了其隐私权的侵犯？这一系列的问题对数据新闻的内涵提出新的挑战。

从根本上说，技术与社会的关系始终是个争议话题，自主性的技术论认为，技术与社会的关系表现为技术决定社会；但一些学者反对那种一味强调技术独立性，认为技术是脱离人和社会情境产生的观点。后者强调社会建制中的技术演进以及与环境的关系，数据新闻从根本上萌芽于技术的推动，其基本的问题域形成于新闻—技术—社会的多维关系中。

数据新闻在认识论上的问题是：数据是代表客观事实，还是只能代表某种具有重要意义的知识形式？对信息时代的受众而言，阅读新闻不再是单纯的信息接收过程，而是更期待能够参与其中。如果精确报道是从媒体的专业性出发，借助数据提升报道的客观性和准确性，那么，数据新闻在此基础上加入了用户的理念，从信息的主动获取和参与过程中进一步挖掘数据的意义。交互式的数据新闻指向了新闻发展的另一方向，即促使用户在新闻阅读的过程中生成人机交互的信息获取和生产模式。未来，当数据、算法和新闻业的运行模式更加深度交织之后，有关数据、新闻及其关联活动的问题也将更多浮现出来。

本章知识要点

1. 数据≠数字，数据≠大数据。数据本身没有意义，需要使用才可能被赋予意义。

2. 数据新闻具有一定的操作适用性，并非所有的新闻都适合做数据新闻。

3. 对于数据新闻来说，数据是核心，数据的价值在很大程度上决定了其新闻价值。

4. 数据新闻是一种新闻样态的转向，这种转向不仅与技术有关，更是一种新闻生产方法论和思维方式的大变革，重构了新闻的生产理念。

【习题】

1. 数据新闻的生产遵循的两条基本路径是什么？

2. 数据新闻在哪些方面突破了传统的新闻价值？

3. 从数据新闻的角度来看，技术与新闻的关系是怎样的？

4. 数据新闻的选题需要考虑哪些方面？

第2章 数据新闻基本技能与制作工具

数据新闻作为一种新闻业的专业实践，需要学习者除了具有传统新闻记者采写编评的基本业务能力，还需要学习和掌握数据分析和可视化的技术。数据新闻记者技能的拓展，一方面表明新闻业要在适应经济、社会、政治和科技的变革中不断调整自身，以满足社会各方面的需求；另一方面也反映出在新闻业内部结构和外部环境的相互作用下，对未来记者素养提出的新要求。

 学习目标

❖ 掌握数据新闻制作的技能和基础工具；
❖ 了解现有的技术工具对应的技能板块。

 能力目标

❖ 掌握数据新闻制作的整个流程；
❖ 提升对所需技术与工具的识别能力和学习能力。

2.1 数据新闻技能从入门到进阶

数据新闻的知识具有多元互构性，不仅体现在人、社会和新闻存在方式的多重性互构关系上，而且呈现为通过技术和数据对上述关系的不断重塑。与传统新闻的思维不同，数据新闻的思维是性能驱动的。对于数据新闻来说，单从理论和逻辑上分析是不够的，还需要将数据新闻的知识体系创新与具体的技术范式纳入学习过程中。

2.1.1 数据新闻的内容构成及其知识体系

数据新闻包含的两个核心要素是数据和故事，用数据讲故事构成其主要内容。这就涉及数据新闻在方法论上具备技术范式的特点，因此，需要了解：（1）数据新闻相关的学科知识有哪些？这些知识如何构成其知识体系？

（2）数据新闻知识体系的内容构成是怎样的？（3）数据新闻知识范畴和技术范式如何？其发展方向是怎样的？

若要较好地回答这些问题，就需要对既有的新闻知识体系进行检视，总结数据新闻在生产与传播过程中所需的领域知识与外围知识，通过知识之间以及与新闻本身的关联性分析，回答这些知识如何构成数据新闻的知识体系。数据新闻发展到今天，从技术视角将其作为一套知识体系和研究领域进行探讨已经非常必要。

在数据新闻的实践过程中，技术的发展已经超出了新闻本身，对数学、统计学、认知科学、计算机科学等领域知识和技术的需求正在扩大。数据新闻的发展有必要关注到这些新的知识和技术范式，同时从业者需要跨学科的思维和对相关技术的深入了解。

1. 数据新闻的内容构成

从数据新闻发展的现阶段来看，其内容构成包括 3 个主要部分：文字、数据、信息可视化。文字是贯穿整个新闻故事的灵魂，尤其是在深度调查报告类的数据新闻中，文字起到主要的阐释作用，数据分析及其可视化往往作为与文字内容相互呼应的部分，帮助读者一目了然地获取核心要义。在图解类的数据新闻作品中，文字的作用就不那么显著，大多数的图解新闻作品多以信息可视化的样式呈现，只穿插很少的文字，文字在其中往往起到辅助说明的作用。

数据是内容构成的核心，也是数据新闻区别于其他新闻样式最重要的特征。尽管今天的很多新闻中都会用到各种各样的数据，但对于数据新闻来说，没有数据就不成新闻。可以说，数据是整个新闻的骨骼，支撑其灵魂与血肉。有过数据新闻制作经验的学习者可以感受到，我们看到的数据新闻作品中，呈现出来的数据其实仅仅是这项工作的一小部分，有大量的基础性数据不被呈现，也无法为读者看见，但在故事完成的过程中却是不可或缺的。因此，在数据新闻制作的初期，记者或编辑需要尽可能地获取更完整的数据，这样才有可供挖掘的材料和分析的基础条件。

最后，当有了相对系统的思路和可操作的数据后，将手头的数据进行信息可视化加工，这也是赋予其血肉的过程。信息可视化看似简单，但需要建立在数据分析与新闻故事的基础之上，同时需要掌握必要的工具技能。可以说，前期工作做得越好，信息可视化的完成度会越高。在专业的数据新闻团队中，信息可视化往往由设计师完成。作为初学者，现在也有不少工具能够帮助我们实现交互图表等可视化效果，也可以借助工具辅助配色，这让零基础的学习者能够快速实现完整的数据可视化制作。在本书后面的章节中，将具体介绍一些有效的操作工具和技巧。

2. 数据新闻涉及的知识体系

无论是从数据新闻的发展历程还是内容构成来看，新闻都是第一位的。因此，新闻学的基础知识和基本技能是数据新闻学习者需要掌握的必要知识，也是构成其所需知识体系的基础。传统的新闻制作需要记者掌握采写编评的基本业务能力，数据新闻记者也同样需要这些能力。除此之外，数据新闻记者还需要掌握数据获取、分析和处理以及信息可视化加工等方面的知识和技能。

国内最早开设数据新闻专业的中国传媒大学，在早期课程设计时就涵盖了新闻史论、新闻实务、数据处理、网页抓取技术、可视化技术和数据实践项目6个部分。学习的课程包含了新闻理论、采写编评摄、社会科学研究方法、统计学方法、中文自然语言处理与社会计算、Tableau、ECharts 等。对于数据新闻记者来说，这些课程能够提供必要的知识基础。近年来，随着人工智能和机器学习等方法在传媒领域的推广，数据新闻因其技术诉求特性也需要与之相适应。因此，本书最后三章介绍了与数据新闻相关的前沿应用，这也是数据新闻知识体系拓展的必然方向。数据新闻涉及的知识体系如图 2-1 所示。

图 2-1　数据新闻涉及的知识体系

2.1.2　数据素养与技能养成

数据新闻的学习重在培养数据思维的习惯，这也是帮助我们完成从数据到智慧形成的过程。这一过程可用 DIKW 模型表示，该模型是由美国教育家哈蓝·克利夫兰、教育家米兰·瑟兰尼和管理思想家罗素·艾可夫等的研究成果发展而来的，展示了数据是如何一步步转化为信息、知识，乃至智慧的。数据作为原始材料被收集后，经过整理形成有内在规律的信息，信息经过处理后，有价值的部分与已存在的知识体系相结合，转化为知识，知识在可能的情况下会升华为智慧，从而提供决策依据和指导，数据的价值继而得以实现。

要完成这一升华过程，数据新闻涉及的知识体系要求学习者具有一定的数据素养，并且能够掌握数据获取、分析与可视化的基本技能。

1. 数据素养

在数据广泛渗透于生活方方面面的今天，数据素养已经成为时代的必需品。在媒体内容生产中亦是如此，正如 Gartner 高级主管分析师瓦莱丽·洛根（Valerie Logan）所述："数据和分析能力（包括人工智能）的普及，要求内容创造者和消费者将数据作为一种共同语言进行'交流'。"

根据 Whalts 的界定，数据素养是从数据中获取有意义的信息的能力，就像识字一般是从书面文字中获取信息的能力一样。数据分析的复杂性，特别是在大数据的背景下，意味着获取数据素养需要一定的数学和统计学知识。为了应对这种复杂性，许多企业和组织都在招聘数据分析师，要求应聘者掌握一定的数据分析技能。一些企业还增加了首席数据官（Chief Data Officer，CDO），以确保组织实现其数据的全部价值。

具备数据素养是成为数据新闻记者的基础条件，数据素养简单地看包含以下基本能力。

（1）知道如何将数据用于特定目标的分析。

（2）能够阐释图表含义。

（3）批判性地思考数据分析带来的信息。

（4）理解数据分析工具和方法，并知道适时使用它们。

（5）能够识别出误导性数据和错误的数据表达。

（6）向缺乏数据素养的人传达有关数据的信息，即能用数据讲故事。

2. 数据新闻技能框架

财新数据新闻栏目的创始人黄志敏曾提出一个数据新闻制作的技能树，如图 2-2 所示。这棵技能树主要包括设计、内容与数据、可视化技术 3 个分支，每个分支列举了一些常用的工具及用途，基本能够反映数据新闻记者需要具备的核心技能。

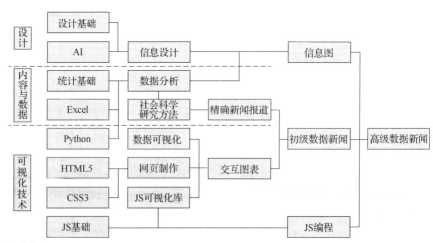

（来源：数据新闻教育调查报告，2017）

图 2-2　数据新闻制作的技能树

事实上，无论是信息设计、数据分析还是数据可视化，都是相对较大的领域，每个领域都有多样化的操作工具。对媒体而言，数据新闻通常是以团队的模式制作，在一个团队中有设计师、前端工程师和记者等不同角色。当下能够熟练掌握上述 3 种技能的人少之又少。对于学习者而言，有必要了解，但并不需要掌握所有的技能。但是，若要进入这个领域，需要深入学习一项技能，并在其中的某个方面有所专长。

3. 数据新闻技能获取途径

除了高校开设的数据新闻相关课程，学习者还可以通过工作坊、数据新闻专业技能培训、网络课程、研修班等方式深入了解数据新闻。这种多维度的学习方式决定了数据新闻的教育主体趋向多元化，不仅包含高校教师，还有从事这方面工作的媒体人员、业界专家、教育机构和个人、商业公司等。比如，ECharts 的作者林峰在网易云课堂上发布的"ECharts 基础教程"课程，从可视化基础、图表、组件 3 个部分解读 ECharts，参与学习的人数达 1.4 万。这种主体多元的数据新闻教育方式融合了学界知识和业界实践水平，告别了传统的点对点教学模式，符合数据新闻的发展需求。

同时，数据新闻教育对象涉及的人群种类丰富，涵盖的范围也在逐渐扩大。我们在 2019 年的数据新闻教育情况调查中，获得的 437 个问卷样本显示，了解或接受数据新闻教育的 388 个调查对象并非全部出自新闻传播学专业，具有艺术学、计算机科学、管理学、社会学等其他专业背景的调查对象也会有意识地学习数据新闻相关课程和知识。同时，针对我国数据新闻工作坊主要培训对象为教师、学生、记者、设计师、程序员这一情况并结合对 14 位高校教师的访谈，我们了解到高校教师和媒体工作人员作为数据新闻教育主体的同时，也扮演着受教育者的角色。他们为了掌握前沿的数据新闻相关信息和技术、更新知识储备，也会不定期地参加数据新闻培训。除此之外，数据新闻教育的触角开始向政府工作人员延伸，涉及数据统计分析和外宣工作的政府工作人员也加入数据新闻教育对象的行列中。

2.2　数据新闻制作工具

随着计算机技术的发展，目前已经有较多的工具能够帮助我们实现各式各样的操作，掌握工具软件是一项必要的技能。然而，面对市面上林林总总的工具软件，很多人会困惑于无从入手。作者从过去几年的教学经验中，摸索和总结了一些相对实用性强且易于上手的工具，供学习者参考。

数据新闻工具使用逻辑如图 2-3 所示。对于大部分缺少专业数据知识的初学者而言，在学习新的数据工具时，应当先理解其大致逻辑。很难将一个软件的功能用到极致，不同需求对应不同的功能，在数据新闻制作过程中，有一些功能是常用的，有一些是很少用到的。在学习与实践过程中，将会有所体验。

图 2-3　数据新闻工具使用逻辑

2.2.1　数据抓取工具

数据获取来源一般有两种：第一种是公开数据源直接下载，另一种是网络数据爬取，后者需要使用网络爬虫。网络爬虫又分为爬虫软件和爬虫程序。网络爬虫（Web Crawler）又称为网络蜘蛛（Web Spider），通常利用 URL 和 Web 文档检索方法遍历 Internet 的软件程序都称为网络爬虫。一些高校开设有专门的网络数据爬取课程，讲授如何使用 Python 或者 R 语言来获取网络数据。对于没有开设此类课程的高校学生，则可以使用更加方便的爬虫软件来获取此类数据。

目前常用的数据采集工具包括火车采集器、八爪鱼采集器、GooSeeker、后羿采集器等，无论哪一款都能够帮助用户在不使用代码的情况下抓取网络数据。其中，后羿采集器可以用百度搜索官网免费下载。该工具由前谷歌技术团队打造，只需输入网址就能自动识别采集内容，不需要配置任何采集规则，即可一键采集，自动识别列表、链接、名称、价格、图片等。后羿采集器支持多种格式导出，包括 XLSX、CSV、TXT、HTML，也可导出到 MySQL、SQLServer 等数据库中。

相关术语

- 采集规则：这是后羿采集器用来记录采集任务的具体设置信息，并且能进行导入导出操作的一个程序脚本。导入已有的规则后，既可以修改，也可以不做修改直接按照配置的规则自动进行数据采集，导出的规则可以发送给其他用户使用。

- XPath：一种路径查询语言，利用路径表达式找到所需数据在网页中的位置。

- HTML：超文本标记语言，一种用于创建网页的标准标记语言，在本书的其他章节会详细介绍。

- URL：统一资源定位符，俗称"网址"。

- 正则表达式：又称为规则表达式，是计算机科学的一个概念，是一种过滤数据的规则，通常用来进行数据检索、提取、替换等操作。

2.2.2 数据清洗工具

来自多样化数据源的数据内容并不完美，存在许多"脏数据"，即数据存在不准确、不完整、缺失、错误和重复、不一致、冲突等缺陷。数据清洗就是对数据进行审查和校验，发现其中不准确、不完整或不合理的数据，进而删除重复信息、纠正存在的错误，并保持数据的一致性、精确性、完整性和有效性，以提高数据的质量。

理解数据清洗首先需要明晰以下 3 个常见操作[1]。

（1）数据剖析（Data Profiling）：数据剖析是 Olson 于 2003 年提出的概念，也称为数据考古（Data Archeology），是为达成数据集内部的一致性、单值性和逻辑性而进行的数值质量的统计分析及评估。数据剖析主要使用分析技术来发现正确的、结构化的、有内容、有质量的数据，是一种评估数据和信息的当前状态以及包含了多少错误的方法。

（2）数据清洗（Data Cleaning）：数据清洗是尝试通过移除空行或重复行、过滤非法数据行、聚集或转换数据值、分开多值单元展示等半自动化的方式来修复错误数据的过程。数据清洗是一个反复的过程，需要不断地发现问题并解决问题。

（3）交互数据转换（Interactive Data Transformation，IDT）：主要是指使用单个的集成接口，对大数据进行批量、快速、廉价的操作。

在数据新闻制作过程中或多或少都会涉及上述 3 个数据清洗常见操作，学习者需要在理解数据的基础上掌握必要的工具，以提高数据处理的效率与质量。在此初步介绍两个最常用的工具：Excel 和 OpenRefine，本书后续章节将针对性地给出具体操作建议。

Excel 作为目前使用最广泛的表格处理软件之一，几乎在数据新闻制作的每个步骤中都发挥着作用。它不仅具有简洁的数据计算与分析能力，而且在数据清洗中也承载着部分常用功能，此外还有如 Power Query 这样的插件，能够帮助我们在获取数据后做一些处理。Excel 具有许多功能强大的函数，在数据清洗过程中会反复使用，常用的数据函数见表 2-1。

表 2-1　常用的数据函数

类型	函数	描述
数据清理	Trim()	清除空格
	Concatenate()	Concatenate 函数与"&"连接符都可用来连接多个文本字符串

---

1 参见 Chszs 博客的整理，2014 年 2 月 27 日。

类型	函数	描述
数据清理	Replace()	替换
	Left/Right/Mid	指定字符串，截取
关联匹配	VLOOKUP	数与表格比，用对比数与一个"表"进行比较
	Lookup	数与行列比，用一个数与一行或一列数据进行比较
逻辑运算类	IF/IFS/AND/OR	嵌套使用
时间序列	Year/Month/Day/Weekday	返回日期中的年/月/日/星期数
	now	当前时间
	today	今天的日期

Power Query 是 Excel 的一个插件，主要用来汇集数据和整理数据，且会随时保持插件更新。Excel 2010 和 Excel 2013 版本中的 Power Query 插件需到官网搜索下载，Excel 2016 及以上版本自带 Power Query 插件。相比 Excel 按行和列的数据处理单元，Power Query 对数据的处理以单元格为对象，对每一个单元格进行操作。在处理大量数据时，Power Query 比 Excel 处理数据更为高效。

OpenRefine 在很大程度上是一个 IDT 工具，能够用于观察和操纵数据。它类似于传统 Excel 的表格处理软件，但是工作方式更像是数据库：以列和字段的方式工作，而不是以单元格的方式工作。这意味着 OpenRefine 不仅适合对数据进行清洗，而且具备更多强大功能。该软件为开源下载工具，后续章节将介绍其在数据新闻制作中的常用功能。

2.2.3 数据分析工具

对于数据新闻的学习者来说，形成数据思维非常重要。依照第 1 章数据新闻界定中的"数据支撑新闻"的路径，首先我们需要明确回答"要解决什么问题？""解决这些问题需要什么数据？"等问题，需要从多方面查找数据，使用高效的数据分析方法，并最终以合适的方式呈现出来。而"数据驱动新闻"的路径，则需要对可见的数据进行反复尝试和探索，通过发现数据规律或者异常数据来找到新闻点。在这个过程中，掌握一些必要的数据分析工具非常重要。

如前所述，Excel 具有最基础的数据分析功能，是一个非常好用的工具，尤其是其逻辑运算和一些计算统计类的函数都是很常用的，如求和函数、排名函数、计数函数、条件函数等。此外，Excel 自带的数据透视表也能够很好地帮助我们提高分析效率，后面的章节将介绍数据新闻制作中常用的 Excel 功能。

　　一些学习者还希望能够学习拥有更大自由度的工具软件，目前最常用的编码语言就是 Python。在数据新闻的制作过程中，学习者出于效率的考虑，并不需要系统地学习 Python 语言，可以仅学习数据分析相关知识和常见的函数和语句，包括以下内容。

　　● 常见变量类型：如整型、浮点型、布尔型、字符串、列表、字典、元组等。

　　● Python 函数：如何创建新函数，实现更丰富的定制化程序，以及如何调用函数，数据分析常用的函数有 apply、loc、dropna 等。

　　● 控制语句：Python 控制语句有条件语句、循环语句及其他语句等，如 if、while、for 等语句，利用不同语句对流程进行控制，是实现程序自动化的基础。

　　● Python 依赖包：多数据处理及分析方法就源于其中，如 numpy、pandas、statsmodels、scipy 等。

　　不管学习哪一种工具软件，学会阅读文档都能够帮助我们更快地上手，并在需要的时候拓展学到的功能。

2.2.4　数据可视化工具

　　从可视化呈现的角度来说，数据新闻可以简单地分为静态可视化作品与交互可视化作品两种。从媒体发展的角度来看，交互性是数据新闻区别于传统新闻的一大特点，交互图表是其中常见的呈现形式。

　　交互图表的优势在于：能够容纳比静态图表更多的信息，并且能够让读者获得一部分选择阅读的权利。制作交互图表的工具有很多，针对数据新闻初学者，本章主要介绍几个简单实用的工具：Tableau、ECharts、Gephi、QGIS、Hanabi 等，这些工具生成的交互图表能够直接嵌入 HTML 网页中，为读者提供参与式的交互体验。

1. Tableau

　　Tableau 是一个可视化的数据分析平台，是斯坦福大学计算机科学项目的研究结果。该项目成立于 2003 年，旨在改善分析流程并通过可视化使人们更容易访问数据。根据官网介绍，Tableau 可改变我们使用数据解决问题的方式，帮助我们查看、理解并充分利用其数据。该软件可登录官网下载。

　　Tableau 桌面产品包括 Tableau Desktop、Tableau Server、Tableau Online、Tableau Public（免费）、Tableau Reader（免费）。Tableau 不同版本的功能有所

不同，Tableau Desktop 版本功能较全，但只有 14 天的试用期。初学者可先用 Tableau Public 版本进行学习，尽管其在可视化操作上功能有所局限，但基本能满足初步练习的需求。高校教师和学生可用学校邮箱向 Tableau 官网申请一年的免费试用许可证，超过一年后可以再次申请续期。但需要注意的是，获得的许可证只能在两台计算机上使用，即一台 Windows 系统和一台 Mac 系统。Tableau 的优点在于易上手，适合没有统计和编程基础的人使用，界面美观清晰、功能强大、接口开源等，且官网有软件的详细介绍文档、视频教程以及社区资源可供学习。

2. ECharts

ECharts 是百度旗下的一个基于 JavaScript 的开源可视化库，支持高度个性化定制的数据可视化图表。ECharts 可在电脑和移动设备上运行，首创无障碍访问支持，兼容 IE 6 及以上的主流浏览器，支持移动端的缩放和手势操作。在 2018 年全球著名开源社区 Apache 基金会宣布百度开源 ECharts 项目全票通过进入 Apache 孵化器，目前该软件工具可在其官网下载使用。

ECharts 的下载安装可供个性化定制，用户可自由选择需要的图表和组件进行打包下载。ECharts 拥有丰富的数据图表类型，如图 2-4 所示，如常规使用的柱状图、折线图、饼图、散点图等，用于地理数据的地图、热力图等，用于关系数据可视化的关系图、路径图、旭日图等，以及酷炫的 3D 效果图等。

（注：上图来自 ECharts 官网介绍，2020 年 12 月 30 日）

图 2-4　ECharts 数据图表类型

ECharts 官网的实例是很好的参考资源。用户可在 ECharts 官网的实例中根据自己的需求直接复制、修改代码，生成自己需要的可视化图表。查看官网实例时，可通过"文档→配置项手册"搜索一些参数配置。API 主要是对 ECharts 变量的函数介绍，需要我们在使用过程中加以熟悉。

3. Gephi

Gephi 是一款开源、免费、跨平台、基于 JVM 的复杂网络分析软件，主要用于各种网络和复杂系统、动态和分层图的交互可视化与探测。这是一款开源软件工具，可以在其官网下载使用。

Gephi 的主要功能包括：网络布局（提供了 10 余种不同的布局算法）、网络社区分析和分类、网络属性计算、动态网络分析等，被广泛应用于各种需要社交网络分析和呈现的领域，在数据新闻生产中常用于呈现交通物流、社交关系、企业组织架构、社会语义分析等网络关系。

在既往的数据新闻中，社会网络分析很常见，比如阿根廷民族报数据团队完成的 2019 年国际数据新闻大赛获奖作品《司机观察笔记》，就是使用社会网络分析的方法呈现了关键人物之间的连接关系。

要完成此类作品，学习者需要掌握一个或几个社会网络分析工具。要知道，所有的社会网络都是由节点和边构成，如果想在作品中呈现任何以边构成的节点间的关系，则社会网络再合适不过。

4. QGIS

数据新闻作品中常见的另一个图示就是地图，在既往的数据新闻作品中，地图可能是使用最多的一种可视化图示。这与新闻故事的构成方式，即"什么时间、在哪里、发生了什么"的叙事规则有关。当我们需要描绘故事发生的地点，或者需要呈现整体的地理位置变化情况时，地图是最为直观的方式，而且是每个读者都能够轻松读懂和接受的方式。

目前已经有不少具有地图绘制功能的软件，以地图慧在线工具为例，它可以免费绘制地图，有多种制图模板，还可以下载。其优点是使用简单，缺点是自由度受限。因此，在数据新闻制作中需要绘制地图时，本书推荐使用 QGIS 软件。该工具是专业地理信息绘制平台 ARCGIS 的简约版，由 Esri 公司开发，专业版具有强大的地图绘制、空间数据管理、空间分析、空间信息整合发布与共享能力。QGIS 是一个用户界面友好的桌面地理信息系统，可运行在 Linux、UNIX、Mac OSX 和 Windows 等平台之上。该工具支持多种 GIS 数据文件格式，并且能够通过 GDAL/OGR 扩展支持多达几十种数据格式；支持 PostGIS 数据库；支持从 WMS、WFS 服务器中获取数据；集成了 Grass 的部分功能；支持对 GIS 数据的基本操作，如属性编辑修改等；支持创建地图。学习者在使用该工具绘制新闻地图时，通常的步骤是：读取 GIS 矢量数据文件、编辑图层文件、创建地图。

本章知识要点

1. 数据新闻包含的两个核心要素是数据和故事，用数据讲故事构成其主要内容。

2. 数据新闻内容构成包括 3 个主要部分：文字、数据、信息可视化。数据是内容构成的核心，也是数据新闻区别于其他新闻样式最重要的特征。

3. 数据素养是从数据中获取有意义的信息的能力，包含 6 个方面的基本能力。

4. 数据新闻需要的技能框架。

【习题】

1. 什么是数据素养？

2. 数据新闻的学习需要怎样的素养和技能？

3. 现有的技术工具分别对应哪些技能板块？

4. 请根据本章给出的提示，下载并安装如下工具软件：Excel、OpenRefine、Gephi、后羿采集器。

第二部分

数据新闻基础实践

第3章 数据新闻选题与数据查找的基本方法

选题是开启数据新闻的第一步。判断选题能否成立的标准与能获取的数据数量和质量相关。互联网为我们提供了寻找数据的便利性和可能性，但是从浩瀚的网络资源中找到想要的数据并非易事。本章鼓励大家亲自动手为选题寻找数据，只有自己动手查找数据，才能体会那些想象中"显而易见"的数据竟然埋藏得那么深。

 学习目标

❖ 熟悉数据新闻选题的基本规则；

❖ 熟悉数据资源的来源，以便更有效地找到与选题相匹配的数据；

❖ 了解如何根据已有的数据拓展查找更多的数据来源；

❖ 学会对不同来源的数据展开基本判断，以便舍弃无用数据。

 能力目标

❖ 训练自己的数据思维和选题能力；

❖ 培养对数据的敏感性和数据引证规范的意识；

❖ 提高查找规范有效的数据，以及将内容转化为规范有效数据的能力。

3.1 数据新闻的选题

选题是数据新闻学习过程中非常重要的环节，关系到后续新闻作品的立意和可操作性。从既往的教学经验来看，选题是整个数据新闻生产过程中最基础也是最具难度的部分。尤其是对数据新闻的初学者来说，能否把握合适的选题至关重要。由于数据新闻起步较晚，在发展的初期阶段，媒体的数据新闻栏目中往往涵盖了各种可视化作品，但并不是所有的已发表作品都有好的参考价值。需要初学者明晰的是，几乎所有包含信息的事物都可以做可视化呈现，但并非所有可视化呈现都是数据新闻。因此，数据新闻的初学者需要熟悉选题规范来构成选题的判断依据。

3.1.1 不是所有的故事都适合做数据新闻

对于数据新闻初学者来说，一个常见的困惑是，那些用大量表格和数据呈现的宏观经济分析、产业深度报道、个股评述，那些使用可视化呈现的生产和加工流程，那些以游戏模式呈现的体验式作品等，是否算作数据新闻？这一困惑产生的主要原因是，以传统的新闻价值作为判断的参照，这些作品在新闻性方面发生了巨大的变化，甚至存在新闻写作要素缺失的问题。

另一个常见的困惑是，有了好的想法，数据收集却无从下手。一个完整的数据新闻作品，数据和故事缺一不可。如果只有好的想法，没有数据支撑，就很难完成一个数据新闻作品。因此，我们需要借助各种渠道和方法去寻找数据。本章将介绍寻找数据的具体方式。

第一个困惑主要在于选题的判断，第二个困惑则在于理想与现实之间的操作性沟壑。国内外的数据新闻教材和指南并没有对数据新闻选题加以规定。因此，作为初学者，更多的是在实践中摸索。

选题判断的一个重要价值在于平衡数据、故事和技术之间的关系。数据新闻作品容易出现的一个问题是，太强调技术之后，而忽略使用该技术的目的和意义。对于任何一个好的作品来说，思考都是非常重要的。不能为了技术而忽略思考，那样会做出缺乏价值的作品。

3.1.2 是先有数据还是先有故事

是先有数据还是先有故事，似乎是一个"鸡和蛋"的问题，很多初学者一开始都会遇到这个困惑。根据我们对数据新闻的概念界定，这个问题直接决定着数据新闻作品将沿着哪条路径走下去。数据新闻的两条路径如图 3-1 所示，第一条路径"数据支撑"是"故事先行"，即数据作为一种辅助手段，为新闻叙事提供数据支撑，形成更具说服力的新闻故事。第二条路径"数据驱动"是"数据先行"，即新闻故事往往来自于数据发现，在数据中发现某些不为人知或超出人们常规认知的东西，从而形成新闻故事。这两条路径在操作层面有所不同，但归根结底，都是借助数据发现问题和挖掘故事。

图 3-1　数据新闻的两条路径

两条路径的区别在于处理数据与故事之间关系的方式不同。第一条路径要求"数据为故事服务"，创作者有了好的想法之后开始寻找相关的数据。

其难点在于，需要的数据难以找到，或找到的数据并非规范、可用。对于初学者而言，要克服数据来源的问题需要熟悉相关的数据源，了解常用数据的获取方式。第二条路径要求"从数据中发现新闻故事"，即面对大量的数据，找到其中的规律和关键问题。这些数据可能是多源异构的，创作者需要保持清晰的思维，并掌握一定的技能，将数据规范、统一，然后在数据中寻找要素之间的关联，进而挖掘出新闻故事。

无论是哪条路径，都对创作者的数据素养和数据分析技能提出了更高的要求，这些在后面的章节中会陆续介绍。创作者对数据资源的熟悉程度、数据素养、分析技能等因素都会影响到选题的质量。与国外在"维基解密""棱镜门"等事件曝光大量数据进而形成各种数据新闻相比，我国目前阶段的数据新闻选题相对单一。其中大部分的数据新闻都是沿着第一条路径展开的，而在第二条路径下形成具有社会影响力的数据新闻方面，还有较长的路要走。

3.1.3　媒体数据新闻选题流程

与当下流行的全能媒体记者思路不同，数据新闻虽然对从业者提出了更高的要求，但数据新闻的生产更多的是团队合作的形式。在传统新闻生产中，"设计师跟程序员都处于新闻生产的下游，稿子做成什么样是由编辑、记者决定的，记者写一遍，编辑把它编出来，已经成为稿件了，再由设计师配图，最后由程序员发布出去，这是一个上下游的关系。"[1]

在数据新闻的生产中，整个流程大致可分为 4 个步骤：策划选题、采集数据、设计内容、可视化呈现。其中，策划选题和采集数据之间并没有严格的时序。在整个过程中，文字记者、设计师和程序员始终保持互动合作的关系。例如，财新网数据新闻创始人介绍做数据新闻的大致流程是："首先，我们会一起商量选题值得不值得做。如果值得做，还要看有没有足够的数据来做。如果选题定了，大家就商量用什么形式来表现会更好。然后设计师画一个雏形来展示，再问程序员能不能做或开发成本有多高。如果时间上来不及或者不划算等，就要重新改设计，反复调整方案。后面可能还得要求记者再去补充更多的数据和资料。"

对于媒体记者来说，数据新闻的选题过程与传统新闻的选题过程在整体上并无太大差异。一种情况是先开选题会，觉得有可能形成数据新闻的选题后，大家分头去找数据，然后将数据整合起来，看看能否完成数据新闻。还有一种情况是，先有一组好的数据，然后记者们对这些数据仔细查看，尝试从里面找到有意思的角度。在这个过程中需要判断数据能否支撑整个新闻。

在找到可能的选题和数据后，媒体记者需要根据经验判断这则新闻可以用什么方式去做，采用什么样的表达形式。哪些新闻更加适合以数据新闻的方式

---

1 参见新浪传媒：《读图时代，如何做好数据新闻》，2015 年 3 月 30 日。

呈现，哪些则不适合，记者的经验判断起到重要作用。

近年来，随着媒体记者们数据分析技能的提升以及高校数据新闻教学的推广，目前媒体记者已经能够独立完成选题策划、数据获取、数据分析、可视化呈现的全流程任务。与媒体融合的趋势相一致，全能型的数据新闻记者也成为未来发展的一种趋势，这必然将改变未来数据新闻生产流程中的环节过程，最初的合作生产方式也将变成有限合作与独立生产相结合的方式。更成熟工具的使用也将大大加快数据新闻生产的效率，选题策划作为起点环节，在整个流程中的重要性则变得更加重要。

3.1.4　用数据讲故事的选题自查

对于数据新闻的初学者来说，在确定选题的过程中往往会遇到一些波折。很多学习者通过头脑风暴的方式想到了一些具有独特新闻价值的"好选题"后，会感到十分欣喜。然而，在接下来的数据查找过程中，他们会发现支撑选题的数据难以寻找，或者数据不完整，或者不同来源的数据存在矛盾和偏差等常见问题，继而经历一个自我否定的过程。数据新闻不同于传统新闻的一个重要区别就在于，数据新闻受到数据完备性和科学性的影响比较大。因此，单有好的想法是不够的，在最终确定选题之前，还需要对数据进行初步检视。

有了好的选题想法之后，可以尝试根据下列问题进行自我检查。

（1）我是如何找到这个选题的，是先看到相关的数据还是先看到相关的故事？

（2）是否有足够的数据支撑我想要做的分析视角？

（3）数据来源是否可靠？有没有可能对数据进行验证？

（4）数据是否对故事起到了论证、支撑，或者再发现的功能？

（5）使用数据讲述这个故事比不用数据讲述具有优越性吗？

此外，还有一些问题也同样需要在此阶段思考，包括：我的读者是谁？选题具有怎样的新闻价值？数据的数量和质量是否足够支撑起整个新闻作品？等等。其中还会涉及数据来源和数据功能的问题，我们将在后面的章节中逐一探讨。

3.2　数据查找的基本方法

当我们想到一个合适的选题之后，就面临着数据获取的问题。然而对于数据新闻初学者来说，查找数据的过程往往并不那么愉快。第一个问题是数据去哪里找？我们每天接触大量的信息，这些信息中不乏相关的数据，但是当要完成一个新闻作品的时候，这些数据真的能用吗？第二个问题是当我们欣喜地发现某些相关数据时，却常常伴随着数据杂乱或者不完整的困境，那么，这些数据真的能用吗？所以，本章要讨论的问题其实应该是"去哪里找相对规范的数据"的问题。对于大多数数据新闻选题而言，查找数据是一个复杂的过程，需要学习者在实践中不断探索。这也是一个充满未知的过程，你可能会因为蓦然发现某些数据而欣喜有加。经验显示，提高数据获取效率的一个方法是熟悉那些大型的、相对规范的数据资源。因此，本章还将对国内外常用的互联网数据资源进行分类整理，供学习者参考。

3.2.1 数据查找的技巧

对于数据新闻来说，有充足的讲故事的数据是最重要的，而怎样找到这些数据是关键问题。根据我们对数据新闻两条路径的界定，数据驱动的新闻往往是先有数据才有故事，新闻是在对数据分析的过程中产生的，是通过对数据的挖掘和分析发现了某些值得挖掘的点，如差异、异常值等，继而探索其背后可能隐含的故事。对于这种类型的数据新闻制作而言，数据往往已经相对完整和规范，来源也比较权威，因此重点就是数据分析而非数据查找了。

但是对于选题先行的数据新闻来说，需要数据来对新闻故事进行支撑。在这种情况下，数据的查找和获取特别重要。从既往的经验来看，这类选题往往会有感于某个领域或话题中提及的一些数字。但数字不等于数据，仅仅依靠零星的数字是很难形成具有深度分析型数据新闻的，因此数据查找就成为一个关键环节。

在数据化社会，数据存在于各个地方。我们惯常于从互联网上寻找数据资源，有时这么做是不够的。《数据新闻手册》之"5 分钟的学科指南"中列出了以下数据源。

（1）搜索引擎。

（2）直奔数据持有者。

（3）浏览数据网站和服务器。

（4）从纸质文档中获取。

（5）在论坛上发问/在邮件列表中发问。

（6）加入专业组织。

（7）请教专家。

1. 搜索引擎

使用搜索引擎是最常用的方法，大多数人会在搜索框中输入想要查找的内容直接搜索。搜索引擎使用的技巧能够帮助我们提高搜索效率，下面介绍几种常用的技巧。

（1）每个搜索引擎都建立在不同的算法之上，因此可尝试使用不同的搜索引擎。即便是最常用的百度和谷歌，对同一关键词的搜索也会有所差异。

（2）查找学术文献时可同时使用中国知网、百度学术、谷歌学术等不同的来源，学术文献中的数据可以联系作者尝试获取。

（3）在查找搜索引擎中的数据集时，可以在关键词后面加上 .xls 或 .xlsx 或 .csv 等，如在百度中搜索"上海人口.xls"；需要地理位置数据时，可输入 .shp 作为后缀。

（4）在搜索时可使用符号限定搜索范围，以得到更精确的结果。例如：

① " " 双引号表示完全匹配，结果中必须出现与搜索文本完全相同的内容。

② A–B 表示搜索包含 A 但不包含 B 的结果。

③ site 表示站内搜索。

④ related 表示搜索相关网站。

⑤ index of 表示可以突破网站入口下载。

⑥ inurl 表示返回的网页链接中包含第一个关键字，后面的关键字则出现在链接中或者网页文档中。使用该命令便于找到精确的专题资料。

使用搜索引擎查找数据的方法可依据个人习惯，上面这些技巧能够帮助我们提高查找的效率，但并不代表能够完整地找到需要的数据。因此，还需要辅助其他方式。对于那些非公开数据，必要时可向数据持有者发邮件询问。

2. 开放数据

在中国，信息公开的程度相对较低，地方政府建设开放数据库的时间有限。2015 年国务院印发的《促进大数据发展行动纲要》要求"2018 年底前建成国家政府数据统一开放平台，率先在信用、交通、医疗、卫生、就业、社保、地理、文化、教育、科技、资源、农业、环境、安监、金融、质量、统计、气象、海洋、企业登记监管等重要领域实现公共数据资源合理适度向社会开放"，开放的领域包括教育科技、民生服务、道路交通、健康卫生、资源环境、文化休闲、机构团体、公共安全等。根据《2020 下半年中国地方政府数据开放报告》的统计结果，近年来，我国地方政府上线的数据开放平台数量快速增长，从 2017 年的 20 个，增长到 2018 年的 56 个，2019 年的 102 个，再到 2020 年的 142 个。在做城市发展、生活、经济等相关选题时，尽管有些数据更新并不及时，但这些数据都可以直接拿来使用，或者与其他来源的数据形成参照。

相比国外数据开放的程度来看，国内数据的查找相对困难，但也不是完全没有路径。《南方都市报》记者龙志于 2011 年，借助中国香港公司和新加坡公司的公开数据，查询到卢俊卿在香港注册 18 家公司，并注册"世界杰出华商协会"虚假慈善组织的事实。通过数据查询发现，尽管是在香港注册的公司和协会，"世界杰出华商协会有限公司"和"世界杰出华商协会"并不在香港经营，其业务主要是在内地运作，借助香港的名字在内地进行宣传。查找外围数据并从中挖掘新闻故事的方法，已为不少新闻媒体所用，如通过获取离岸数据发现商业和权力黑幕等。现在数据新闻也成为这类故事常见的呈现方式。

目前，还有一些数据交易平台也能够为我们完成数据新闻提供相应的数据资源，比如在做企业类新闻时常用到的天眼查、企查查等平台，在做社会或法律类新闻时用到的法律文书网等。这些企业化运营的平台数据量丰富且数据格式相对规范，比如，天眼查收录了超过 1.8 亿家社会实体信息（含企业、事业单位、基金会、学校、律所等），90 多种维度信息全量实时更新。企查查提供了企业工商信息、法院判决信息、关联企业信息、法律诉讼、失信信息、被执行人信息、知识产权信息、公司新闻、企业年报等企业数据交易服务，覆盖全国 1.8 亿家企业信息。环境大数据开放平台则拥有 3 702 家注册用户，收录 1 041 098 354 条环境数据，以积分兑换和免费下载两种方式提供数据服务。在数据新闻课程实践过程中，类似天眼查、企查查、中国法律文书网等数据来源，已成为常用的数据资料。

需要注意的是，从这些数据来源获取的数据格式多样，在使用时也需要进行必要的转换。比如，当数据来源为 PDF 或纸质格式时，需要借助一些工具将其转化为方便使用的数据格式。这里介绍两个好用的工具。

（1）PDF 转化工具 Tabula。当需要提取 PDF 文档中的图表时，可使用 Tabula，这是一款免费开源的 PDF 图表转换工具，能够在 Windows 和 Mac 系统上使用。下载安装后 Tabula 通过浏览器即可提取 PDF 中的数据，并保存为.csv 格式。

（2）纸质文本提取工具 OCR。光学字符识别（Optical Character Recognition，OCR）是对文本资料的图像文件进行分析识别处理，获取文字及版面信息的过程。目前有很多小工具可以实现这一功能，在手机上也可下载使用。在线的免费工具，如在线文字识别转换，可以将 PDF 或图片中的内容转换为文本信息。

更多数据获取的工具和方法，将在后续章节中介绍。

3.2.2　数据记者常用的在线资源

初学者在学习数据新闻时需要掌握和了解一些常用的数据资源库。这些数据资源库散落于互联网的各个角落，非常庞杂。为了方便大家学习和使用，我们将一些常用的数据资源进行了分类整理附于本书的电子资源库中，也可作为数据新闻的操作性参考手册。

在数据新闻制作的实际过程中，你将发现更多的数据资源。本章提供上述资源的价值在于，能够为你所关心的问题提供直接或间接的参考。发现数据中的问题，有时需要更多的背景数据，因为多样化的数据之间的对比常比单一数据的分析能更好地反映问题。随着这部分练习的加强，你将体会到这一点。

数据资源的收集和数据整理是前期工作，在这个过程中，非常重要的步骤是将收集的数据来源整理出来。为了工作的条理性和后续数据校验的方便性，一个有效的办法是做一个 Codebook（编码簿）。每个人做编码簿的方式可能有所不同，其目的是能够帮助记者快速寻找到数据来源。因此，编码簿中需要包含的基本内容应包括数据、来源（链接）、采集时间。

本章知识要点

1. 选题是数据新闻学习过程中非常重要的环节，关系到后续新闻作品的立意、空间和可操作性。几乎所有包含信息的事物都可以做可视化呈现，但并非所有可视化呈现都是数据新闻。

2. 数据新闻的完成路径分为"数据驱动"和"数据支撑"两种，尽管在操作层面有所不同，但都是借助数据发现问题和挖掘故事。

3. 数据新闻的生产流程大致可以分为策划选题、采集数据、设计内容、可视化呈现，其中策划选题和采集数据之间并没有严格的时序。

4. 熟悉数据资源并掌握一些获取数据的方法，对数据新闻生产非常有益。

5. 需要查找规范、有效的数据，或将内容转化为规范、有效的数据。

【习题】

1. 所有的新闻选题都适合做数据新闻吗？为什么？
2. 数据驱动的新闻还需要查找数据吗？为什么？
3. 阅读近三年的 DJA 获奖作品，选择其中两篇做深度分析。

【实训】

完成数据新闻制作中的选题任务，具体步骤如下。

（1）尝试借助数据源确定你的选题方向，并制定一个具体的选题框架。

（2）根据你的数据新闻选题回答下列问题。

- 这个选题是先有数据还是先有故事？
- 有没有足够的数据来支撑你的故事？
- 数据来源是什么？是否可靠？
- 你的选题的新闻价值在哪里？
- 谁会是你的读者？

（3）确定选题后，将找到的数据资源列出来，并注明出处，做成一张 CodeBook 样式表。

第4章 数据分析：格式、应用及基本关系

　　获取到基本需求的数据之后，就可以开始初步的分析工作了。数据分析是一个非常必要的步骤，是数据发现的基础。尽管大部分的分析并不能够用可视化的形式呈现出来，但其背后的工作确实是必不可少的。对于数据记者来说，能够理解数据、有序地分析数据也是数据素养的一部分，数据分析程度的不同也会直接影响新闻作品的深度。

　　同样的数据在不同的人手里会得到不同视角的阐释，换句话说，数据本身并没有意义，而是在数据被使用的过程中赋予其意义。发现和判断数据要素之间存在的关系是该环节的要义所在。为了更好地理解这个部分的内容，我们先从数据本身入手。

 学习目标

❖　熟悉基本数据格式以及不同格式之间的转换；

❖　熟悉数据中最基本的两种关系：因果关系和相关关系；

❖　学会总结数据规律并尝试发现数据要素之间的关系，进而找到有趣的故事点。

 能力目标

❖　掌握将数据分类规整，进而在数据中建立必要关联的方法；

❖　提升对数据开展初步分析的能力。

4.1 数据的定义

　　我们谈及数据时，这个概念通常被认为是计算机时代的产物。在计算机科学中，数据是指所有能输入计算机并被程序处理的符号的介质的总称，是用于输入电子计算机进行处理，具有一定意义的数字、字母、符号和模拟量等的通称。概言之，数据是信息的表现形式或载体，数据可以以数字、文字、图像、

语音、符号等任何形式存在。

对于数据新闻的学习者而言，理解新闻中的数据内涵并非是要掌握各种形式的数据及其程序处理过程，而是需要理解从数据到信息，再到知识的转化过程。美国学者 Ackoff 早在 1989 年提出的 DIKW 金字塔模型，就描述了从数据到信息，再到知识和智慧的层层递进过程，如图 4-1 所示。数据位于金字塔的底部，通过运算过程变为信息；而金字塔上部的知识到智慧的转化却是无法依靠运算完成的。在数据新闻生产过程中，对数据的分析即是将数据变为信息的过程。通过对数据中蕴含要素的分析，建立其中的关联，进而寻找可能的故事点。

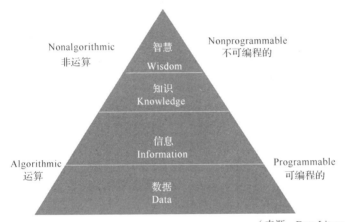

（来源：Data Literacy，2016）

图 4-1　DIKW 金字塔模型

最后，需要澄清以下两点常见误区。

（1）数据≠数字。并非包含了数字的新闻就是数据新闻，可以看到在大多数的财经新闻和体育类新闻中，都含有大量的数字，但它们并不能够称得上数据新闻。数据新闻是需要对数据进行分析和处理，将数据转化为信息，并借助数据可视化讲故事的新闻作品。这与单纯在传统新闻中使用数字有很大的差异。

（2）数据≠大数据。很多优秀的数据新闻是建立在对大量数据的分析和处理基础之上的，但大多数数据新闻用于分析的基础数据都无法达到大数据的规模。数据分析的关键并不在于数据量的大小，而在于数据中蕴含的价值。数据量的大小并不是判断一个新闻是否适合用数据新闻方式完成的标准。

来看一个案例。2018 年 Vox 发布了一则名为《一图呈现福特和卡瓦诺对问题的回避》的数据新闻。该作品对比了最高法院提名人布雷特·卡瓦诺（Brett Kavanaugh）和指控他性侵的女性克里斯汀·布拉西·福特（Christine Blasey Ford）在参议院的证词。文本分析显示，福特和卡瓦诺都回答了检察官的问题，福特对每个问题都给予了正面回答，而卡瓦诺则不断回避问题。他经常一遍又一遍地重复同样的话或者不予回答。面对性侵，他坚持用"语境"来回答问题——这不可避免地是关于他童年的长篇大论——但从未真正正面回答过这个问题。记者在翻阅了听证会的记录后，记录了每次向福特或卡瓦诺的提问，详细标注了每个问题的回答或说不知道答案的情况，也记录下每次他们拒绝回答或没有回答问题的情况。于是，形成了图 4-2 所示的福特和卡瓦诺法庭回答话语的可视化图例。

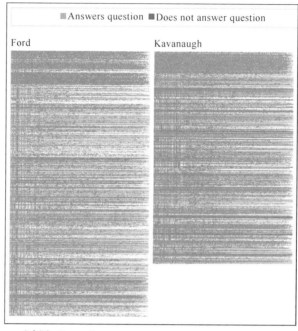

（来源：Every time Ford and Kavanaugh dodged a question, in one chart. By Alvin Chang@alv9nalvin@vox.com　Sep 28, 2018, 1:05pm EDT. Vox）

图 4-2　福特和卡瓦诺法庭回答话语的可视化图例

可以发现，上面这个案例使用的是案件辩论词，这是典型的文本数据，通过将文本数据进行分类和标注之后，就变成了能够直观呈现问题的数据。与之类似的数据新闻案例还有一些，文字、图像、声音等都可以成为数据化的对象，大家可以在实践中探索尝试。

4.2　数据格式

数据以多种方式存在于互联网上，可以是文本、数字、模型、多媒体、软件语言或特定学科规范的特定格式。在数据新闻的生产过程中，常见的数据格式包括文本（.txt）格式（为了方便程序运行，通常使用 UTF-8 编码方式）、电子表格（.xls 或.xlsx）格式、逗号分隔符文件格式（.csv）、可扩展标记语言格式（XML）[1]、轻量数据交换格式（.json）、地图数据格式（.shp）等。文本格式和打开方式对照表详见表4-1。

表4-1 文本格式与打开方式对照表

（表格来源：维基百科"文件格式列表"，2015年9月）

格式名称	扩展名	说明	打开方式
ASCII	.txt	无格式的文本文件	记事本
AmigaGuide		交换文件格式	
HTML	.html、.htm、.shtml、.xhtml	带超文本格式的文本文件，网页	可以使用网页制作工具如 Microsoft SharePoint Designer（原 FrontPage）、SeaMonkey、Dreamweaver 等打开，同时以源代码形式展示出来，并可编辑其内容
CHM	.chm	已编译的 HTML 文件	在 Windows 中自带的 HTML 帮助执行程序；在 Linux 中可以通过 xCHM 等工具查看
HLP	.hlp	帮助文件	在 Windows XP 以下版本中，可用系统自带的程序打开，Windows Vista 须另从微软网站下载相关打开程序
INF	.inf	存储 Windows 的安装配置信息的纯文本文件	记事本等通用文本编辑器
RTF	.rtf	富文本格式	Windows 自带的写字板、Word、WPS、OpenOffice 等
TeX	.tex、.ltx	TeX 文件，可以是 Plain TeX、LaTeX 等	WinEdt、TeXworks 等专用编辑器，Vim、Emacs、Gedit、Kate 等通用文本编辑器
Troff			Troff
DOC	.doc、.docx	Word 文档	Word、Docx 需 Word 2007 或单独安装解码器的 Word 2003，金山 WPS Office、OpenOffice 等可以部分兼容
PPT	.ppt、.pptx	PowerPoint 演示文稿	PowerPoint，pptx 需 PowerPoint 2010、PowerPoint 2007 或单独安装解码器的 PowerPoint 2003，金山 WPS Office、OpenOffice 等可以部分兼容
WPS	.wps	WPS 文档	金山 WPS Office 的文字处理程序的文件格式，同 MS Word 的 DOC 结构一致，与 Microsoft Office 的 Word 的组件兼容，但可能需要将扩展名修改为.doc
ODF	.odf	OpenOffice 公式档案	Apache OpenOffice
MHT	.mht、.mhtml	可同时存储一个网页上的所有非文本格式文件（包括图像、音频、视频等）	现代网页浏览器
PDF	.pdf	可携式文件	Adobe Reader

---

1 标记是指计算机所能理解的信息符号，通过此种标记，计算机之间可以处理包含各种信息的文章等。如何定义这些标记，既可以选择国际通用的标记语言，如 HTML，也可以使用像 XML 这样自由决定的标记语言，这就是语言的可扩展性。

现在，有很多工具软件可以帮助我们在不同的文件格式之间转换数据。我们在处理数据时，可以根据自己的需求和习惯选择适当的格式进行处理。在课堂教学中，通常会使用 Excel 数据表、MySQL 数据库等做数据清洗和分析，会使用相应的地图绘制工具（如 GIS 软件和 R 语言）处理.shp 文件或将表格文件转化成.shp 文件。本书将从最基本的 Excel 表格入手，介绍数据新闻学习过程中需了解和掌握的数据处理技能。

通常情况下，我们抓取到的数据是零散的，可能存在格式不统一和数据项量差异问题。因此，在分析数据之前，首先要将数据分类规整，进而在数据中建立必要的关联，最后总结规律并尝试从中发现普遍规律。数据整理的过程如图 4-3 所示。

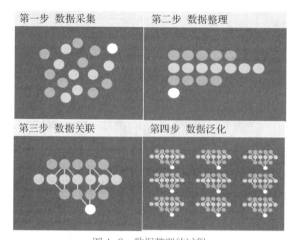

图 4-3　数据整理的过程

在数据新闻中，对数据格式的整理是将数据上升到信息的操作性过程，建立数据之间的关联是其中关键的一环。因此，在从数据中挖掘新闻故事时，可尝试寻找不同的数据维度，并建立这些数据维度之间的关联。例如，可以尝试以下提问：

（1）我的数据集包含了哪些数据维度？

（2）我想要解决的问题是什么？

（3）要解决这个问题，需要的主要数据维度是什么？

（4）通过建立数据维度 A 和数据维度 B 之间的关系可以更好地回答所提出的问题吗？A 和 B 分别是什么？

4.3　数据新闻中应用数据分析的 4 种类型

根据数据新闻制作的两条路径，我们现在已经可以看到不同类型的数据新闻样式，这主要是根据数据应用分析方式的不同进行划分的。下面总结其中最主要的 4 种数据应用分析类型。

1. 描述性分析

这是一种常见的数据新闻形式，在很多数据新闻栏目中，"盘点""历数""发展轨迹"等样式的数据新闻占据了很大的比例。数据被用于描述某个事物的整体或局部面貌或呈现某个过程，主要通过列举与事件相关的数据、流程或进展，回答"发生了什么？"这一问题。在该形式下，一些大型的数据新闻还建立了数据档案。

例如，2014 年 DJA"单一选题最佳数据报道奖"的获奖作品《移民档案》（the Migrants' File）就使用建立数据档案的方式记录了自 2000 年以来逃亡欧洲的两万余名难民的信息。该作品从整理情报部门数据开始，通过对全球媒体报道、相关出版物以及灰色文献等多种来源的数据进行综合统计，最终建立了一个有关难民移民的财政开支以及难民数据统计的完整的定制数据库，详尽展现了这个话题内涉及的信息。同时，开发设计者还将原始的非结构性数据整理为结构性的数据表，并附上链接，公开了这些数据供下载使用。

2. 诊断性分析

该类型的新闻中，数据用来回答诸如"为什么会发生""发生的条件有哪些""重要性是如何排序的"之类的问题。诊断性分析在数据新闻中常用来挖掘现象背后更深层次的问题。

3. 预测性分析

数据让人看得更远。如同很多数据报告一样，一些数据新闻通过相关数据的分析呈现了事物的发展趋势。这种类型的数据新闻具有预测性，回答的是"将要发生什么""发生的事情将产生怎样的影响"之类的问题。在 2016 年的美国总统大选中，预测性的数据新闻占了相当大的比例。由于这一类型的数据分析对数据来源和分析判断方法的要求都比较高，数据新闻的初学者对此要慎用。其问题主要在于：一方面，预测性分析要求有严谨的数据逻辑推理，然而在很多情况下，考虑到数据关系中的排他性因素和主观性判断，这种推理的过程很难避免瑕疵；另一方面，数据来源会直接影响预测的可靠性。在 2016 年美国总统大选中，媒体的集体溃败在上述两个方面都没能避免。

4. 规范性分析

规范性分析是在诊断性分析或预测性分析的基础之上，提出建议的一种数据应用分析类型。目前，也有一些数据新闻采用了这样的形式，如财新网的数据新闻作品《从调控到刺激：楼市十年轮回》就是基于大量翔实的历史数据，回顾了中国 70 多个城市房地产十年的价格及政策走势。如图 4-4 所示，这则新闻中的"房奴计算器"部分设置了一个针对所在地区、家庭月收入与买房状况的计算分析功能，通过上述指标的测算，为想要买房的人提供参考。

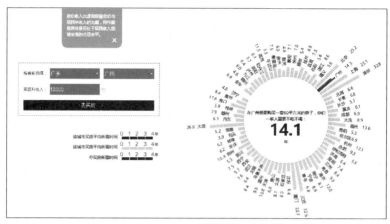

（数据来源：财新网，时间：2017年9月28日）

图4-4 从调控到刺激：楼市十年轮回之"房奴计算器"

上述4种类型的数据分析并不是完全孤立的，尤其是在较为大型的数据新闻中，会结合使用不同的方式。又比如《移民档案》的作品从数据中挖掘到两个独特的报道视角——谁将从难民政策中获利？有多少难民在入境欧洲的过程中死亡？记者们关注到有4家欧洲军火制造商（Airbus、Thales、Finmeccanica和BAE）加入了欧盟成立的安全研究工作组，服务于欧洲边境保护，并从这一数据出发，结合时事新闻"希腊在与土耳其接壤的边界上竖起的隔离墙"，开始思考政府的移民政策与产业经济之间的联系，并在最终的作品中呈现了欧洲发展出的"移民次经济体"。在本案例中，数据提供了独特的叙事视角，并在叙事过程中作为辅证。

数据新闻的学习者在学习这些案例的时候，要了解数据用于分析的方式，并将学到的思路应用在自己的新闻作品中。

4.4 数据中的因果关系与相关关系

数据中有两种基本的关系类型：因果关系与相关关系。对于不熟悉数据分析的初学者来说，把握这两种基本的关系有利于更轻松地发现数据中隐含的故事。这也是数据新闻从业者基本的数据素养训练。

简单地说，因果关系是A的存在导致B的存在，相关关系是A的存在与B相关。下面通过举例，来判断它们分别蕴含了什么关系。

（1）吸烟的人比不吸烟的人寿命短。

（2）睡眠时间越短的人，收入越高。

（3）越努力学习的人，得分越高。

很显然，在上述语句中都蕴含着比较明显的因果关系。以A→B的思路来看，（1）吸烟→短寿；（2）睡眠少→收入高；（3）努力学习→得高分。但是，从日常的逻辑来看，这些因果关系都是不成立的。其原因就在于，我们很难建立 A 和 B 之间的唯一联系，即无法排除导致 B 的其他因素。

要证明 A 和 B 是因果关系（A→B），需满足以下 3 个条件。

（1）A 和 B 相关。

（2）A 必须发生在 B 之前。

（3）所有其他的因素 C 都已经被排除。

其中，最难实现的是"所有其他的因素 C 都已经被排除"。因此，在数据推断的过程中，因果关系的建立需要非常谨慎，需要较为严谨的逻辑。

尽管并非所有的数据新闻都会呈现出数据之间的因果关系或相关关系，但在数据处理的前期过程中，这两个关系却是至关重要的。在拿到一组数据之后，我们要做的是尝试回答以下几个问题。

（1）我要分析的问题（核心要素）是什么？

（2）哪些要素（关联要素）影响这个问题的发生和发展？

（3）影响是如何建立的？

对这些问题的回答，其实就是在尝试建立数据关系的过程。我们可以尝试在草稿纸上将关系要素放在一个坐标系中考虑，或者使用数据处理软件来看这些要素是如何建立关系的。

一些数据新闻作品较为直观地呈现了要素之间的相互关系，并通过关系的呈现给读者提供思考的启发。例如，《纽约时报》中曾有一则关于家庭收入如何影响孩子上大学的机会的数据新闻，以游戏的方式让读者通过画一条猜想中的曲线，以帮助公众了解孩子上大学的机会与家庭收入之间的完全相关关系，为读者提供了一个从家庭收入理解社会分化的视角，如图 4-5 所示。

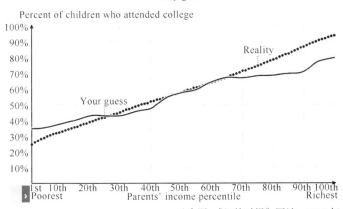

（来源：《纽约时报》网站，2015 年 5 月 28 日）

图 4-5　家庭收入与孩子上大学的机会的关系

注：横坐标为"父母收入阶层"，最左边是贫穷，最右边是富有。纵坐标是孩子上大学的概率。图中虚线是实际情况，实线是读者绘制的猜想中的曲线。

在测量两组数据关系时，可以将它们以散点图的方式绘制在坐标系上，并借助趋势线观察其离散程度，如图 4-6 所示。数据的离散程度能够为我们判断数据关系，进而发现数据故事提供参照。

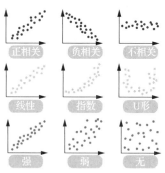

（来源：AntV 文档，2017 年 12 月 29 日）

图 4-6　使用散点图呈现相关关系

初学者在对数据关系的预判别中，可以参考上图观察自己的图表。这些图表中呈现的是仅包含两组关系的情况，如果图表中包含多种关系类型，则还可以借助颜色区别将不同层次的数据以散点的形式绘制在一张图表上，如图 4-7 所示。这种做法有利于观察在超过两个数据维度的情况下，评测对象的重叠或差异。

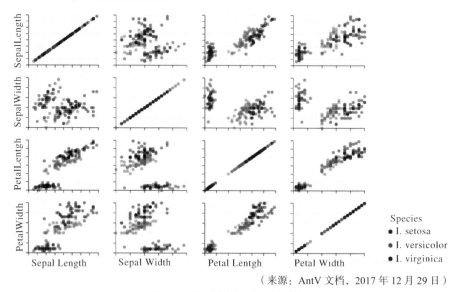

（来源：AntV 文档，2017 年 12 月 29 日）

图 4-7　使用散点图呈现多组数据

注：该图使用的是 Iris 鸢尾花数据集。Sepal Length 表示鸢尾花萼片长度，Sepal Width 表示鸢尾花萼片宽度，Petal Length 表示花瓣长度，Petal Width 表示花瓣宽度。该数据集是一类多重变量分析的数据集，包含 150 个数据集，分为 3 类，每类 50 个数据，每个数据包含 4 个属性。可通过花萼长度、花萼宽度、花瓣长度、花瓣宽度 4 个属性预测鸢尾花卉属于（Setosa，Versicolor，Virginica）3 个种类中的哪一类。

除了上述两种基本的关系类型，数据新闻的学习者还需要了解和掌握更多的数据关系类型，如平行关系、类比关系、分布关系、流程关系、层级关系、力导向关系等，只有更好地理解了数据之间的关系类型，才能为它们选取合适的图表呈现方式。对于大多数初学者来说，如何使用合适的图表来呈现数据也是一个难点，关于这部分内容将在后续章节中具体讨论。

本章知识要点

1. 在数据中建立必要的关联，总结规律并尝试从中有所发现。

2. 熟悉数据格式后，数据记者能够借助工具将数据在不同的格式之间转换。

3. 因果关系和相关关系是数据中最基本的两种关系类型，当有多组数据时，可使用颜色对其进行区分。

4. 发现数据要素之间的关系，寻找有趣的故事点。

【习题】

1. 使用合适的工具，将本章给出的练习数据转换为 Excel 表格。

2. 根据给出的案例，阐明该作品使用了哪些数据维度。尝试探讨的是哪些维度之间的关系。

【实训】

根据你的选题收集到的数据，尝试分析不同数据维度之间的关系，看看有什么发现，并尝试构思你的故事视角。具体可参考如下步骤完成。

（1）根据搜集到的不同来源数据的特点，选择合适的应用数据分析类型。

（2）将数据集中关键的、可能相关联的要素提取出来。

（3）测量关键要素之间的因果关系、相关关系等，构思你作品的叙事视角。

第 5 章　Excel 用于数据新闻的常用操作

　　初学者要实现从数据查找、采集、清洗、分析到可视化的完整过程，掌握一些数据分析工具是非常必要的，其中 Excel 工具最为基础。数据新闻制作使用的大多数数据都需要存储或转换为数据表，以为后续的工作提供可操作性。本章将重点学习数据新闻制作过程中常用的 Excel 功能和函数，这些经实践筛选出来的内容将节省初学者的时间和精力，帮助大家快速完成最基础的数据处理。

 学习目标

　　❖　掌握数据备份的方式，了解数据备份的必要性，以便在后续分析中无论发生任何不可逆的错误，都可以回到原数据中重新操作；

　　❖　了解数据新闻制作中用于初步数据分析的 Excel 基本功能和函数；

　　❖　熟悉数据透视表的使用，以及通过搜索功能学到更多的函数。

 能力目标

　　❖　掌握 Excel 的常用功能和 VLOOKUP 等常用函数；

　　❖　掌握使用 Excel 做初步数据分析；

　　❖　掌握数据透视表的用法。

5.1　数据新闻中使用 Excel 的步骤与常用功能

　　数据新闻融合了新闻与技术两大元素，并在呈现形式、科学性和说服力等方面表现出较为明显的优势。有研究认为，国内的数据新闻人才和师资都比较匮乏，其主要原因之一就在于"传统的新闻教育以文科为主，无论是教师，还是学生，都对技术性的知识接收能力不强。"而数据新闻初学者除了要进行传统的新闻训练，还需要掌握多种技术工具，实现从数据查找、采集、清洗、分析到可视化的完整过程，并能够以新闻的形式呈现出来。Excel 是一个强大的办公系统软件，也是最为基础的数据表制作软件，制作 Excel 表格几乎是所有与数据相关的工作必备的技能。初学者掌握 Excel 的基本函数和常用功能，是处理新闻数据的第一步。

Excel 是目前使用最广泛的表格处理软件。基于强大的函数功能和数据透视表，Excel 可以完成复杂的数据分析任务。本节介绍如何使用 Excel 2016 对 Country 和 CountryLanguage 两个数据表进行数据分析（数据表下载地址见附录），除了着重展示如何使用函数和数据透视表，还将介绍 Excel 中的实用窍门。学习者可以根据实际需求，使用 Excel 工具对实际数据进行清洗和整理。

5.1.1　检查与备份数据

初学者在正式使用 Excel 函数进行数据分析前，需要先了解手中的数据是什么，因此需先整体查看数据。首先是对表格进行检查。在数据表非常大的情况下，拖动鼠标移动数据表非常耗时，这时可以借助一个快速移动的小窍门来查看数据表，即使用"Ctrl+方向键（上下左右）"组合键。会发生什么效果呢？自己动手试一试吧！

其次，要保证手中的数据表是可以用 Excel 处理的标准格式。但是，我们下载或爬取的原数据表往往会存在一些小问题，如数字格式错误、有大量空值等。在解决这些小问题前，我们就要做好备份。备份的意义在于，如果在后续分析中发生任何不可逆的错误，都可以回到原数据中再次开始。

具体方法为：选中表格底部的 Sheet1 标签单击鼠标右键，在弹出的快捷菜单中选择"移动或复制"命令，根据提示框选择放置表格的位置，选中"建立副本"。或者直接拖至一个新的页面，表格会自动命名为 Sheet 2。不管使用哪种备份方法，都建议将需要操作的工作表重命名为便于查找的名称。

5.1.2　Excel 常用功能

1. 冻结窗格

观察数据是分析数据的第一步。在通常情况下，在拿到待分析的数据表后，我们会通过滚动鼠标滚轮来查看数据，以对它有大致的了解。但是在数据量较大的情况下，一旦表头被隐藏，就无法得知数据是什么含义。为了在查看数据时，始终能知道所查看的数据属于哪一维度，可以使用"冻结窗格"功能来为数据表设置"参考坐标轴"。

5-1　Excel 的冻结窗格、分列和定位

选中首行，选择工具栏中的"视图"→"冻结窗格"→"冻结首行"命令，这样可以固定表头，无论查看数据表中什么位置的数据，都能清楚地了解每列数据的含义。"冻结首行"适用于列字段为表头的数据表。

在"冻结窗格"功能下还有另外两个选项，分别是"冻结首列"和"冻结

拆分窗格"。"冻结首列"的效果和"冻结首行"类似，将首列固定，其他单元格可移动，适用于行字段为表头的数据表。

值得注意的是，选择"冻结首行"或"冻结首列"功能，冻结的是活动窗口的首行或首列，不是数据表的首行或首列。即如果当前活动窗口的首行是数据表的第 200 行，那么"冻结首行"功能冻结的是数据表的第 200 行。

"冻结拆分窗格"的效果相当于重新为数据表确定"坐标轴"。这一功能的适用范围最为广泛，可以是第一行至任意连续行或第一列至任意连续列。如图 5-1 所示，想要以 Aruba 为对照国家，可以冻结至 Aruba 所在行，具体操作为：选中 Aruba 所在行的下一行（可以理解为选中第 $N+1$ 行），选择工具栏中的"视图"→"冻结窗格"→"冻结拆分窗格"命令。

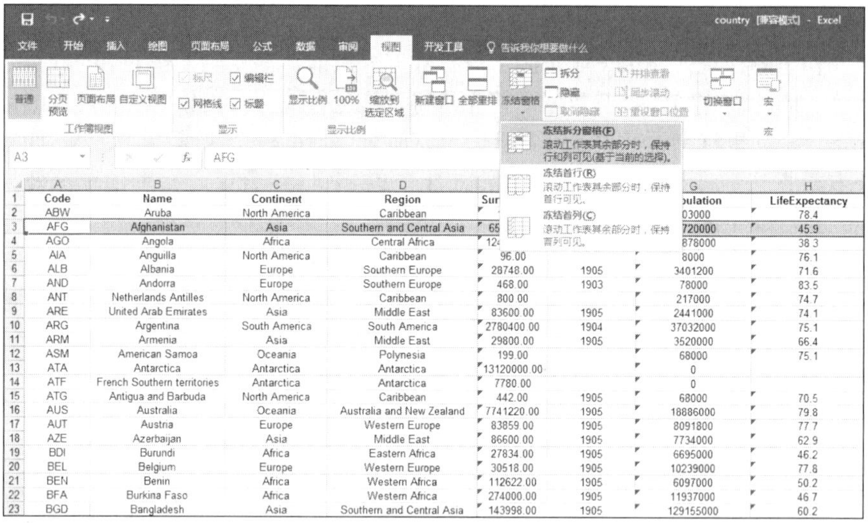

图 5-1 "冻结拆分窗格"示例

"冻结拆分窗格"功能还可以同时冻结多行和多列，相当于为数据表重新确定"原点"。例如，想同时冻结首行和首列，以便在观察数据时可以清楚了解任意数据的含义和所属国家，即我们不希望采用 Excel 默认的"原点"A1 单元格，而是希望使用新的"原点"B2 单元格，操作方法为：选中期望的"原点"（本例中是 B2 单元格），选择工具栏中的"视图"→"冻结窗格"→"冻结拆分窗格"命令。

同样，要取消窗格冻结，只要在激活的数据表中，选择工具栏中的"视图"→"冻结窗格"→"取消冻结拆分窗格"命令即可。

2. 分列

"分列"是 Excel 使用频率非常高的一个功能，通常在两种情况下使用"分列"能事半功倍。第一种情况是数据杂糅，即有两个或两个以上的数据通过统一的分隔符或固定长度被合并成一个数据的情况。

在很多时候，我们需要把人名数据中的名和姓分开，或者需要把所在城市与所在省分开，这些情况都可以使用"分列"功能。使用"分列"功能需要指定标志，标志可以是空格、逗号、英文分号、英文逗号，或任何其他自定义符号。

首先，观察杂糅数据的分隔符，如果不是 Tab 键、英文分号、英文逗号、空格的情况就选其他，将分隔符输入分列选项的对话框中，这里要注意输入分隔符的半角、圆角、中文、英文差异。为了避免输入错误，可以在进入"文本分列向导"前，先复制表中的分隔符，然后粘贴到对话框中。如果输入正确，就可以在数据预览框中看到分列后的效果。然后单击"下一步"按钮。

最后一步需要选择分列后数据的存储格式，一般情况选择"常规"即可。在常规格式下，数值将被转换成数字，日期字符串将被转换成日期格式，其余将被转换成文本。如果分列的原数据是以文本或日期格式存储的，那么也可直接选择"文本"和"日期"格式。可以再次确认数据预览框中的分列效果，然后单击"完成"按钮。

3. 定位

"定位"功能可以帮助我们在 Excel 中快速选中符合某一条件的全部单元格，然后批量处理。这一功能有一个很重要的妙用，就是用于处理空值。

这里的"空值"是指数据表中以空白单元格（无任何数据）形式出现的数据，如"Country"中的很多空白单元格。在原始数据表中，空值是很常见的，保留空白单元格会影响后续函数和数据透视表的功能。大量的空白单元格很难使用查找与替换的功能来进行批量处理，这时候我们就可以使用"定位"功能。具体步骤如下。

选中需要定位的范围，选择工具栏中的"开始"→"选择查找和选择"→"定位条件"命令，在弹出的对话框中选择空值，单击"确定"按钮定位空值后，可根据需求对这些空值进行批量处理。

定位空值是"定位条件"中最常用的选项。此外，定位行/列内容差异单元格是指选中单元格的顺序方向，定位此行/列中与第一个选中单元格内容不同的其他单元格，因此选中单元格的顺序至关重要，将会直接影响结果。这一选项适用于二元数值的处理过程。其他选项的功能，初学者可以查看"帮助"文档来进一步了解，按 F1 快捷键（有些计算机是 Fn+F1 组合键）调出"帮助"对话框，输入"定位条件"即可查询。

4. 排序和筛选

"排序"能够让我们对数据的分布和走势有宏观上的了解，"筛选"能够让我们快速查找和使用数据中的子集。对数据进行排序和筛选也是数据分析的常规操作。在激活的工作表中选择工具栏中的"开始"→"排序和筛选"→"筛选"命令。

5-2　Excel 的排序与筛选

这里选"筛选"不选"升序/降序"的原因是，选择"筛选"后，在列名称行会出现一个下拉按钮，在下拉列表框中包含了升序和降序的功能。所以从操作的便利程度考虑，建议直接选择"筛选"功能。

一般可以对首字母（文本格式）/数字（数字格式）进行升序或降序排序、按单元格颜色排序、按运算要求对数字进行筛选（大于、等于、介于、前10、高于/低于均值等）、按逻辑要求对文本进行排序（开头是、结尾是、包含、不包含等）。如图 5-2 所示，可以对 SurfaceArea 进行降序排序。

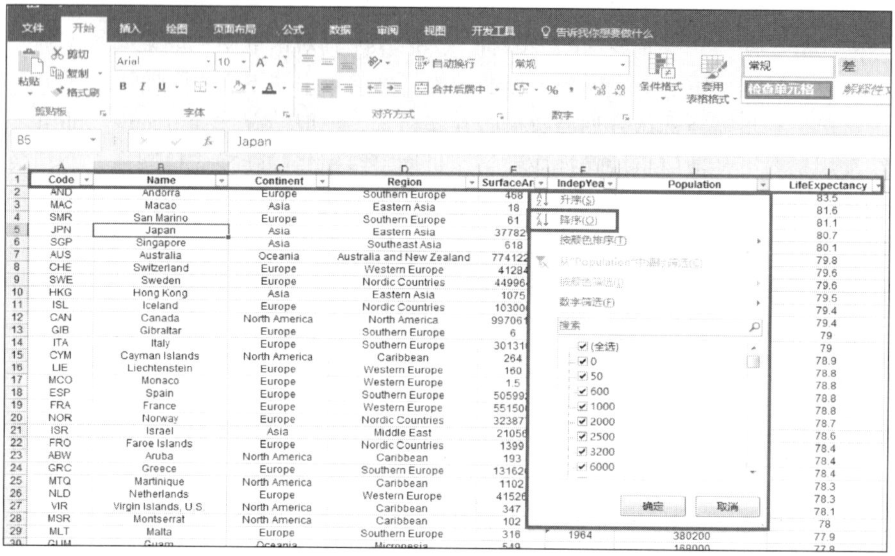

图 5-2　降序排序示例

需要注意的是，这里的升序或降序功能进行的排序只能是对某一列，即某一维度的数据进行排序，如果要同时对两列或两列以上数据进行排序，可以随便单击一个下拉按钮，在弹出的下拉列表框中选择"按颜色排序"→"自定义排序"命令，弹出"排序"对话框。

然后按照需求选择排序的主要关键字和顺序，单击"添加条件"按钮可以添加多个次要关键字。注意，次要关键字之间的优先级顺序即为你添加字段的顺序，且只有在主要关键字/优先级次要关键字可以分组产生子集的情况下，次要关键字/非优先级次要关键字才会进行排序。

例如，对 country 表格中的 Continent、Region 和 Population 这 3 个字段进行排序，可以按图 5-3 进行操作，也可以单击工具栏中的"数据"→"筛选"命令，直接弹出"排序"对话框。

"筛选"功能的操作类似，如想看有哪些国家的 LifeExpectancy 超过平均值，可以这样操作：在 country 表格中的"LifeExpectancy"列下，使用筛选功能，选择"数字筛选"，然后选择"高于平均值"。可以看到，在 239 个国家中，有 162 个国家的 LifeExpectancy 都超过平均值；再次选择工具栏中的"开始"→"排序和筛选"→"筛选"命令可以取消筛选。

排序和筛选功能你学会了吗？试试用"筛选"功能找出 LifeExpectancy 排名前 10 的国家吧！

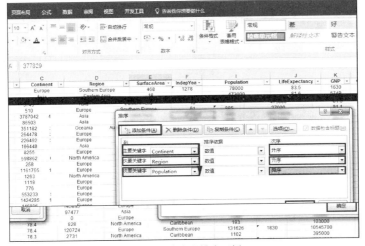

图 5-3 多字段排序示例

5. 选择性粘贴

"选择性粘贴"是指粘贴复制单元格中的特定内容或属性，如数字、公式、格式。其中，选择性粘贴值和转置是使用频率最高的两个选项。

在后续使用公式或函数进行计算的过程中，计算结果是以公式或函数存储在 Excel 中的，一旦公式或函数中的单元格发生变化，结果也会随之变化。

如果在数据量不大且该计算结果不参与其公式或函数内单元格的再计算（会造成循环引用错误）的情况下，则可以保留公式。但在数据量较大的情况下，选择性粘贴为值可以大大提高 Excel 处理数据的速度和数据量，并且作为数值可以任意再计算。

例如，只要保留 Population Ratio 的值，操作步骤如下。

首先在要粘贴的单元格中选中目标单元格（这里是 Population Ratio 整列），单击鼠标右键，选择"复制"（按 Ctrl+C 组合键），单击鼠标右键，选择"粘贴数值"中的"值"，操作步骤如图 5-4 所示。

转置是指粘贴时，将复制的单元格的行与列对换。例如，想以国家为考查单位，了解每个国家在 Population、LifeExpectancy、IndepYear、GNP 等维度上的表现时，可以转置 Country 表格。首先选中整张表（按 Ctrl+A 组合键全选），单击鼠标右键，选择"复制"（按 Ctrl+C 组合键），激活粘贴区域（这里选择 Sheet2 工作表的 A1 单元格），单击鼠标右键，选择"粘贴"中的"转置"。

6. 条件格式

"条件格式"是指按照不同条件批量设置单元格格式，包括颜色、条、图标。除了 Excel 内置的条件格式，还支持自定义条件格式。设置条件格式后，可以更直观地了解数据的分布和趋势。我们可以先观察内置条件格式的种类和样式，以便根据不同的数据形态选择合适的条件格式。

5-3 Excel 内置
条件格式

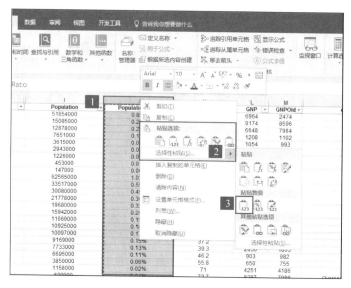

图 5-4 "选择性粘贴"保留值字段示例

如图 5-5 所示，内置的条件格式包括 5 大类。其中，"突出显示单元格规则""最前/最后规则"这两大类都是对数据集中的子集进行查看和标识的规则，其使用逻辑等同于上文介绍的筛选，常用于了解极值。第 3 类是"数据条"，可以大致了解数据占比情况，通常用于以百分比为表现形式的数据中。第 4 类是"色阶"，主要用于了解数据的整体分布。如果整个数据集都是用色阶表示，那么将视图显示比例缩小就是一幅不错的数据可视化作品了。最后一类条件格式是"图标集"，在数据分析中使用较少，这里不多介绍。

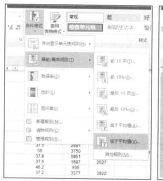

图 5-5 条件格式示例

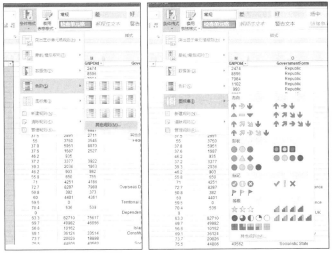

图 5-5　条件格式示例（续）

要注意，条件格式只能对以数字格式存储的数据进行操作，文本格式的数据不能使用条件格式。例如，对人口比例（Population Ratio）和预期寿命（LifeExpectancy）做条件格式处理时，因为 Population Ratio 是以百分比形式出现的，所以选择"数据条"规则比较恰当。

选中 Population Ratio 列（即目标列），选择工具栏中的"开始"→"条件格式"→"数据条"命令，挑选适当的格式，如图 5-6 所示。

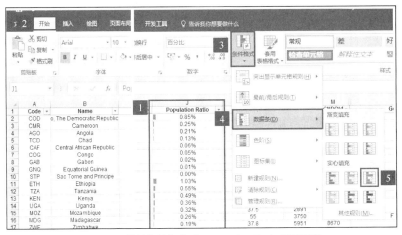

图 5-6　使用条件格式对 Population Ratio 操作示例

使用同样的操作方法，选中 LifeExpectancy 列，选择工具栏中的"开始"→"条件格式"→"色阶"→"绿-白-红色阶"命令，看看出现了什么效果。

若要清除条件格式，选中已经设置条件格式的单元格，选择工具栏中的"开始"→"条件格式"→"清除规则"命令即可。

掌握这些基本功能后，初学者就可以对手中的数据表有一定程度的了解，并且使数据表成为一张可被 Excel 处理的标准格式的表格，接下来就可以使用 Excel 强大的函数功能对数据表进行进一步分析了。

5.1.3 Excel 的常用函数

Excel 有着非常强大的函数功能，主要包括数学函数、统计函数、查找与引用函数、逻辑函数、文本函数等。如果不知道哪个函数可以实现你期望的效果，还可以在"搜索函数"中输入描述来搜索。

利用这些内置函数，我们基本可以实现绝大多数的数据分析任务。接下来将会着重介绍数据分析中常用的基础函数。所有函数功能的实现将基于 5.1 节的内容继续展开。

1. 数学函数

求和函数、求平均值函数和计数函数是数学函数中常用的 3 类函数。

（1）求和函数

求和函数 SUM 可以将公式内输入的参数相加，并在指定单元格（输入公式的单元格）内输出求和结果。其函数的通用格式为"=SUM(number1, number2...)"。例如，想知道 Country 中所有国家的人口总数，就可以用 SUM 函数来实现。在 U2 单元格中输入"=SUM(I2:I240)"。注意，请确保在英文输入法状态下输入公式。通常而言，Excel 会在你输入公式时自动弹出提示[1]，跟随提示操作也是不错的选择。公式中的参数可以手动输入，如手动输入"I2:I240"，也可以拖动鼠标选中 I2:I240 单元格区域。输入完公式后按 Enter 键即可显示结果。

但是，很多时候我们希望按照指定条件对数值进行求和，这时就不能使用 SUM 函数，而要使用 SUMIF 函数。SUMIF 的通用格式为"=SUMIF(range, criteria,[sum_range])"，这 3 个参数分别表示条件区域、指定条件、求和区域。例如，想知道 Africa 的总人口，就可以在 U5 单元格中输入"=SUMIF(C2:C240,"Africa",I2:I240)"，如图 5-7 所示。

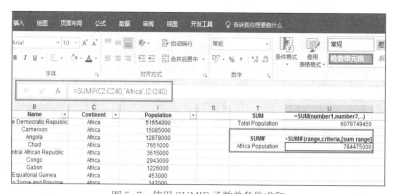

图 5-7　使用 SUMIF 函数单条件求和

1　如果没有弹出公式提示，可以点击"文件"，进入"选项"，选择"公式"，勾选"公式记忆式键入"，有关公式的其他设置都可以在此进行。

请注意，SUMIF 函数是单条件求和函数，即它只能输入一个条件。如果想设定多个条件，就要使用 SUMIFS 函数。SUMIFS 函数的通用格式为"=SUMIFS(sum_range,criteria_range1,criteria1,criteria_range2,criteria2…)"。其中 sum_range 表示求和区域，criteria_range1 表示条件 1 的区域，criteria1 表示条件 1；criteria_range2 表示条件 2 的区域，criteria2 表示条件 2，…，以此类推。例如，想了解 GNP 和 GNPOld 都小于 1 000 的国家的人口总数时，可以在 U7 单元格中输入"=SUMIFS(I2:I240,L2:L240,"<1000", M2:M240,"<1000")"。需要强调的是，这里的条件 1 和条件 2 之间只能是"且"的关系。

（2）求平均值函数

求平均值函数 AVERAGE 可以返回公式中参数的算术平均值，我们尝试使用 AVERAGE 函数来计算 LifeExpectancy 的算术平均值。

AVERAGE 函数和 SUM 函数一样，也可以按指定条件求算术平均值。因此，AVERAGEIF 是单条件求算术平均值函数，AVERAGEIFS 是多条件求算术平均值函数。AVERAGEIF 函数的通用格式为"=AVGERAGEIF(criteria_range, criteria, average_range)"，AVERAGEIFS 函数的通用格式为"=AVERAGEIFS (average_range, criteria_range1, criteria1, criteria_range2, criteria2…)"。

试用 AVERAGEIF 函数计算人口超过 1 000 000 的国家的平均预期寿命吧！

答案是 50.4 岁，你算对了吗？

我们都知道，在使用算术平均值时，极值可能影响结果，为了减小极值带来的影响，可以使用 TRIMMEAN 函数计算平均值。TRIMMEAN 表示返回去掉前后各 N% 数据后的平均值，其通用格式为"=TRIMMEAN(array, percent)"。可以使用 TRIMMEAN 函数看看去掉平均预期寿命最高和最低的 5% 后的平均预期寿命是多少。如图 5-8 所示，在 U11 单元格中输入公式"=TRIMMEAN(K2:K240,0.05)"即可。

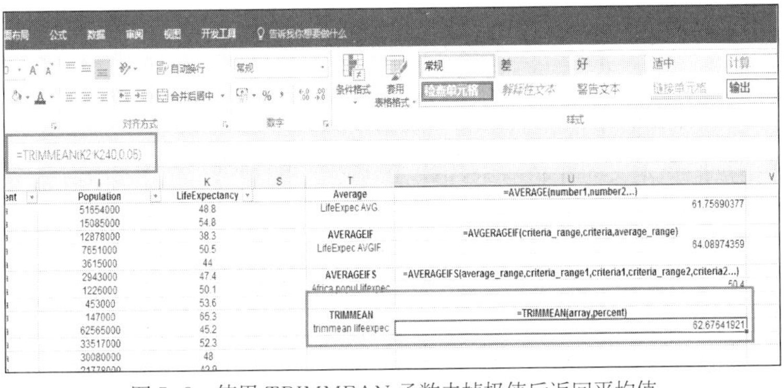

图 5-8 使用 TRIMMEAN 函数去掉极值后返回平均值

你也可以尝试改变 percent 参数，看看算术平均值在多大程度上受到极值的影响。

（3）计数函数

在数学函数中，还有一类常用函数是计数函数。其中，COUNT 函数会返回包含数字的单元格数量以及参数列表中数字的数量。通常，数据表中每一维度的数据都是统一的格式，所以较少使用这一函数。经常使用的是 COUNTIF 和 COUNTIFS 函数，与 SUM 和 AVERAGE 函数一样，这两个函数分别用于单条件计数和多条件计数。COUNTIF 函数的通用格式为"=COUNTIF(criteria_range,criteria)"，COUNTIFS 函数的通用格式为"=COUNTIFS(criteria_range1, criteria1, criteria_range2, criteria2…)"。分别计算 Population 超过 1 000 000 的国家数，以及在此基础上，LifeExpectancy 超过 70 的国家数。

由于多条件函数只有第一个条件是必需的，所以实际上，多条件函数可以实现单条件函数的功能。两个函数的条件区域和求值区域正好相反，为了避免混淆，建议初学者优先学习多条件函数。

2. 逻辑函数

逻辑函数可以实现逻辑判断，也可以与其他函数，如 SUM/AVERAGE 等配合建立条件关系。

IF 函数是最常用的逻辑函数，其通用格式为"=IF(logical_test, value_if_true, value_if_false)"，3 个参数分别对应的含义是逻辑判断公式、为真时的返回的值、为假时的返回的值。例如，想要增加 1 列来判断政体是否为 Republic 形式，如果是标为"Y"，不是标为"N"，可以在内容列（S2 单元格）中输入公式"=IF(O2="Republic","Y", "N")"，按 Enter 键返回结果。

与数字函数可以按区域进行计算不同的是，逻辑函数通常只针对单个单元格的数据进行计算。因此，需要下拉公式覆盖这一列。拖曳鼠标将会花费大量的时间，我们可以移动鼠标指针至已有公式的单元格的右下角（这里是操作单元格的右下角），这时出现一个黑色的十字，然后双击鼠标就能自动填充整列了。

IF 函数还经常与 AND、OR 函数嵌套使用，以实现复杂的条件关系判断。AND 函数表示"且"，其通用格式为"AND(logical1,logical2…)"；OR 函数表示"或"，其通用格式为"OR(logical1,logical2…)"。

现在我们新定义一个值——GNP Index，GNP 和 GNPOld 中有一个值低于 5 000，其 GNP Index 就为低；两个值都高于 5 000，其 GNP Index 为高。根据通用格式推导，可以在 O2 单元格中输入"=IF(AND(L2>5000,M2>5000), "HIGH","LOW")"后按 Enter 键，如图 5-9 所示。

如果将 GNP Index 定义为只要 GNP 和 GNPOld 中有一个值高于 5 000 就可算高，两个值都低于 5 000 才算低的话，就可以在 O2 单元格中输入公式"=IF(OR(L2>5000,M2>5000),"HIGH","LOW")"，然后按 Enter 键。自己动手试试吧！

`=IF(AND(L2>5000,M2>5000),"HIGH","LOW")`

Continent ▾	Population ▾	LifeExpectancy ▾	GNP ▾	GNPOld ▾	GNP Index ▾
Africa	51654000	48.8	6964	2474	LOW
Africa	15085000	54.8	9174	8596	HIGH
Africa	12878000	38.3	6648	7984	HIGH
Africa	7651000	50.5	1208	1102	LOW
Africa	3615000	44	1054	993	LOW
Africa	2943000	47.4	2108	2287	LOW
Africa	1226000	50.1	5493	5279	HIGH
Africa	453000	53.6	283	542	LOW
Africa	147000	65.3	6	0	LOW
Africa	62565000	45.2	6353	6180	HIGH
Africa	33517000	52.3	8005	7388	HIGH
Africa	30080000	48	9217	10241	HIGH
Africa	21778000	42.9	6313	6887	HIGH
Africa	19680000	37.5	2891	2711	LOW
Africa	15942000	55	3750	3545	LOW
Africa	11669000	37.8	5951	8670	HIGH

图 5-9　使用 IF 函数重新定义值

IF 函数中的 3 个参数定义非常灵活，可以是文本也可以是数学公式，所以，IF 函数可以广泛地与其他公式或数学函数，以及 IF 函数本身相互嵌套使用。例如，想知道 Africa 和 Asia 各国的人口占所属大洲总人口的比例，就可以使用 IF 与 SUMIF 函数的嵌套公式（见图 5-10）：

5-4　IF/SUMIF 嵌套函数

```
=IF(C65="Africa",I65/SUMIF($C$2:$C$240,"Africa",
$I$2:$I$240),IF(C65="Asia",I65/SUMIF($C$2:$C$240,
"Asia",$I$2:$I$240),"NOT TARGET CONTINENT"))
```

`=IF(C65="Africa",I65/SUMIF($C$2:$C$240,"Africa",$I$2:$I$240),IF(C65="Asia",I65/SUMIF($C$2:$C$240,"Asia",$I$2:$I$240),"NOT TARGET CONTINENT"))`

ontinent ▾	SurfaceArea ▾	Population ▾	Africa&Asia Population Ratio ▾	LifeExpectancy ▾	GNP ▾	GNPOld ▾	GovernmentForm ▾
Africa	199722	9481000	1.21%	62.2	4787	4542	Republic
Africa	245857	7430000	0.95%	45.6	2352	2983	Republic
Africa	112622	6097000	0.78%	50.2	2357	2141	Republic
Africa	71740	4854000	0.62%	45.3	746	858	Republic
Africa	56785	4629000	0.59%	54.7	1449	1400	Republic
Africa	111369	3154000	0.40%	51	2012	0	Republic
Africa	1025620	2670000	0.34%	50.8	998	1081	Republic
Africa	11295	1305000	0.17%	53.2	320	325	Republic
Africa	36125	1213000	0.15%	49	293	272	Republic
Africa	4033	428000	0.05%	68.9	435	420	Republic
Africa	314	6000	0.00%	76.8	0	0	Dependent Territory of the UK
ntarctica	13120000	0	NOT TARGET CONTINENT	0	0	0	Co-administrated
ntarctica	7780	0	NOT TARGET CONTINENT	0	0	0	Nonmetropolitan Territory of France
ntarctica	59	0	NOT TARGET CONTINENT	0	0	0	Dependent Territory of Norway
ntarctica	359	0	NOT TARGET CONTINENT	0	0	0	Territory of Australia
ntarctica	3903	0	NOT TARGET CONTINENT	0	0	0	Dependent Territory of the UK
Asia	9572900	1277558000	34.48%	71.4	982268	917719	People'sRepublic
Asia	377829	126714000	3.42%	80.7	3787042	4192638	Constitutional Monarchy
Asia	99434	46844000	1.26%	74.4	320749	442544	Republic
Asia	120538	24039000	0.65%	70.9	5332	0	Socialistic Republic
Asia	36188	22256000	0.60%	76.4	256254	263451	Republic
Asia	1075	6782000	0.18%	79.5	156448	173610	Special Administrative Region of China

图 5-10　IF 与 SUMIF 函数嵌套使用示例

这里的"$"表示绝对引用，在列名前加"$"表示列不变，在单元格前加"$"表示单元格不变。在绝对引用状态下，公式在下移列后面的单元格过程中不会发生变化。因为这里的 SUMIF 函数的条件区域和求和区域是不能变的，所以都要加上绝对引用符号。

逻辑函数中还有一个函数非常重要，那就是 IFERROR 函数。在进行数学公式的运算时，有可能会产生错误，这时为了捕获错误及后续处理的便利，可以使用 IFERROR 函数。其通用格式为"=IFEROR(value,value_if_error)"。例如，想知道 SurfaceArea 与 Population 的比值时，如果直接输入公式就会出现错误。

如果保留错误，那么在后续进入数据透视表分析时会影响整列数据的计算。如果使用 IFERROR 函数直接将错误值定义为 0，则可便于后续分析。

3. 文本函数

文本函数只能用于处理文本格式的数据，通过文本函数可以实现文本字符串提取、文本字符串合并、文本格式和数字格式转换。

5-5 文本字符串的提取与合并

（1）文本字符串提取

用于实现文本字符串提取的函数主要有 LEN、LEFT、RIGHT、MID。LEN 函数可以返回文本字符串的字符数，其通用格式为"=LEN(text)"。例如，统计 Name 列的字符数可以输入公式"=LEN(B2)"，然后按 Enter 键，下拉填充整列。

LEFT、RIGHT、MID 函数分别表示从字符串左边的第一个字符开始、右边的第一个字符开始、中间指定字符数开始提取规定字符数的字符串，它们的通用格式分别为："=LEFT(text,num_charts)""=RIGHT(text,num_charts)""=MID(text,start_mun,num_charts)"。LEFT 和 RIGHT 的参数相同，text 表示要提取的原字符串，num_charts 表示提取几个字符。MID 函数稍微复杂，其第一个参数 text 表示要提取的原字符串，第二个参数 start_mun 表示从左边第几个字符开始提取，第三个参数 num_charts 表示要提取几个字符。

MID 函数与 LEN 函数嵌套最为频繁，如想从 Name 字符串的第 2 个字符开始提取整个字符串长度一半的字符数作为新的 Code，可以输入公式"=MID(B2,2,LEN(B2)/2)"。

（2）文本字符串合并

文本字符串合并函数可以创造一个新的字符串，在一种情况中可能会使用到，即数据表中不存在唯一值数据，没有唯一值可能会影响后续的查找和引用功能，所以要创造一个唯一值作为索引。这时可以使用 CONCATENATE 函数，其通用格式为"=CONCATENATE(text1,text2…)"。text1 表示待合并的第一个字符串，text2 表示待合并的第二个字符串……现在使用 CONCATENATE 函数来合并 Code、Continent 和 Region，并以"-"连接，可以输入公式"=CONCATENATE(A2,"-",F2,"-",G2)"，如图 5-11 所示。

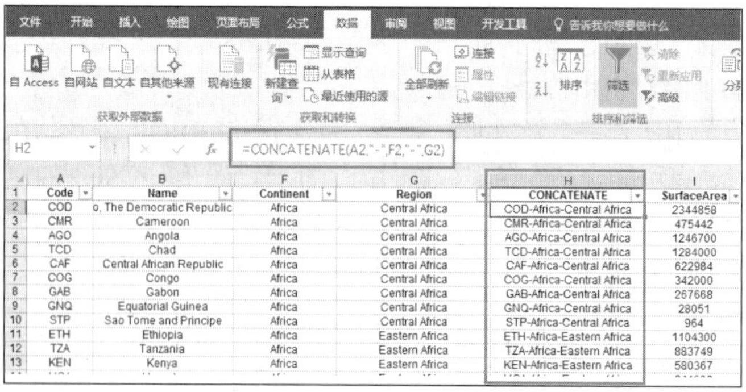

图 5-11 使用 CONCATENATE 函数合并文本字符串示例

因为 CONCATENATE 函数只能合并文本字符串，所以如果是数字就不能使用该函数了，合并数字可以使用 TEXT 函数，其通用格式为"=TEXT(value, format_text)"。第一个参数表示目标转换或文本的数值，第二个参数表示目标转换成的文本形式。例如，想将 Population 的数值转换成文本，可以输入公式"=TEXT(M2,"#,##0")"。

（3）文本格式和数字格式转换

与 TEXT 函数对应的是 VALUE 函数，VALUE 函数用于将文本转换成数字，其通用格式为"=VALUE(text)"，其唯一一个参数表示待转换成数字的文本。VALUE 函数在将文本转换为数字格式上有优势，可以将格式错误降到最低。

（4）字符串中不必要部分的删除

除了以上函数，在文本函数中还有一个常用的函数——TRIM 函数。TRIM 函数可以删除字符串中多余的空格，但会在英文字符串中保留一个空格作为单词之间的分隔。也就是说，如果在单个英文单词内出现一个空格，TRIM 函数将无法删除，只能通过查找与替换功能来替换。所以最常使用 TRIM 函数的情境是在单词的首尾有多余空格时。如果进行查找与匹配的话，建议先用 TRIM 函数验证是否有多余的空格，因为空格会影响查找与匹配函数的使用。TRIM 函数的通用格式为"=TRIM(text)"，其唯一一个参数表示待删除空格的文本。例如，在 Region 的首尾增加一些空格，然后输入"=TRIM(G2)"，按 Enter 键后可以看到多余的空格被删除了。

4. 日期和时间函数

日期与时间函数在数据分析中不如上面介绍的那些函数常用，而且只能处理日期格式的数据。其实现原理和文本提取函数类似，甚至可以理解为是文本提取函数的用于提取日期的快捷函数。例如，常用的 YEAR、MONTH、DAY 函数就是分别提取年、月、日的函数，并均返回数值。三者的通用格式为"=YEAR/MONTH/DAY(serial_number)"，唯一的参数表示时间序列值。

例如，分别用这 3 个函数提取今天的年、月、日，可以分别输入公式"=YEAR(TODAY())""=MONTH(TODAY())""=DAY(TODAY())"，按 Enter 键。其中 TODAY()函数将返回系统中今日的日期，这一函数没有参数，可直接使用。再如，使用 YEAR 函数来计算这些国家至今已经独立多少年了，可以输入公式"=YEAR(TODAY())-K2"，如图 5-12 所示。

G	H	I	J	K	L
Region	CONCATENATE	SurfaceArea	IndepYea	VALUE(IndepYear)	Hoe Long Indep
Central Africa	COD-Africa-Central Africa	2344858	1960	1960	57
Central Africa	CMR-Africa-Central Africa	475442	1960	1960	57
Central Africa	AGO-Africa- Central Africa	1246700	1975	1975	42
Central Africa	TCD-Africa- Central Africa	1284000	1960	1960	57
Central Africa	CAF-Africa- Central Africa	622984	1960	1960	57
Central Africa	COG-Africa-Central Africa	342000	1960	1960	57
Central Africa	GAB-Africa-Central Africa	267668	1960	1960	57
Central Africa	GNQ-Africa-Central Africa	28051	1968	1968	49
Central Africa	STP-Africa-Central Africa	964	1975	1975	42

图 5-12　日期函数计算示例

在 Country 中没有完整格式的日期（是指"yyyy/mm/dd"），如果有完整格式的日期，则还可以使用 WEEKDAY 函数返回该日期是星期几，其通用格式为"=WEEKDAY(serial_number,return_type)"。其中，第一个参数表示时间序列值，第二个参数表示返回值的类型。一般会使用两种类型，一种是 1 或省略，表示将星期日视为 1，星期六视为 7；另一种是 2，表示将星期一视为 1，星期日视为 7（其他特殊类型可以参考帮助文档）。例如，返回今天是星期几，可以输入公式"=WEEKDAY(TODAY(),2)"。

5. 查找与引用

查找与引用函数是 Excel 中最常用和最重要的函数，尤其是 VLOOKUP 函数，说它是 Excel 中最重要的函数之——点也不为过，因为微软专门为它拍摄了介绍视频，可在官网查看。所以首先重点介绍 VLOOKUP 函数的使用。

（1）VLOOKUP 函数

VLOOKUP 函数可以搜索表区域首列满足条件的元素，确定待检索单元格在区域中的行序号，再进一步返回选定单元格的值。通俗来讲，通过 VLOOKUP 函数可以实现多张有一列及以上相同列的数据表之间的关联。但要注意的是，VLOOKUP 函数只能匹配唯一值，即搜索区域内的元素与要返回的目标值之间的关系必须是唯一的（有且仅有一个）。

5-6 VLOOKUP 及 OFFSET 函数的使用

VLOOKUP 函数的通用格式为：

```
=VLOOKUP(lookup_value,table_array,col_index_num,range_lookup)
```

这 4 个参数的含义分别如下。

- lookup_value：待检索的值，Excel 表格中的 A、B、C、D 列。
- table_array：搜索区域。注意，这里在选择搜索区域时，必须覆盖目标值所在列。
- col_index_num：要返回的目标值所在的列数。
- range_lookup：返回值的类型。有两种类型，一种是 TRUE（或输入 1），表示近似匹配；另一种是 FALSE（或输入 0），表示精确匹配，通常选择 FALSE。

现在需要同时处理 Country 和 Country Language 两个工作簿。

如果希望将 Country Language 表中的 Language、IsOfficial、Percentage 数据按照 Code 与 Country 相关联，则可以在 Country 中输入公式"=VLOOKUP(A2,'[Country Language.xlsx]Country Language'!$A:$D,4,FALSE)"，然后按 Enter 键并下拉此框中的公式，如图 5-13 所示。在输入公式的过程中会经常切换工作表，在点击切换工作表后，无须多点鼠标，直接继续输入公式即可。

此时，会有个别国家没有匹配到 Language，如 Code 为 IOT 的国家，此时可以嵌套前面介绍的 IFERROR 函数来处理这个错误。可以修改公式为"=IFERROR(VLOOKUP(A2,'[Country Language.xlsx]Country Language'! $A:$D,4,FALSE), "NULL")"。

=VLOOKUP(A2,'[Country Language.xlsx]Country Language'!$A:$D,4,FALSE)

Code	Capital	Code2	Republic Or Not?	Language	IsOfficial	Percentage
COD	2298	CD	Y	Boa		
CMR	1804	CM	Y	Bamileke-bamum		
AGO	56	AO	Y	Ambo		
TCD	3337	TD	Y	Arabic		
CAF	1889	CF	Y	Banda		
COG	2296	CG	Y	Kongo		
GAB	902	GA	Y	Fang		
GNQ	2972	GQ	Y	Bubi		
STP	3172	ST	Y	Crioulo		
ETH	756	ET	Y	Amhara		
TZA	3306	TZ	Y	Chaga and Pare		
KEN	1881	KE	Y	Gusii		
UGA	3425	UG	Y	Acholi		
MOZ	2698	MZ	Y	Chuabo		
MDG	2455	MG	N	French		
ZWE	4068	ZW	Y	English		
MWI	2462	MW	Y	Chichewa		
SOM	3214	SO	Y	Arabic		
ZMB	3162	ZM	Y	Bemba		
RWA	3047	RW	Y	French		
BDI	552	BI	Y	French		
ERI	652	ER	Y	Afar		
MUS	2511	MU	Y	Bhojpuri		
REU	3017	RE	N	Chinese		
DJI	585	DJ	Y	Afar		
COM	2295	KM	Y	Comorian		
MYT	2514	YT	Y	French		
SYC	3206	SC	Y	English		
IOT		IO	N	#N/A		
EGY	608	EG	Y	Arabic		

图 5-13　VLOOKUP 函数匹配值示例

按照上述步骤，自己动手试着匹配 IsOfficial、Percentage 吧！

与 VLOOKUP 函数同属 LOOKUP 系列的还有一个 HLOOKUP 函数，与 VLOOKUP 函数不同的是，HLOOKUP 函数是按行查找。HLOOKUP 函数在实际的数据分析中使用得非常少，这里不多赘述，初学者若想了解 HLOOKUP 可以调取帮助文档来学习。

（2）MATCH 和 INDEX 函数

除了 VLOOKUP 函数，还有两个查找函数也经常使用，分别是 MATCH 函数和 INDEX 函数。MATCH 函数可以返回查找值在特定数组中的相对位置，其通用格式为"=MATCH(lookup_value,lookup_array,match_type)"。其 3 个参数的含义分别为查找值、查找区域、匹配类型。匹配类型有 3 种，分别是"1 或省略"，表示将返回该查找值的最大数值在数组中的位置[1]；"0"表示将返回等于该查找值的数值在数组中的位置；"-1"表示将返回大于该查找值的最小数值在数组中的位置。一般选择"0"。

由于 MATCH 函数只返回查找值所在的位置，所以 MATCH 函数单独使用的情况较少，一般与 INDEX 函数嵌套使用。

INDEX 函数可以返回指定区域内特定行列交叉处单元格的值，其通用格式为"=INDEX(array,row_num,column_num)"。其 3 个参数的含义分别是查找区域、行号、列号（可以省略）。当它与 MATCH 函数嵌套时，可以起到等同于 VLOOKUP 函数的作用。例如，用 INDEX(MATCH()) 查找 Country

---

1 此时建议用升序排列查找区域，否则不能查找区域内的所有数值。"-1"选项同理。

Language 中 IsOfficial 的值，可以按图 5-14 所示输入公式：

```
=INDEX('[CountryLanguage.xlsx]CountryLanguage'!$E$2:$E$985,MATCH
(A2,'[CountryLanguage.xlsx]CountryLanguage'!$A$2:$A$985,0))
```

图 5-14　MATCH、INDEX 函数嵌套示例

MATCH 函数还可以和 VLOOKUP 函数嵌套使用来提高 VLOOKUP 函数的查找效率。例如，在这个例子中，想查找 Country Language 中的 Language、IsOfficial、Percentage，如果只用 VLOOKUP 函数就要写 3 次，配合 MATCH 函数写一次就可以了。可以按图 5-15 所示输入公式：

5-7　MATCH 函数嵌套 VLOOKUP 函数

```
=VLOOKUP($A2,'[CountryLanguage.xlsx]
CountryLanguage'!$A:$F,MATCH(AB$1,'[CountryLanguage.
xlsx]CountryLanguage'!$A$1:$F$1,0),FALSE)
```

图 5-15　MATCH、VLOOKUP 函数嵌套示例

注意，这里有 4 个绝对引用的地方，分别是 VLOOKUP 函数中的查找值 Country.A 列、VLOOKUP 函数中的查找范围 Country Language.A-F 列、MATCH 函数中的查找值域 Country.AB/AC/AD 列第一行、MATCH 函数中的查找区域 Country Language.A1-F1。只需拖曳公式即可一次匹配 3 列数值。

试着再嵌套一个 IFERROR 函数，直接修正结果中的 NA 值吧！

（3）OFFSET 函数

OFFSET 函数在一般的数据分析中并不常用，但在建立数据透视表时却大有用处。OFFSET 函数是以指定的引用为参考系，通过给定偏移量（相当于移动原来的参考系）返回新的引用。也就是通过 OFFSET 函数，能将静态的数据范围变成动态的数据引用。

其通用格式为：

```
=OFFSET(reference,rows,cols,height,width)
```

这 5 个参数的含义分别如下。

• reference：指定的引用参考系，可以是单元格也可以是区域。

• rows：上下移动范围，正数代表向下移动，负数代表向上移动。

• cols：左右移动范围，正数代表向右移动，负数代表向左移动。

• height：表示新的引用高度包括几行，只能是正数，但可省略，在省略时，默认高度等同 reference。

• width：表示新的引用宽度包括几列，只能是正数，但可省略。在省略时，默认宽度等同 reference。

通常 OFFSET 函数也是作为一个辅助函数与其他函数相互嵌套使用的。例如，使用 OFFSET 函数和 SUM 函数计算人口数前五的国家人口总数占所有国家总人口的百分比，可以先对 Population 做降序排列，然后在空白单元格内输入公式"=SUM(OFFSET(M2,4,,-5,))/SUM(M2:M240)"，以后无论我们再添加多少行数据，只要对 Population 做降序排列后，这一公式就都返回人口数前五的国家人口总数占所有国家总人口的比例。

Excel 的函数非常多，功能非常强大，而且解决一个问题可以用很多不同的方法，这里对函数的介绍只是冰山一角。初学者在实际分析中，可根据分析需求，通过查看帮助文档、搜索函数功能等不断学习。

5.2 Excel 数据透视表的使用

数据透视表是最受数据新闻学习者喜爱的工具之一。它具有汇总、分析、呈现复杂数据的绝佳功能，它可以通过高度灵活的字段布局来实现很多函数的功能，免去大量的公式计算，可大大提高数据分析的效率。

5.2.1 插入数据透视表

首先来插入一个数据透视表。选择要进行数据透视的工作表，可以全选单元格，也可以激活工作表内的任意一个非空单元格。在数据量较大的情况下，建议选择后者。然后选择工具栏中的"插入"→"数据透视表"命令，弹出"创建数据透视表"对话框。系统自动选中整张表的区域，在"请选择要分析的数据"中不用做任何更改。一般情况下，我们会将数据透视表放置在"新工作表"中，这一选项也是系统默认的，所以直接单击"确定"按钮即创建数据透视表。

但是这样创建的数据透视表是静态的，即其分析区域是固定的，如果稍后想重新插入新的行或列，只能在 A:AD 列之间（或 240 行之内）插入，不能在 AD 列之后（或 240 行之后）新增，否则新插入的数据不会出现在数据透视表中。如果想要在 AD 列之后（或 240 行之后）任意插入数据，且数据透视表能自动扩展数据源，则需要借助之前学习的 OFFSET 函数。

具体操作如下。

（1）选择工具栏中的"公式"→"定义名称"→"定义名称（D）"命令。

（2）在弹出的"编辑名称"对话框中输入名称，这里暂且定义为"countrydata"，然后在引用位置中输入公式：

=OFFSET(Country!$A$1,,,COUNTA(Country!$A:$A),COUNTA(Country!$1:$1))[1]

然后单击"确定"按钮，关闭对话框。

（3）这样就定义了一个动态的范围，一旦需要使用这个动态区域，只需输入名称即可。

创建好一个数据源自动扩展的动态数据透视表后，可以分别在 A:AD 列新插入一列 ABC，在 AE 列新插入一列 DEF，观察这两种方法建立的数据透视表是否有如上所说的区别。刷新数据透视表页面，改动的部分就可以自动更新了。

5.2.2　布局字段

数据透视表的字段列表主要分为两个部分：A 部分是所有字段的字段名；B 部分是数据透视表的功能布局区。数据透视表主要有 4 个布局区，分别是筛选、列、行和值。

● 列：字段拖入"列"布局后，该字段会成为数据透视表中的列字段。多个字段拖入"列"后，会根据拖入的顺序构成从属关系。

比如，分别将 Continent 和 Continent、Region 拖入"列"，看看出现了什么。

● 值：字段拖入"值"布局后，该字段会成为数据透视表中的数值。任何形式的字段进入"值"之后都会变成数字格式。"值"字段的显示方式有很多种，包括最大值、最小值、平均值、计数、求和、方差、乘积和总体标准偏差等。文本格式的字段只能显示为计数，数字格式的字段可以显示所有方式。

了解"行"和"列"的布局之后，将目标分析字段拖入"值"就可以开始分析了。例如，想知道各大洲的总人口数，可以将 Continent 拖入"行"，将Population 拖入"值"。

拖动之后，我们发现 Excel 自动选择了"值"的显示方式为计数（在你的工作表中也可能是其他任意显示方式），但想要查看的是各大洲的总人口数，也就是要对 Population 进行求和，这时就需要改变"值"的显示方式了。

在"值"布局中，找到想要改变显示方式的字段，单击该字段右侧的下拉按钮，选择"值字段设置"，在弹出的"值字段设置"对话框中的计算类型中

---

1 这个公式中 OFFSET 的 5 个参数的含义分别为，以 Country 表中的 A1 单元格为原点，上下移动均为 0，高度取 A 列中不为空的单元格数量，宽度取第一行中不为空的单元格数量（COUNTA 函数可以返回不为空的单元格数量）。

选择"求和",单击"确定"按钮。这时数据透视表中 Population 的显示方式从计数变为了求和。

通过这样的操作,也可以根据实际分析需要更改值的显示方式。但"值"布局中的每个字段只能有一种"值"显示方式,如果想就一个字段了解多样的数据,只能将这一字段多次拖入"值"布局区。例如,我们已经知道各大洲的总人口数了,如果还想知道各大洲的平均人口数以及各大洲中的最大人口数,就可以将 Population 再次拖入 "值",并将"值"的显示方式分别设置为平均值和最大值,如图 5-16 所示。

行标签	求和项:Population	平均值项:Population2	最大值项:Population3
Africa	784475000	13525431.03	111506000
Antarctica	0	0	0
Asia	3705025700	72647562.75	1277558000
Europe	730074600	15871186.96	146934000
North America	482993000	13053864.86	278357000
Oceania	30401150	1085755.357	18886000
South America	345780000	24698571.43	170115000
总计	6078749450	25434098.12	1277558000

图 5-16　数据透视表字段布局示例

假如我们还想看的各大洲中实行 Republic 的国家的人口情况,可以将 Republic Or Not? 字段拖入"筛选"布局区中,并选中"Y"项。可以看到,各大洲中不是 Republic 的国家已经都被剔除统计了。数据透视表的筛选功能相当于函数中的按指定条件计算的功能。

在函数部分,我们已经对数据进行了初步分析,丰富了数据维度,现在可以在数据透视表中任意拖动这些字段来尝试做进一步的分析了。不断的尝试可以丰富你对数据透视表的理解,为以后的实际数据分析打下基础。

5.3　Excel 功能组件 Power Query

Power Query 是一种数据连接技术,可用于发现、连接、合并和优化数据源以满足分析需要。Power Query 是 Excel 的一个插件,主要用来汇集数据和整理数据,并且在制作过程中会随时保持更新。Excel 2010 和 Excel 2013 版本需到官网搜索下载,Excel 2016 及以上版本有自带的 Power Query。在这里以疫情数据为例,疫情期间经常可以看到如下报道。

5-8　Excel 功能组件 Power Query

截至2020年2月12日24时，湖北省累计报告新冠肺炎病例48206例（含临床诊断病例13332例），其中：武汉市32994例（含临床诊断病例12364例）、黄石市911例（含临床诊断病例12例）、十堰市562例（含临床诊断病例3例）、襄阳市1101例、宜昌市810例、荆州市1431例（含临床诊断病例287例）、荆门市927例（含临床诊断病例202例）、鄂州市1065例（含临床诊断病例155例）、孝感市2874例（含临床诊断病例35例）、黄冈市2662例（含临床诊断病例221例）、咸宁市534例（含临床诊断病例6例）、随州市1160例、恩施州229例（含临床诊断病例19例）、仙桃市480例（含临床诊断病例2例）、天门市362例（含临床诊断病例26例）、潜江市94例、神农架林区10例。

在对数据进行整理之前，我们需要明白整理数据的目的是什么，预期的效果如何，一步一步去实现。

（1）将各市的疫情数据复制到 Excel 中，如图 5-17 所示。

图 5-17　疫情文本数据操作步骤（1）

（2）选择"数据"→"从表格"命令创建表，如图 5-18 所示。

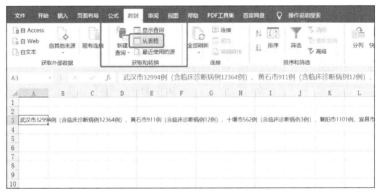

图 5-18　疫情文本数据操作步骤（2）

（3）在 Power Query 编辑器中，选择"拆分列"→"按分隔符'、'"，并在"高级选项"中选择"行"，如图 5-19 所示。

（4）将"列"转换为"行"，结果如图 5-20 所示。

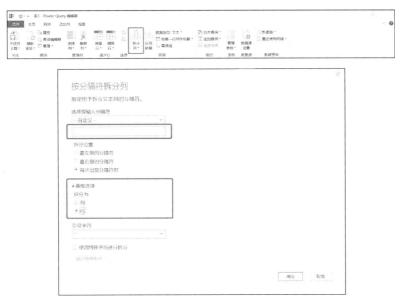

图 5-19　疫情文本数据操作步骤（3）

图 5-20　疫情文本数据操作步骤（4）

（5）拆分汉字和数字。在"拆分列"中分别按"从非数字到数字的转换"和"从数字到非数字的转换"进行拆分，再删除多余的列，如图 5-21 所示。

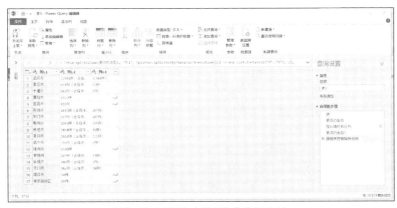

图 5-21　疫情文本数据操作步骤（5）

（6）改首行名称，并将数字的数据类型从"文本"改为"整数"，右下角区域为之前的操作步骤，可在此处返回之前的步骤，如图 5-22 所示。

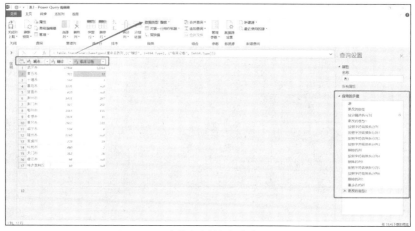

图 5-22　疫情文本数据操作步骤（6）

（7）把 Power Query 整理好的数据上传到 Excel，选择"关闭并加载"，结果如图 5-23 所示。

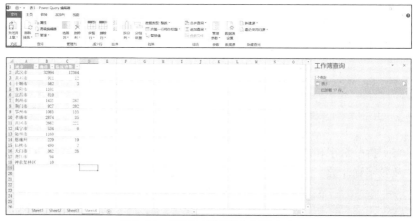

图 5-23　疫情文本数据操作步骤（7）

这里只是简单列举了 Power Query 的部分功能。Excel 的数据是以单元格为单元，可以对每个单元格进行操作，在 Power Query 中则无法直接对单个数据进行操作。这表面上看是降低了我们操作数据的自由度，但是在处理大量数据时，Power Query 比 Excel 处理数据更为高效，因其有类似 Excel 的 IF、VLOOKUP、COUNTIFS、SUMIFS 等函数，还有 Excel 不具有的逆透视功能。

此外，在较新的 Excel 版本中，选择"数据"→"数据分析"命令，还可以完成统计描述、方差分析、回归、F 检验、T 检验、傅里叶分析等更高要求的统计分析和图表绘制。其基本功能类似于简要版的 SPSS。在从数据中挖掘新闻故事的过程中，基本的统计学知识有利于我们更有效地发现问题。关于这部分内容，本章不过多展开，读者可以通过网络资源学习。

本章知识要点

1. 在开始分析之前先备份数据，以便在后续分析中无论发生任何不可逆的错误时，都可以回到原数据中重新开始。

2. 冻结窗格、分列、定位、排序、筛选、选择性粘贴、设置条件格式等，是数据新闻制作中常用的 Excel 功能。

3. 掌握 Excel 的部分数学函数、统计函数、查找与引用函数、逻辑函数、文本函数等，有利于快速完成数据分析。

4. VLOOKUP 和数据透视表是非常有用的操作，能够帮助我们快速整合表格和对表格中的各项进行整体分析。

【习题】

1. 下载本章所用的两个数据集 Country 和 CountryLanguage，并跟随本章中的操作步骤，动手完成操作练习。

2. 下载 hcidataoctober2018.xlsx 数据集，尝试根据这个数据集设计新闻选题，注意考虑数据中有哪些让你有所思考或者希望再考查，你的读者可能会对哪些问题感兴趣。

【实训】

使用你自己的数据集，借助 Excel 进行初步分析，看看能得出什么发现，具体可参照如下步骤。

（1）将搜集到的数据整理到 Excel 表中，通过 Excel 的筛选和排序等功能，查看数据特点。

（2）尝试 Excel 中的 VLOOKUP、MATCH、VALUE 等函数操作，进行初步统计分析。

（3）使用数据透视表和功能组件 Power Query，对你的数据进行更高级的统计分析。

第6章　不规范数据与数据清洗

数据新闻的数据很多时候取材于社会，这些数据大多不规范，需要使用工具进行清洗。本章将介绍常见的不规范数据，并以常用的数据清洗工具 OpenRefine 为例介绍数据新闻中常用的数据清洗功能。

学习目标

❖　熟悉数据不规范的常见情况；
❖　熟悉使用 OpenRefine 进行数据清洗和格式化处理。

能力目标

❖　能够敏感地识别不规范数据；
❖　具备数据预处理的能力。

6.1　数据不规范的常见情况

大多数时候，我们从各种渠道获取的数据会存在数据不规范或者错误等问题，如数据格式不统一、打字错误或乱码、同一名称不同拼写、数据缺失、样本偏差、假数据等。数据量越大，包含这些错误的可能性就越大，仅靠人工清除这些错误也就越难实现。因此，我们需要掌握一定的数据清洗的工具和方法。数据清洗是数据新闻制作的前期工作，也是决定数据是否易用的非常重要的环节。

首先，了解数据中存在的主要问题。The Quartz 的《坏数据手册》曾对数据中存在的问题进行了较为全面的总结。这些问题主要包括：

数据值缺失；缺失数据值被 0 补位；明显的数据不完整；数据行或数据值重复；拼写不一致；姓名顺序不一致；日期格式不一致；未标明数据值单位；分类不合理；字段命名模糊不清；来源出处未标明；出现不合理数据值；数据过于笼统；数据量和公开的数据量不符；数据表有 65 536 行；数据表中的年份出现 1900、1904、1969 或 1970；文本被转为数字；数字被储存为文本。

该手册针对每一个问题都进行了较为细致的说明，初学者可以参考网页资源，在出现数据错误时进行相应的处理。了解这些数据问题的意义在于，当我们面对繁杂的数据表时，能够对其中的问题比较敏感和有效识别。

清洗数据的方法主要有以下几种。

（1）手动编辑：只适合数据量很小的情况。

（2）使用电子表格：如使用 Excel 表格进行数值处理和函数计算。

（3）使用工具修正格式：如使用 OpenRefine 等可轻松地修正格式。

（4）使用计算机语言相关软件：如使用 Python、R 语言等进行数据处理。

工具的使用是数据新闻记者的必备技能。经验显示，工具的使用能够帮助记者提高工作效率。OpenRefine 是目前数据新闻记者最常用的数据清洗工具之一。

6.2　使用 OpenRefine 进行数据清洗

在数据相对规整且数据量不大的情况下，使用 Excel 可以对数据进行简单的整理和清洗。但从提高效率和易用性的角度来说，OpenRefine 在数据新闻记者中更受欢迎。它是一款开源的数据清洗工具，能够帮助我们较为轻松地完成很多数据清洗工作。当然，即便使用 OpenRefine 或其他软件对数据做过清洗，也很难确定数据就完全干净了。在很多情况下，数据清洗工作首先用工具做预先处理，遗留

6-1　使用 OpenRefine 进行数据清洗

下来的一小部分仍然需要人来处理。工具的价值在于帮助我们节约了时间和劳动力成本，将不可能的任务变为可能。

OpenRefine 的官方网站有英文版的实用操作指南，供初学者参考使用。该工具的安装比较简单，下载到本地硬盘，双击运行即可。

OpenRefine 最常用的数据清洗功能有二：其一是针对数据内部不统一的情况，发现表格中不同类型的数据，进而将数据统一起来；其二是通过过滤数据行、区分多值单元、转换数据值等方式，修复错误数据。

6.2.1　对内部数据进行统一

我们来做一个练习。假设我们在一则关于环境问题的新闻项目中需要使用关于广州垃圾中转站的信息，已从广州市政府数据统一开放平台下载数据集"广州市垃圾中转站一览表"，并导入 OpenRefine 中。

这个数据表共包含 267 行。在"类型"下拉列表框中选择"归类"→"文本归类"选项，如图 6-1 所示。

文本归类结果如图 6-2（a）所示，页面左侧的"归类/过滤器"选项卡中显示"类型"共 45 种。浏览这些"类型"，可以看到其中包含一些比较类似的项目，如"C 型脱水"和"C 型脱水式"，"TC"和"TC 型"，以及不同的"TE"和"TE 型"等。很明显，这些都是同一类型的不同表达。将第二个

"TE"后面的空格删除，"TE 型"改为"TE"；将"TC 型"改为"TC"；"C型脱水式"改为"C 型脱水"；"水平式压缩"改为"水平压缩"；"弧形料斗"和"弧形料斗型"都改为"弧斗"……将这些类型修改为统一格式后，"类型"数量变为 37 个，如图 6-2（b）所示。单击页面左侧栏框中的"数量"，可以将这些"类型"按照出现的次数降序排列。

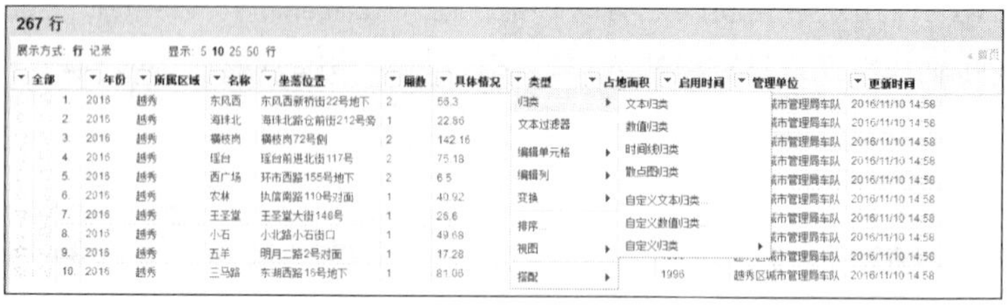

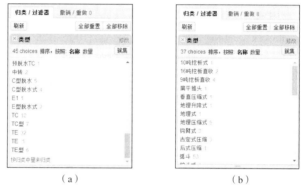

图 6-1　在"类型"下拉列表框中选择"归类"→"文本归类"选项

（a）　　　　　　　　　　　　（b）

图 6-2　使用"文本归类"处理内部重复数据

OpenRefine 可以帮助我们迅速找到相近的项。在界面左侧功能栏中单击"簇集"按钮，在弹出的窗口中出现根据关键词碰接或就近原则的簇集，可以选中"是否合并？"栏中的复选框，将这些簇集合并，如图 6-3 所示。

图 6-3　使用"簇集"处理内部数据

6.2.2　将网络数据转换为表格

在一些允许编辑的网站，使用 OpenRefine 可以获取网页显示的内容，并将其转换为表格形式。参照官网的教程，以维基百科为例。以关键词"Filmfare Award for Best Actors"检索可得到 20 世纪 50 年代以来最佳电影男主角及提名的列表。若要将网页上以 list 形式呈现的文本转化为表格，并储存下来，具体操作步骤如下。

（1）在网页上找到想要转换为表格的部分获奖者与提名者"List of winners and nominees [edit source]"。

（2）单击 edit source（编辑源）按钮，网页跳转到一个文本编辑器，将其中的代码复制下来，在桌面上新建一个 TXT 文档，将复制的代码粘贴进来，并将该文档重命名为 film actors。

（3）使用 OpenRefine 导入该文档，步骤为：新建项目，打开文件，将项目重命名为"best actors"，单击"新建项目"按钮，如图 6-4 所示。

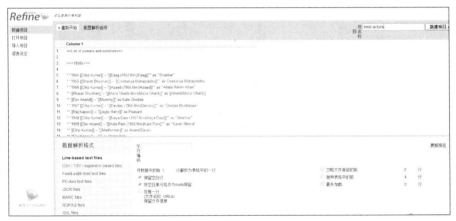

图 6-4　导入 TXT 文档

（4）导入后的文档显示为 1 列，296 行。

（5）我们不需要年代信息，因此在 Column 1 下拉菜单中选择"归类/过滤器"，在左边的文本框中输入==，得到 8 行符合条件的结果，如图 6-5 所示。

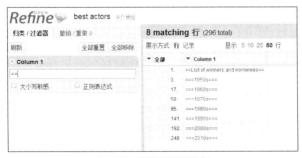

图 6-5　查找不需要的行

（6）在"全部"下拉列表框中选择"编辑行"→"移除所有匹配的行"选项；回到左侧文本框，关闭Column 1归类，得到288行数据，如图6-6所示。

图6-6　清除不需要的行

（7）要去除列表中多余的符号'''，选择 Column 1 下拉菜单中的"编辑单元格"→"转换"选项，如图6-7所示。

图6-7　整体去除不需要的符号

（8）输入语句 `value.replace("'''"," ");`，将'''转换为空格，如图6-8所示。

图6-8　转换命令行

（9）在网页中，可以看到每个年份之后是获奖者，后面的行里是当年的提名者。借助这一规律，可以将获奖者和提名者区分开来。在 Column 1 中选择"编辑列"→"由此列派生新列"选项，如图 6-9 所示。

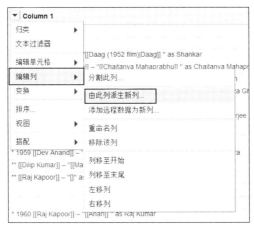

图 6-9　借助*赋值派生新列

（10）在弹出的窗口中输入命令行"`not(value.startsWith("**"))`"，并将新列命名为"winner"，如图 6-10 所示。

图 6-10　赋值命令行

（11）得到新表格后，使用"文本归类"功能，将赋值为 true 的项提取出来。

（12）在 Column 1 下拉菜单中选择"编辑列"→"由此派生新列"选项。

（13）在弹出的窗口中输入命令行"`value[1,7]`"，并将新列命名为"Year"，如图 6-11 所示。

图 6-11　提取时间

（14）在 Column 1 下拉菜单中选择"编辑单元格"→"转换"选项，将原数据列中的时间去掉，输入命令行"value.substring(8)"；可以看到表格原数据列中的时间被删除了。

（15）在左边栏框中切换到"false"，这些项目中并没有时间信息，因此，同样选择"编辑单元格"→"转换"选项，在弹出的窗口中输入命令行"value.substring(2)"，将 false 项中的*删除，如图 6-12 所示。

图 6-12　删除 false 项中的*

（16）由于在这个列表中，所有被提名的演员对应的提名年份都与获奖演员一致，因此，在"Year"下拉菜单中，选择"编辑单元格"→"向下填充"选项，如图 6-13 所示，即可完成所有的年份对应。

图 6-13 选择"编辑单元格"→"向下填充"选项

（17）最后，将第一栏中的信息变为 3 栏：演员、电影和角色。在 Column 1 下拉菜单中选择"编辑列"→"分割此列"选项；在弹出的对话框中将"分隔符"设为" - "，"分割为"设为"2"列，如图 6-14 所示。

图 6-14 根据信息分割列

（18）在第二列中使用同样的方法，将分隔符设置为" as "；确定后得到新的表格，如图 6-15 所示。

▼全部	▼演员	▼电影	▼角色	▼年份	▼winner
5.	[[Dilip Kumar]]	"[[Azaad (1955 film)|Azaad]] "	Abdul Rahim Khan	1956	true
6.	[[Bharat Bhushan]]	"[[Mirza Ghalib (film)|Mirza Ghalib]]"	[[Ghalib|Mirza Ghalib]]	1956	false
7.	[[Dev Anand]]	"[[Munimji]]"	Kala Ghodaa	1956	false
8.	[[Dilip Kumar]]	"[[Devdas (1955 film)|Devdas]] "	Devdas Mukherjee	1957	true
9.	[[Raj Kapoor]]	[[Jagte Raho]]	Peasant	1957	false
10.	[[Dilip Kumar]]	"[[Naya Daur (1957 film)|Naya Daur]] "	Shankar	1958	true
11.	[[Dev Anand]]	"[[Kala Pani (1958 film)|Kala Pani]] "	Karan Mehra	1959	true
12.	[[Dilip Kumar]]	"[[Madhumati]]"	Anand/Deven	1959	false
13.	[[Raj Kapoor]]	"[]"	Raam Babu	1959	false
14.				1959	

图 6-15 分割列后的新表格

（19）为了更清楚地区分获奖者与提名者，在获奖者的名字后面加上

"(winner),cells["winner"].value"表示特定列中的值，使用命令行"if(cells["winner"].value,value+"(winner)", value)"，即如果值为真，则在此单元格内标注"(winner)"，如果不为真，保持原值不变。

（20）将表格导出为 XLS 或其他格式。

经过上述操作，网页文本信息被转换为表格形式，以便用于后续的数据分析和呈现。在数据量比较大的情况下，OpenRefine 为我们提供了数据清洗的便捷途径，本章仅介绍了其在数据新闻中的常用功能，学习者制作数据新闻过程中的其他需求可以学习软件文档来进一步解决。

本章知识要点

1. 从各种渠道获取的数据并不干净、整齐，其中会存在数据不规范或者错误等问题，数据清洗是非常必要的工作。

2. 数据值缺失、数值补位、数据不完整、数值重复、拼写不一致、不合理数据值、格式不统一等都是常见的数据错误，需要手动处理或者借助工具处理。

3. OpenRefine 最常用的数据清洗功能有二：其一是针对数据内部不统一的情况，发现不同类型的数据，进而将数据统一起来；其二是通过过滤数据行、区分多值单元、转换数据值等方式，修复错误数据。

【习题】

1. 数据不规范的常见情况有哪些？

2. 尝试从本章的练习数据集中找到数据不规范的地方，并归纳出有哪些不规范之处。

【实训】

使用 OpenRefine 完成数据新闻制作中的数据清洗。

（1）对照本章内容，总结你的数据中存在不规范的地方。

（2）使用 OpenRefine 清洗获取的数据集，尽量实现数据统一和以表格展示。

（3）在你的数据集上尝试 OpenRefine 菜单栏中的各项功能，看看你可以得到什么结果。

第 7 章　不使用代码抓取网络数据

在大多数情况下，数据新闻的制作对数据量有一定要求。手动收集数据不仅耗时耗力，而且容易出错。因此初学者非常有必要掌握一两种抓取网络数据的方法，以节省将更多的时间和精力用于数据整理和故事讲述方面。目前，抓取网络数据的最佳方式是代码，媒体中的很多数据新闻记者已经能够使用简单的代码抓取网络数据，但还是有不少人希望能够借助一些相对方便的工具，尤其是对于纯文科背景的学习者来说，由于学习能力的差异，大多需要花费较多的时间和精力才能掌握代码编写，借助工具快速上手获取想要的数据非常有必要。

本章旨在帮助学习者轻松抓取网络数据，将介绍两个好用的工具，一个是网页插件工具 TableTools2，另一个是独立的数据抓取工具——后羿采集器。

学习目标

❖　了解抓取网页内容的基本规则；
❖　掌握网页插件工具 TableTools2 的操作方法和原理；
❖　掌握后羿采集器的操作方法和原理。

能力目标

❖　掌握不用代码抓取网络数据的方法；
❖　提升在线公开数据的获取能力。

7.1　使用 TableTools2 下载网页数据

很多时候，我们看到的网络数据已经过处理，以表格的方式呈现在网页上。然而，从网页上直接复制表格会产生格式错误或乱码。火狐或 Chrome 浏览器的插件工具 TableTools2 能够帮助我们迅速解决这一问题。使用该工具能够很方便地下载在线表格数据或者网页列表数据。

7-1　使用
TableTools2 下载
网页数据

TableTools2 的安装步骤如下。

（1）下载、安装火狐浏览器。

（2）单击右上角"打开菜单"图标，找到"附件组件"，在"附件组件管理器"中单击"插件"，在右上角的搜索栏中输入"TableTools2"。

（3）安装。然后你将看到 TableTools2 出现在"扩展"中。

7.1.1 使用 TableTools2 获取在线表格数据

使用该工具时，需要先打开一个含有图表的网页。例如，从世界实时统计数据网页 WorldMeters 采集关于全球新冠疫情的统计数据，该数据在网页上以表格呈现出来。

使用 TableTools2 获取在线表格数据的具体操作步骤如下。

（1）用火狐或 Chrome 浏览器打开数据表所在的网页，页面的疫情实时统计数据如图 7-1 所示。

#	Country, Other	Total Cases	New Cases	Total Deaths	New Deaths	Total Recovered	Active Cases	Serious, Critical	Tot Cases/ 1M pop	Deaths/ 1M pop	Total Tests	Tests/ 1M pop	Population
	World	104,888,988	+2,513	2,276,726	+65	76,759,177	25,853,085	106,556	13,456	292.1			
1	USA	27,150,457		461,930		16,906,778	9,781,749	23,449	81,740	1,391	317,086,758	954,631	332,156,223
2	India	10,791,123		154,742		10,479,508	156,873	8,944	7,774	111	198,473,178	142,987	1,383,049,252
3	Brazil	9,339,420		227,563		8,236,864	874,993	8,318	43,753	1,066	28,600,000	133,985	213,456,774
4	Russia	3,901,204		74,684		3,365,360	461,153	2,300	26,726	512	102,800,000	704,246	145,971,764
5	UK	3,871,825		109,335		1,804,913	1,957,577	3,638	56,857	1,606	73,448,821	1,078,575	68,098,024
6	France	3,251,160		77,595		228,472	2,945,093	3,277	49,743	1,187	44,710,507	684,070	65,359,526
7	Spain	2,913,389		60,370		N/A	N/A	4,836	62,298	1,291	33,901,109	724,920	46,765,571
8	Italy	2,583,790		89,820		2,059,248	434,722	2,145	42,772	1,487	33,332,881	551,789	60,405,773
9	Turkey	2,501,079		26,354		2,387,384	87,341	1,523	29,467	310	30,061,437	354,177	84,876,860
10	Germany	2,252,489		60,212		1,973,200	219,077	4,348	26,833	717	38,553,736	459,064	83,943,401
11	Colombia	2,125,622		54,877		1,988,958	81,787	3,482	41,513	1,072	10,273,080	200,629	51,204,312
12	Argentina	1,952,744		48,539		1,745,208	158,997	3,571	42,972	1,068	6,440,947	139,540	45,441,703
13	Mexico	1,874,092		159,533		1,436,482	278,077	5,692	14,445	1,230	4,721,997	36,397	129,735,649
14	Poland	1,527,016		37,897		1,283,698	205,421	1,369	40,374	1,002	8,750,326	231,356	37,821,881

（截图时间：2020 年 2 月 4 日）

图 7-1　WorldMeters 网页疫情实时统计数据

（2）单击网页右上角的插件"Data Miner"，打开插件页面，选择"Public"选项卡，再选择"Generic Recipe-Get Table Data"，单击"Run（运行）"按钮，如图 7-2 所示。

图 7-2　使用插件下载在线表格数据（1）

（3）运行后，表格中的数据内容会自动显示出来，单击"download（下载）"按钮，即可获得所需的表格，如图 7-3 所示。数据表可以 CSV 或者 XLSX 格式存储，也可以复制到剪贴板上，然后粘贴在需要的文档中。

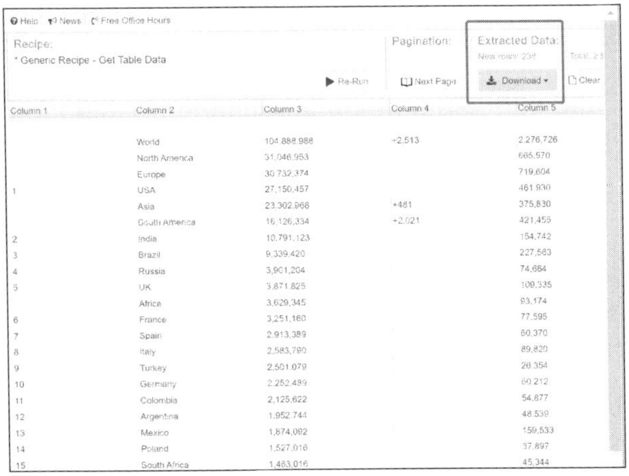

图 7-3　使用插件下载在线表格数据（2）

（4）下载后需要检查行数和列数是否正确，有的时候还需要手动修改表头。

7.1.2　使用 TableTools2 获取在线列表数据

更多时候，我们想要获取的数据是以列表形式呈现的。比如在做疫情相关的数据新闻时，需要获取知乎上的讨论数据，就可以使用 TableTools2 实现。使用 TableTools2 获取在线表格数据的具体操作步骤如下。

（1）在知乎网页搜索栏中输入想要查询的关键词，如"石家庄疫情"，获得网页列表。

（2）打开 TableTools2 插件，找到 My Recipes（我的菜单），+New Recipe（新加菜单），选中 List Page（列表页）单选按钮，如图 7-4 所示。

图 7-4　使用插件下载在线列表数据（1）

（3）在"2 Rows"菜单下，单击"Find"按钮，用鼠标悬停单击"Shift"的方式，选中想要获取数据的板块，然后单击"confirm"按钮，如图 7-5 所示。

图 7-5　使用插件下载在线列表数据（2）

（4）在"3 Cols"菜单下，修改列标题，并单击"Find"按钮；以鼠标悬停单击"Shift"的方式，选中想要获取数据的板块，然后单击"confirm"按钮，如图 7-6 所示。

图 7-6　使用插件下载在线列表数据（3）

（5）在"3 Cols"菜单下，单击"Add New Column（新加列）"，并重复步骤（4），如图 7-7 所示。

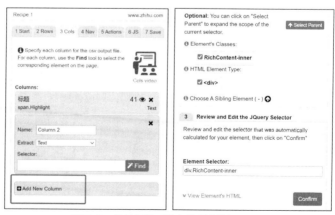

图 7-7　使用插件下载在线列表数据（4）

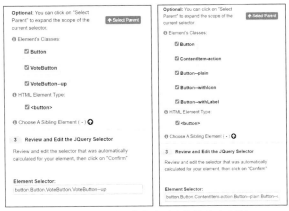

图 7-7　使用插件下载在线列表数据（4）（续）

（6）在"7 Save"菜单下，更改任务名称，并点击运行按钮，获得在线列表数据，如图 7-8 所示。

标题	摘要	赞同	评论	时间
有什么你想匿名说出的秘密？	匿名用户：故事就发生在刚...	赞同 703	311 条评论	01-14
石家庄疫情管控期间，依然...	糖果距离：可以负责人的跟...	赞同 3	3 条评论	01-23
石家庄疫情算是解封住了吗？	血色残阳：这则前一句话还说...	赞同 245	70 条评论	02-01
疫情对你的影响有多大？	盐选推荐：被迫改变回途，...	赞同 46	1 条评论	2020-03-02
关于这次河北暴暴疫情的源...	Jm108：也不排除机构的可...	赞同 108	107 条评论	01-10
石家庄封城第5天，最恐惧的...	AdmitWrite线上留学教育：原...	赞同 1802	345 条评论	01-12
疫情过后，河北石家庄的房...	日日梦想家：这么说吧，假...	赞同 8	2 条评论	01-20
为什么石家庄病例越来越少...	宋小悦：以下为目录（想看...	赞同 26	4 条评论	01-26
石家庄会与年会封城吗？	匿名用户：我们没有放假 我...	赞同 63	108 条评论	01-26
为什么石家庄的疫情风险...	谷为胜：说风凉话的多是菲...	赞同 2465	297 条评论	01-28
石家庄疫情好了很多，二月...	匿名用户：我觉得这个回答...	赞同 3	添加评论	18 小时前
为什么叫石家庄是「国际庄」	真叫卢俊：这一次石家庄是...	赞同 3	210 条评论	01-17
如何看待这次因「一号病例」...	iCoA首席硕士：正显正为"1...	赞同 1280	257 条评论	1 小时前
那个刚确诊的石家庄女生，...	AdmitWrite线上留学平台：...	赞同 89	24 条评论	01-13
石家庄火车坐可以乘车吗202...	路见公你：石家庄疫情出现...	赞同	添加评论	20 小时前
如何评价本次发生在石家庄...	iCoA首席硕士：很正常，另...	赞同 18	添加评论	01-18
如何看待 1 月 25 日起，石涿...	一条披着狼皮的羊：夜晚的...	赞同 31	24 条评论	01-23
石家庄突然加强防力度到别...	药食同源：精王迷珠：是，疫情期间逃...	赞同 34	12 条评论	01-23
没钱是不是真的不应该结婚？	精王迷珠：是，疫情期间逃...	赞同 3869	2,258 条评论	02-02
如何看待石家庄1月28号调整...	高思南：1月22日央气网发表...	赞同 3	4 条评论	01-29
1 月 20 日河北新墙本地确诊...	披萨学院少百：那台庄疫情...	赞同 39	15 条评论	01-21

Recipe: 知乎-石家庄疫情　　Pagination: Not Available　　Extracted Data: New rows: 122　Total: 12　　Re-Run　Download ▾　Clear

图 7-8　使用插件下载在线列表数据（5）

在需要自动翻页的情况下，会用到"4 Nav"和"5 Action"菜单的功能，操作规则仍然使用鼠标悬停单击"Shift"的方式，大家可以自己尝试。

7.2　使用后羿采集器抓取网页数据

目前比较受欢迎的网络数据采集器包括火车采集器、八爪鱼采集器、GooSeeker 等。这里介绍一款比较容易上手的网络数据采集器——后羿采集器。这款采集器由前谷歌技术团队打造，只需输入网址即可自动识别采集内容，如列表、链接、名称、价格、图片等，不需要配置任何采集规则。

使用后羿采集器下载网页数据的具体操作步骤如下。

（1）以采集"豆瓣电影 TOP250"为例，首先在豆瓣网的搜索栏中输入"豆瓣电影 TOP250"，并将网址复制到后羿采集器中，单击"智能采集"按钮，如图 7-9 所示。

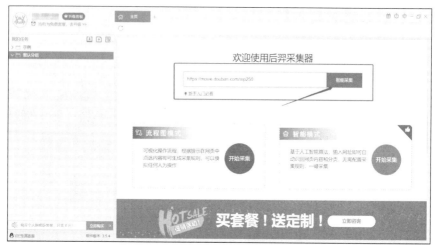

图 7-9　使用后羿采集器下载网页数据（1）

（2）开始采集时，可以修改字段名称和选择需要采集的内容，单击"开始采集"按钮如图 7-10 所示。

图 7-10　使用后羿采集器下载网页数据（2）

（3）在弹出的页面中可根据需求设定采集的项，或者直接单击"启动"按钮，软件即开始运行，如图 7-11 所示。

图7-11　使用后羿采集器下载网页数据（3）

（4）数据采集完毕生成表格样式。后羿采集器支持以多种格式导出，包括 XLSX、CSV、TXT、HTML，也可导出到 MySQL、SQLServer 等数据库中，如图7-12所示。

	A	B	C	D	E	F	G	H	I	J	K	L	M	N
1	标题	标题链接	pic		缩略图	bd	inq	hd1	rating_nu	评价数	other			
2	肖申克的	https://m1			https://导演：	弗 肖申克让人	The Sl	9.7	2252116人	月黑高飞(港)		刺激1995(台)		
3	霸王别姬	https://m2			https://导演：	陈凯 风华绝代	再见，	9.6	1672291人	再见， 我的爱		Farewell My Concubine		
4	阿甘正传	https://m3			https://导演：	罗 一部美国	Forre	9.5	1695719人	福雷斯特·冈普				
5	这个杀手	https://m4			https://导演：	吕佩 孤影暮相	Léon	9.4	1879974人	杀手莱昂		终极追杀令(台)		
6	泰坦尼克	https://m5			https://导演：	詹 失去的才	Titan	9.4	1654848人	铁达尼号(港		/ 台)		
7	美丽人生	https://m6			https://导演：	罗 最美的谎	La vit	9.5	1048252人	一个快乐的传说(港)		/ Life Is Beautiful		
8	千与千寻	https://m7			https://导演：	宫崎 最好的动画	千と千	9.4	1772820人	神隐少女(台)		千与千寻的神隐		
9	辛德勒的	https://m8			https://导演：	史 拯救 一个	Schinc	9.5	865709人	舒特拉的名单(港)		辛德勒名单		
10	盗梦空间	https://m9			https://导演：	克 谁诺兰给了	Incept	9.3	1646185人	潜行凶间(港)		全面启动(台)		
11	忠犬八公	https://m10			https://导演：	莱 永远都不	Hachi	9.4	1126228人	秋田犬八千(港)		忠犬小八(台)		
12	星际穿越	https://m11			https://导演：	克 爱是 一种	Inter	9.3	1317924人	星际启示录(港)		星际效应(台)		
13	海上钢琴师	https://m12			https://导演：	朱 每个人都	La le	9.3	1339911人	声光伴我飞(港)		一九零零的传奇		
14	楚门的世	https://m13			https://导演：	彼 如果再也	The Tr	9.3	1230267人	真人Show(港)		真人戏		
15	三傻大闹	https://m14			https://导演：	拉 美惊愕愁	3 Idi	9.2	1500099人	三个傻瓜(台)		作死不离3兄弟(港)		
16	机器人总	https://m15			https://导演：	安 未来启	WALL	9.3	1058790人	太空奇兵·威E(港)		瓦力(台)		
17	放牛班的	https://m16			https://导演：	克 天籁 一般	Les cl	9.3	1040247人	歌声伴我心(港)		唱诗班男孩		
18	大话西游	https://m17			https://导演：	刘 一生所爱	西游记	9.2	1205030人	西游记完结篇仙履奇缘		齐天大圣西游记		
19	疯狂动物	https://m18			https://导演：	拜 迪士尼给	Zootop	9.2	1456595人	优兽大都会(港)		动物方城市(台)		
20	熔炉	https://m19			https://导演：	黄 我们 一路	도가니	9.3	736601人	无声呐喊(港)		漩涡		
21	无间道	https://m20			https://导演：	刘 香港电影	無間道	9.3	995381人	Infernal Affairs		Mou gaan dou		
22	教父	https://m21			https://导演：	弗 厚了万年影	The Go	9.3	736253人	Mario Puzo's The Godfather				
23	当幸福来	https://m22			https://导演：	加 平民励志	The Pu	9.1	1206759人	寻找快乐的故事(港)		追求快乐		
24	龙猫	https://m23			https://导演：	宫 人心中有	となり	9.2	1005318人	邻居托托罗		邻家的龙猫		

sheet1 +

图7-12　使用后羿采集器下载网页数据（4）

除了一键采集，后羿采集器还支持网页内容深度采集，有需要的读者可以观看网上教程学习。

本章知识要点

1. 网络数据是数据新闻重要的数据来源，获取网络数据的方法有多种，可分为使用代码和不用代码的方式。

2. TableTools2 是一款不需要使用代码就能获取网络数据的插件，其优点是操作简单，缺点是需要网页代码格式比较规范。

3. 在使用网络数据抓取工具的过程中，初学者可根据需求使用在线资源深入学习。

【习题】

1. 使用浏览器插件 TableTools2 采集知乎数据。
2. 使用后羿采集器采集豆瓣数据。

【实训】

请根据你的选题，在故事架构中充实数据素材。想一想，除了主体数据，是否还需要更多的拓展和补充，如何找到并获取更多的数据，为后续的故事铺展做准备。具体可参考如下步骤。

（1）根据你的选题，从社交媒体中找到该话题相关的网络数据素材。

（2）使用 TableTools2 或后羿采集器进行数据采集。

（3）将数据素材整理成规范的数据表。

第8章 数据新闻的图表表达

好的数据可视化建立在对数据和图表关系的理解基础上，对图表表达的理解直接决定数据记者能否准确、清晰、有效且美观地呈现数据的意义。简单地说，数据可视化就是将数据做成图表或图像的形式，帮助理解数据意义的过程。在很多数据新闻中，"酷炫"的呈现效果都是数据可视化的结果，可视化使数据新闻吸引了更多的眼球。很多初学者的困惑之一是：该以什么样的图表来呈现手中的数据？数据新闻记者对适用图表的选择与把握往往是建立在经验和审美的基础之上，本章将对数据可视化中的一些基本规则进行总结，以帮助大家迅速掌握数据可视化的技巧。

学习目标

❖ 在所要呈现的数据维度相对清楚和简单的情况下，掌握柱状图、条形图、折线图、饼图、散点图、面积图、箱形图等数据表达形式。

❖ 熟悉数据表达的常见图表化误区及避免方式。

能力目标

❖ 具备能够为数据匹配合适的图表表达。

❖ 形成避免数据误区的自觉意识。

8.1 数据新闻的基本图表

在前面学习的 Excel 数据表中，可以看到一些基本的图表，如柱状图、条形图、折线图、饼图、散点图、雷达图、面积图和箱形图等。在所要呈现的数据维度相对清楚和简单的情况下，这些图表能够满足我们数据可视化的基本需求。

8.1.1 柱状图/条形图

柱状图是最常用的一种图表，适用于二维数据（x,y），即数据包含两个维度（如 x=时间、y=数量）。在通常情况下，时间维度以 x 轴显示，柱子的高度反映数据差异。柱状图中的数据可以是不连续的，如图 8-1（a）所示。

当 x 轴文字太长，不容易标示时，柱状图可以用条形图来呈现，如图 8-1（b）所示。当有超过二维的数据需要用柱状图显示时，可以使用堆积柱状图。

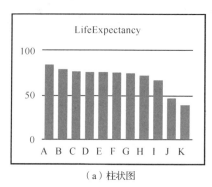 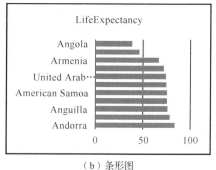

（a）柱状图　　　　　　　　　　　（b）条形图

图 8-1　柱状图和条形图

8.1.2　折线图

折线图反映事物随时间或有序类别变化的趋势，它能够显示数据在一个连续的时间间隔或者时间跨度上的变化。折线图也是基于二维数据集的图表，比柱状图能够呈现更多的数据量。折线图示例如图 8-2 所示。值得注意的是，折线图呈现的是连续型数据。如果要用折线图呈现多个元素的变化，则可绘制多条折线。但是制作折线图的一个基本规则是，在同一图表中通常不超过 5 条折线。

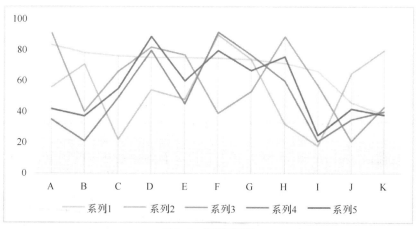

图 8-2　折线图示例

在线条较多的情况下，需要将强调的部分突出显示，以便读者能够在繁杂的信息中抓住重点。例如，BBC 在 2015 年的一则关于全球气候变迁的新闻中，使用近 200 年的平均气温变化数据绘制了折线图。因为 2015 年是最热的一年，因此将对应的折线重点强调，如图 8-3 所示。

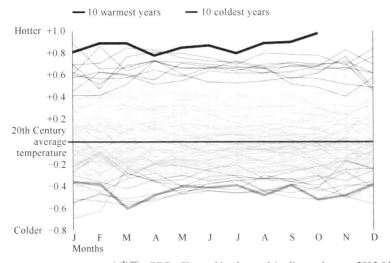

How years compare with the 20th Century average

2015 is the warmest year on record

（来源：BBC，Six graphics that explain climate change，2015-04-09）

图 8-3　在信息量较大的折线图中突出重点

注：该图显示了 2015 年之后的 10 年里，气候是如何变化的，中心线上下分别选择了 10 个最热年份和 10 个最冷年份。中心线表示 20 世纪以来的平均气温。可以看到 2015 年是有据可循的最热年份。

8.1.3　饼图

饼图通过扇形区块的面积、弧度和颜色等视觉标记，展现数据的分类和占比情况。它的特点是展现部分与部分、部分与整体之间的关系。饼图是一个圆形，图表中的各个部分构成一个整体。因此，饼图通常用来表示各项所占百分比，各个部分占比总和为 1。饼图示例如图 8-4 所示。

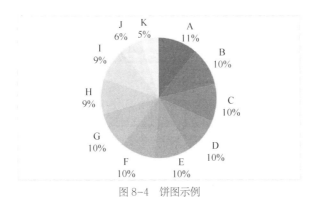

图 8-4　饼图示例

8.1.4　散点图

散点图主要用于呈现三维数据，且其中两维需要比较的情况。散点图可以用于分析 A 与 B 之间的相关关系。在图 8-5 所示的散点图示例中，使用趋势线将散点的指向描绘出来，使图表的意义一目了然。

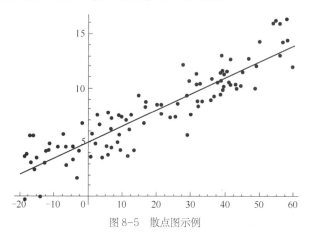

图 8-5　散点图示例

散点图加入大小之后，可以变形为气泡图。

8.1.5　雷达图

雷达图适用于多维数据（通常在 4 个以上），并且这些数据可以排序。雷达图示例如图 8-6 所示。在数据新闻作品中，雷达图并不常见，主要原因在于，雷达图受到的限制较多，当数据维度多于 6 个时，就很难清楚地显示了。

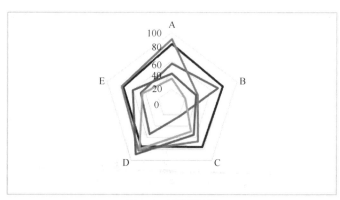

图 8-6　雷达图示例

上述图表均能够在 Excel 中实现，有些图表还可以结合使用，常见的如柱状图和折线图结合。Excel 生成的简单图表，可以使用 Adobe Illustrator、Photoshop 等制图软件进一步加工，实现变形效果。图 8-7 所示为变形的柱状图示例。

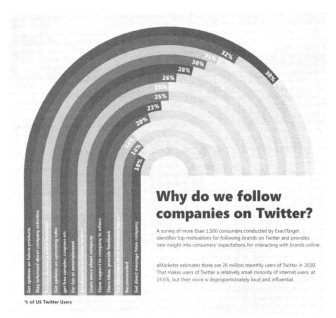

（来源：bdstatic）

图 8-7 变形的柱状图示例

8.1.6 数据与图表表达的对照关系

为了方便读者在使用这些图表时迅速找到参照，我们根据数据可视化网站 AntV 提供的资源，将数据的图表表达整理对照见表 8-1。

表 8-1 数据与图表表达对照表

	比较	趋势	组成	占比	分布	排名	关系	空间
折线图	√	√						
阶梯图	√	√						
面积图（堆叠、百分比）	√	√	√	√				
柱状图（分组、堆叠、百分比、区间、3D）	√		√	√	√	√		√
瀑布图	√	√						
条形图（分组、堆叠、百分比、区间）	√		√	√	√	√		
饼图（环图、玫瑰图）	√		√					
散点图（散点、气泡）	√				√			√
漏斗图（漏斗图、对比漏斗图）	√	√						
雷达图	√							
地图（符号、面积、等值线、3D）	√		√		√			√

	比较	趋势	组成	占比	分布	排名	关系	空间
桑基图		√						
水波图			√					
子弹图				√				
热力图（热力、密度热力、蜂窝热力）					√			
直方图					√			
弧形图							√	
布局关系图（力导向、环形、螺旋、同心圆、辐射）							√	
流向图（桑基流向、流程图）							√	
层级（生态树、缩进树、辐射树、紧凑树）							√	

8.2　根据数据需求选择合适的图表

对于初学者来说，掌握基本图表的使用场景、使用意义是有必要的。获取数据之后，就可以选择合适的可视化呈现方式展开分析。在数据新闻中，数据图表可用来满足如下需求。

（1）比较：对两个或多个要素进行比较时，数据图表能够清晰地呈现大小、多少和时间差异等。常用的基本图表样式包括柱状图/条形图、散点图（相关性和趋势）、折线图、饼图（百分比比较）。

（2）描述分布情况：用于对一组数据的分布情况进行描述。常用的基本图表包括散点图、柱状图/条形图、折线图、箱形图。

（3）解释某一整体中的局部：使用数据图对局部进行强调时，通常会借助颜色将要强调的部分加深。常用的基本图表包括柱状图/条形图、饼图。

（4）解释 B 随 A 变化的趋势：在 A 和 B 这对关系中，通常将 A 作为 x 轴，B 作为 y 轴。如果有时间维度的话，则时间为 A。常用的基本图表包括折线图、柱状图。

（5）寻找偏差：帮助用户清楚地看到数据中存在的偏差或异常数据。常用的基本图表包括柱状图/条形图、折线图。

（6）帮助理解数据中的关系：数据维度之间的关系是数据新闻挖掘故事的一个重要思路，在数据新闻作品中往往用更复杂的图表呈现。常用的基本图表包括折线图、散点图。

在绘图之前，首先要仔细审查数据。若是体量较大的数据表，则需要从中摘取想要分析的维度。可以先从两个维度开始，比如，尝试了解 A 与 B 之间的关系，然后加入更多的维度。

8.3 数据表达的图表误区

真实性和可靠性是数据新闻的核心价值，也是数据与新闻结合后备受强调的价值。数据的可靠性来自两个方面：一是数据来源的可靠性，二是数据使用的可靠性。有的时候，即便数据本身是真实可靠、没有问题的，但若不能恰当地使用数据，则也会误导。数据进行可视化后，用户基于视觉理解数据，可见，为数据选择恰当的表达方式就变得非常重要。

8.3.1 数据标尺传递误导信息

柱状图、折线图、散点图等基本图表都是基于坐标系绘制出来的。在坐标系上，标尺的刻度会影响信息传递。如图 8-8 所示，A 从 5 上涨到 10，B 从 100 上涨到 105，在坐标系中显示了类似的增长线。

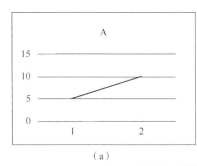 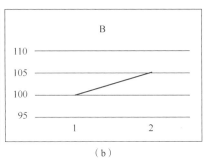

图 8-8　坐标系刻度（数值）

然而，如果这条曲线用来表述的是经济增长，则会产生误导。在图 8-8（a）中，线条从 5 增长到 10，增长了 50%，而在图 8-8（b）中，线条从 100 到 105 只增长了 5%。在股票市场上，50%的增长和 5%是截然不同的。

因此，在呈现这类数据时，需要将数值转化为百分比，可以将两条对比曲线绘制在同一个图表中，如图 8-9 所示。

除了标尺刻度使用错误，在图表中使用坐标系的另外一个误区是，y 轴不从 0 开始。对于任何一个基于坐标系的数据图来说，x 轴和 y 轴都必须从 0 开始。若出现数值太大或太小，变化又相对细微，无法从 0 开始呈现的情况，则需要对数值进行处理（如取对数等）。

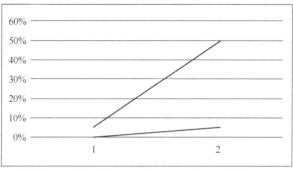

图 8-9 坐标系刻度（百分比）示例

8.3.2 不要对百分比直接求平均值

对百分比求平均值的一个最大危险是，若求百分比时使用的基数不同，则直接平均值将带来数据错误。例如，A 社区的 300 个人中有 30 人买了房子，B 社区的 200 个人中有 28 人买了房子。那么 A 社区中买房的比例为 30/300=10%，B 社区中买房的比例为 28/200=14%。如果问 A 社区和 B 社区买房的平均比例时直接将（10%+14%）/2=12%，就不准确了。

在基数不同的情况下求平均值需要回到原始数据重新计算。因此，A 社区和 B 社区买房的平均比例是：

$$\frac{30+28}{300+200} = 11.6\%$$

8.3.3 区分平均数、中位数和众数

事实上，理解平均数、中位数、众数这 3 个概念是理解数据的基础，熟练的数据新闻工作者在拿到数据时，能够一眼判断出该使用哪个。但对于初学者而言，仍然有必要了解这 3 个概念。

平均数是所有数值的总和除以数值数量。在测量整个数据系列时，平均数是最常用的。但需要注意这些数值中是否有极值。极值会对平均数产生影响。

中位数是将所有数值按照逆序或顺序排列后，从所处位置上看居于中间的那个数字。如果数值数量为偶数，则中位数是中间两个数值的平均数。中位数在排列结果时非常有用，它不受极值影响，能够较好地表述处于序列中间位置的数据。

众数是出现次数最多的数，有助于聚焦典型结果，帮助记者找到最大样本。

在这 3 个概念的使用上，一个常见的误区是，在计算一个城市的工资水平时，使用平均数将囊括极值。在上海、深圳等大城市，有些收入极高的群体将改变城市收入的实际平均水平，造成数据误差。在这种情况下，参考中位数和众数来呈现数据会更可靠。

8.3.4　饼图切片再切片的误导性

尽管饼图在描绘一个完整数据系列时经常使用，但饼图很难呈现多层次的数据。如果在一个切片内部进行第二次分割，就相当于让读者在头脑中进行数学计算，可视化也就失去其原本的意义了。饼图再切割示例如图 8-10 所示。

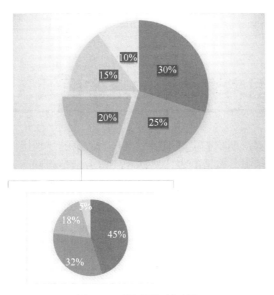

图 8-10　饼图再切割示例

如果非得呈现饼图中第二个层级的数据，那么选择条形图比饼图要好得多。在第二个层级的条形图上，可以使用数值而非比例来呈现。

8.3.5　过多使用线条的表达误区

对于简单图表来说，过多的数据维度会造成阅读困难。尽管折线图能够容纳更多的数据维度，但将折线堆叠起来后，读者很难理解其中的意义。为多维数据画折线图示例如图 8-11 所示。

图 8-11　为多维数据画折线图示例

在一般情况下，要清晰地呈现数据，折线图中的折线不超过 5 条。如果将所有线条放到一张图里，但是只想突出一条或两条折线，则可以用区别色将想要突出的折线加粗、高亮显示出来，其他折线用不同层次的灰色作为背景。这样读者在阅读时会一眼看到你想要强调的线条。

在数据新闻中使用基本数据图表有很多避免误区的方法，也有专门针对这些误区的指南。推荐《最简单的图表与最复杂的信息》和《统计数据会说谎》，这两本书对基本数据图表的使用和应该注意之处做了详细阐释。

8.4 用图表讲故事的基本要领

数据图表能够帮助我们更好地讲故事，为故事的呈现提供一种新的方式。选择恰当的数据图表、合适的表述风格和配色方案是用好图表的关键。图表的一大功能是让读者一目了然地理解相对复杂的信息，因此，图表不应增加理解的复杂度，而应尽可能地保持简洁，以实现更有效的信息传递。《最简单的图表与最复杂的信息》一书认为，使用图表讲故事时要注意以下几点。

（1）将数字置于语境中。

（2）为读者做好计算，而不是让读者自己计算。要在图表中显示结果，而不是计算的过程。

（3）使用尽可能少的字体风格。仅在做区分时才使用黑体或斜体，不能同时使用二者。

（4）颜色是用于传递信息，而不是用来修饰的。因此，所有的颜色都需要传递意义。

（5）时刻为读者着想，让读者毫不费力地读懂图表。y 轴刻度要使用自然增量。所有条形图表都不要包括一条零基线。将饼图中最大的部分设置在 12 点指针顺时针方向位置。

（6）在决定图表形式之前过滤信息，尽量选取能够直接说明问题的数据维度。在每个图表中，尽可能增加必要的信息，让图表表达明显优于文字。

本章知识要点

（1）在绘图之前，要仔细审查数据，确定需要的数据维度。所有的元素都要有意义，而不是装饰。

（2）当有超过二维的数据需要用柱状图显示时，可以使用堆积柱状图。

（3）折线图可呈现多个元素的连续型变化，即多条折线。在数据新闻中，制作折线图的基本规则是，在同一图表中通常不超过 5 条折线。

（4）雷达图适用于多维数据（通常在 4 个以上），并且这些数据可以排序。雷达图受到的限制较多，当数据维度多于 6 个时，就很难清楚地显示了。

（5）描述比较、描述分布、解释某一整体中的局部、解释 B 随 A 变化的趋势、寻找偏差、帮助理解数据中的关系等，是用基础可视化图表呈现数据的功能。

【习题】

1. 分别说出饼图、散点图、柱状图、折线图的适用场景。
2. 请判断下表中的数据适合用什么图表呈现。如何将数据转换为百分比并用合适的图表呈现？

排行	App 名称	App 类别	总使用有效时间占比	申请权限数（App 权限表）	月度独立设备数（万台）
1	微信	通信聊天-即时通信	15.19	11	115 148
2	爱奇艺	视频服务-在线视频	5.12	11	58 345
3	抖音	视频服务-短视频	4.86	9	67 798
4	腾讯视频	视频服务-在线视频	4.50	7	55 153
5	QQ	通讯聊天-即时通信	3.62	11	69 101
6	优酷	视频服务-在线视频	3.47	10	39 335
7	今日头条	综合资讯-新闻资讯	2.80	9	27 574
8	UC 浏览器	实用工具-浏览器	2.78	7	34 913
9	西瓜视频	视频服务-短视频	2.25	8	14 850
10	QQ 浏览器	实用工具-浏览器	2.08	10	49 908
11	快手	视频服务-短视频	1.95	10	46 582
12	芒果 TV	视频服务-在线视频	1.94	7	18 259
13	百度	搜索服务-搜索服务	1.78	9	50 211
14	微博	社交网络-微博	1.76	12	57 392
15	高德地图	旅游出行-导航地图	1.33	8	50 235
16	腾讯新闻	综合资讯-新闻资讯	1.30	8	27 788
17	淘宝	电子商务-网络购物	1.17	10	75 145
18	支付宝	金融理财-支付	1.06	10	59 659
19	王者荣耀	游戏服务-MOBA	1.03	12	12 902
20	新浪新闻	综合资讯-新闻资讯	0.89	NA	23 709

续表

排行	App 名称	App 类别	总使用有效时间占比	申请权限数（App 权限表）	月度独立设备数（万台）
21	哔哩哔哩	视频服务-聚合视频	0.87	9	12 635
22	酷狗音乐	音乐音频-在线音乐	0.86	10	32 787
23	掌阅	电子阅读-在线阅读	0.81	4	12 753
24	酷我音乐	音乐音频-在线音乐	0.75	8	18 757
25	360 浏览器	实用工具-浏览器	0.59	NA	10 806

【实训】

使用你自己的数据集，尝试绘制简单的可视化图表，需要注意图表呈现与想要表达含义的对应关系，具体可参照如下步骤。

（1）观察你收集的数据，尝试提取数据维度，选择合适的图表表达形式。

（2）完成 3 种以上的基本图表绘制，注意避开图表绘制中的误区。

（3）根据绘制的图表，整理讲故事的模式，并用简单的文字对图表进行描述。

第9章 数据信息图的设计与配色原理

信息图是数据信息的视觉表达。在数据新闻中使用数据信息图的基本理念是：知识+图表=值得分享的故事。因此，如何清晰地传达主题，同时兼顾美观，是数据新闻记者在图表设计中需要完成的工作。本章旨在帮助学习者在前期工作的基础上，优化图表的可视化效果。

 学习目标

❖ 熟悉数据信息图制作的一般流程；
❖ 熟悉数据信息图制作需要考虑的核心要素；
❖ 掌握数据信息图设计与配色的基本原理。

 能力目标

❖ 掌握数据信息图设计的核心规则，了解其配色原理；
❖ 能够制作符合数据信息图规则的信息图表。

9.1 数据新闻中的数据信息图原理

数据分析和可视化是数据新闻区别于传统新闻报道的两大特征，有了科学的分析方法之后，最重要的就是将数据呈现出来。数据可视化起源于 20 世纪 60 年代的计算机图表学，人们使用计算机创建图表和图表，并使用可视化的方式，将数据中蕴含的各种属性和变量呈现出来。后来，随着计算机硬件的发展和平台的扩充，数据可视化的应用领域也不断拓展，可视化的形式也从静态图表和图表向实时动态效果和交互使用等方向变化。

无论是我们前面掌握的基本图表，还是更加复杂的数据呈现样式，可视化的目标都是将数据以比文字更清晰或更包容的方式呈现出来，并且达到让读者易于阅读的效果。除了信息的准确传递，图表的设计和配色也是能否达到预期效果的重要因素。若忽略了这个因素，即便能够较为准确地将数据表现出来，做出来的图表也很难"优雅"起来。

在美术设计领域，信息设计是个专门的方向，专业人士需要长时间的学习才能做出好的作品。在数据新闻学习过程中，我们不可能像专业的信息设计者那样进行长时间的学习，但有必要掌握基本的图表设计和配色原理。数据信息图代表了可视化最基本的样式，学习者若要提高可视化的审美水平和设计能力可以从学习数据信息图开始。这些基本原理同样适用于交互图表和更复杂的可视化形式。

简单来说，数据信息图就是信息的视觉表达。在数据新闻中使用数据信息图的基本理念是：

知识+图表=值得分享的故事

数据信息图的分类有很多种。木村博之的《图解力》一书将数据信息图分为 6 大类：图解（Diagram）、图表（Chart）、表格（Table）、统计图（Graph）、地图（Map）和图表符号（Pictogram）。

- 图解（Diagram）：主要运用插图对事物进行说明。
- 图表（Chart）：运用图表、线条及插图等，阐明事物的相互关系。
- 表格（Table）：根据特定信息标准进行区分，设置纵轴与横轴。
- 统计图（Graph）：通过数值来表现变化趋势或进行比较。
- 地图（Map）：描述在特定区域和空间里的位置关系。
- 图表符号（Pictogram）：不使用文字，运用图画直接传达信息。

在实际数据信息图的制作过程中，往往会使用多种数据信息图配合完成。

从生成的复杂程度、通用性、获取难度等方面比较原始数据表、数据可视化产品、数据信息图，可以看到，数据信息图在复杂程度和通用性方面最低，但也让制作者有更大的发挥空间。三者的特性比较见表 9-1。

表 9-1 原始数据表、数据可视化产品、数据信息图的特性比较

	原始数据表	数据可视化产品	数据信息图
复杂程度	高	中	低
通用性	高	中	低
获取难度	低	中	高
立场	客观	客观	主观
适用人群	专业数据分析员	相关从业人员	普罗大众

2009 年 2 月，由国际新闻媒体视觉设计协会（SND）主办的新闻视觉设计大赛在美国纽约州 Syracuse 举行，评审结束后，图文设计组的专家们总结了他们认为的在制作理想的数据信息图时应该考虑的 5 大核心要素。

（1）具有视觉冲击力和吸引力。

（2）信息明了，传达准确。

（3）化繁为简，突出重点。

（4）视线移动，阅读流畅。

（5）摒弃文字，以图示意。

需要强调的是，在数据信息图制作中，设计只是其中一环，掌握这些设计要点和手法技巧的目的都是为了实现清晰、明了地表达主题。AntV 官网总结了数据可视化设计的 4 条核心原则，重要等级排序：准确、清晰、有效和美，这 4 条原则按相辅相成且呈递进关系。AntV 对这 4 条原则的具体阐释如下。

（1）准确：是指可视表达时不歪曲、不误导、不遗漏，精准、如实反映数据的特征信息。

（2）清晰：包括结构清晰与内容清晰两个层面。结构清晰是指数据可视化呈现的是一幅作品，它是制作者分析思路的呈现，其布局决定了读者的浏览顺序。清晰的平面布局以及清晰的数据纵深路径能很好地帮助读者获取信息。内容清晰是指文字和图表使用准确、易于理解。

（3）有效：是指信息传达有重点、不冗余，避免信息过载，用最适量的数据-油墨比（Data-ink Ratio）表达对读者最有用的信息。

（4）美：是一种克制，合理利用视觉元素进行映射，运用格式塔原理对数据进行分组，既能帮助用户更快地获取信息，也能在一定程度上建立一种秩序美、规律美。

9.1.1 数据信息图的制作过程

制作数据信息图的一般流程为：**构思→筛选→研究→同步→初稿→校订→推广**。

（**1**）**构思**：是数据信息图的开始，好的开始是成功的一半。构思数据信息图时需要考虑：①数据信息图将用在什么地方？②哪些人将看到这幅数据信息图？③在一幅数据信息图中，可能会包含大量的信息，如何化繁为简？

如果学习者是以小组合作的方式完成数据新闻作品，那么制作数据信息图时可进行头脑风暴，以激发设计灵感。

（**2**）**筛选**：其过程即找出真正有价值的想法。在想法的筛选过程中，可以考虑以下几个问题：①这个想法是否会在发布的平台上引起众人的关注或评论？②这个想法是否容易理解？③这个想法是否找到了一个新的角度去阐述话题？④这个想法是否有可靠的信息来源？⑤你自己是否对这个想法感兴趣？⑥你是否可以用一两句话来讲清楚这个想法？

在想法初步形成之后，别忘记你永远需要 1 个 Plan B（备选方案），甚至是 2 个或 3 个！

（**3**）**研究**：其过程是在数据集中找到能够用于数据信息图中，有趣且可靠的数据。数据信息图制作中研究的操作步骤如图 9-1 所示。

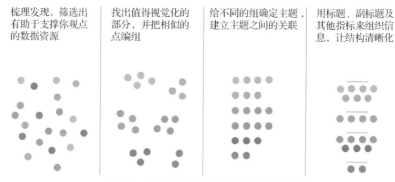

梳理发现，筛选出有助于支撑你观点的数据资源

找出值得视觉化的部分，并把相似的点编组

给不同的组确定主题，建立主题之间的关联

用标题、副标题及其他指标来组织信息，让结构清晰化

图 9-1　数据信息图制作中研究的操作步骤

（4）**同步**：即确定视觉风格和可视化形式的过程，包括基调、形式和规范。基调是指根据内容的不同，需要不同的主题配色。形式是指要用什么样的图表来呈现信息，比如，长度与面积如何呈现、用什么样的图表、地域和空间的置放、颜色和概念等。规范是指依照数据类型找到合适的呈现方式，在第 8 章中已对规范进行了具体阐述。

（5）**初稿**：是在以上步骤完成的基础上绘制的草稿，有些专业的信息可视化人士会鼓励用手绘完成最初的草稿。不管是使用手绘方式还是计算机绘制，在初稿形成的过程中都需要检查以下 4 点。①内容完整度——所有需要表达的内容是否都已经视觉化了？②理解难度——是否容易理解图表中的内容？③说服力——观点是否容易被接受？④排版——内容是否容易消化，故事的连贯性如何？

（6）**校订**：是对完成的数据信息图进行多次检查与润色的过程。在这个过程中，需要关注概念的呈现、视觉体验以及图表的细节。制作者要站在读者的角度思考问题，尽可能地考虑读者的阅读体验，并注重细节。

（7）**推广**：是指将完成的信息图作品发布在相应的平台上，实现信息图的公共传播。

9.1.2　如何做出有设计感的信息图

数据信息图由信息与图解两个主要部分构成。最初，在报刊和杂志上使用的信息、图解是将信息进行功能性整合，以不同的形式来表现。数据信息图从功能上帮助读者对信息形成更为直观的了解，也在感官上给读者带来更多的视觉美感。

制作一个"优雅"的数据信息图需要关注 6 要素，包括字体、用色、配图、排版、细节和统一。

1. 字体

字体的使用是最基本、最重要，也是最容易出错的。在数据信息图中，使用字体要注意 3 个原则。

（1）不要使用超过 3 种以上的字体（包括大小）。

（2）要注意中文字体和英文字体的相关性。

（3）尽量不要使用带衬线的字体。

所谓带衬线的字体，是在字的笔画开始、结束的地方有额外的装饰，而且笔画的粗细有所不同的样式，如宋。

这里为信息图设计初学者推荐两种字体：一种是中文字体中的方正兰亭黑简体，可以从网络上直播下载这款字体包使用。这款字体包整合了 12 款不同粗细的兰亭黑简体，块状效果比较好且容易识别。它不如华文黑体的传统风格硬朗，但具有拉丁文的保守风格，在信息图设计中能够保证清楚、整洁的效果。另一种是英文字体中的 Helvetica。它是一种广泛使用的西文字体，于 1957 年由瑞士字体设计师爱德华·霍夫曼（Eduard Hoffmann）和马克斯·米耶丁格（Max Miedinger）设计。这款字体是苹果的默认字体，微软的 Arial 字体也来自于它。Helvetica 代表了现代主义简洁、朴素的设计风格，自 20 世纪 50 年代以来，在商业设计中被广泛使用。这两种字体的示例如图 9-2 所示。

> 中文 **方正兰亭黑简体**
> 英文 **Helvetica**

图 9-2　两种字体示例

2. 用色

色彩不仅影响读者对图表所传递情感的理解，同时也能起到画面分隔的作用。在所有与视觉设计相关的领域中，色彩都扮演着重要的角色。色彩的处理要遵循审美法则，处理好统一与变化、节奏与韵律、平衡与稳定等关系。

通常来看，图表的设计需要先确定基调与辅调。基调（也叫主色调）是整个图表与作品风格相呼应的大面积色彩。辅调是与主色调相呼应，起到点缀和平衡作用的小面积色彩。色彩的冷暖决定所要传递的氛围，以红、绿、蓝三原色为基础，可以尝试采用加色法或减色法来调整颜色，三原色及色调图谱如图 9-3 所示。在配色的过程中，还需要同时考虑色相、明度和纯度等因素。

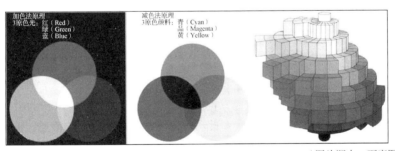

（图片源自：百度图库）

图 9-3　三原色及色调图谱

给字体铺设底色时，清晰是第一原则。通常情况下，在数据信息图中不使用彩色的文字，而仅使用黑色或白色的文字与底色搭配。其基本搭配原则是：色彩较深的底色搭配白色文字，色彩较浅的底色搭配黑色文字。文字与底色搭配原则示例如图 9-4 所示。

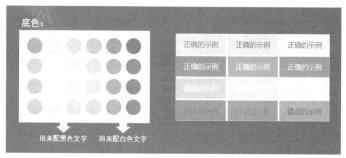

图 9-4　文字与底色搭配原则示例

很多数据新闻的学习者并不擅长设计，对色彩的感知也不是很好，为大家推荐一款在线软件 Adobe Color CC。学习者可以借助该软件提供的配色方案（见图 9-5），依据需求选择自己想要的颜色和风格搭配。该页面底部会提供所选色彩搭配的 RGB 值，借助这个 RGB 值，就可以在 AI 或 ECharts 等可视化软件中找到相应的颜色。

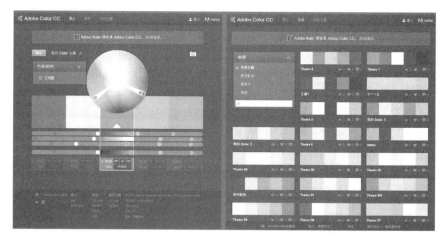

图 9-5　Adobe Color CC 提供的配色方案

3. 配图

配图是一种视觉辅助，搭配的图表包括图表、图片和视频。有科学研究显示，人类在信息接收的过程中，对文字的敏感度占 7%，对声音的敏感度占 38%，对图表的敏感度占 55%。由此可见，图片是非常重要的信息传输渠道，即便在数据信息图中，如何使用配图也将影响到整体的信息传递效果。

在使用配图时，需要遵循以下几个原则。

（1）所有配图都需要传递意义，不要放不相干的图表图片和视频。

（2）配图的使用要注意版权，尤其是从博客文章中获取时。

（3）配图的风格要和整体一致，协调很重要。

在数据新闻的制作过程中，最常见的一个配图是封面。几乎所有新闻作品的封面都需要配上合适的图片，以吸引读者的注意力。封面通常会使用大幅图片，并在图片上呈现标题。制作封面图片的一个小技巧是：当大图叠底时，可以为标题叠加半透明色块作为底色，示例如图 9-6 所示。

图 9-6　叠加半透明色块封面图示例

4. 排版

排版是令很多人头痛的一件事情，因为需要容纳太多的内容。只要做到对齐，排版就不会太乱。

所谓对齐，主要是让图片中各部分的基准线一致。举一个典型的基准线错误示例如图 9-7 所示，只看垂直方向就发现至少有 9 条基准线了。

图 9-7　基准线错误示例

5. 细节

信息图的细节不仅会暴露制作者的水平和能力，也会直接影响信息传递的准确性和可视化美观度。但图片的细节问题对于很多制作者来说，往往容易忽视。比如，随意拉伸图片以适应窗口大小，而不顾及实际需求，以及大小写和标点符号、图片拉伸或裁剪比例等。针对这些问题，制作者在拉伸或缩小图片时，要注意长宽比，若需要改变比例，则使用裁剪工具；需要特别注意大小写和标点符号的全角和半角。

6. 统一

统一是制作优雅的数据信息图的要诀。

这个原则体现在数据信息图制作的各个方面，包括格式统一、字体统一、色调统一、风格统一等。同级别的标题或内容需要使用相同的格式、字体排版。在色调选择上，图表、图片的色调要与基调保持协调一致。在使用插图时，图片也要与整体风格保持一致。数据信息图的呈现方式也需与主题保持一致。可以说，统一原则是好的数据信息图最重要的原则。

最后，制作者要想做出有设计感的数据信息图，还需要多向好的案例学习。经验、灵感和学习是让你的数据信息图变得优雅的必要条件。本书的附件资源中推荐了几个设计师常用的网站，读者可以参照操作指南继续学习。

9.2 数据信息图设计元素与常用工具

9.2.1 数据信息图设计元素

由于数据新闻中使用的图表均为数据的可视化，因此在设计图表的可视化呈现方式的过程中需要在兼顾美感的同时保证呈现其意义。换言之，数据信息图的所有设计元素都需要有意义，因此，各元素细节是应该重视的内容。这些元素包括以下几种。

（1）概念元素：是指那些不实际存在的、不可见的，但读者又能够意识到或感觉到的东西。这些东西通常与数据新闻的主题相关，比如关于红色剧上映情况的数据信息图风格，或者儿童教育问题的话题，所使用的图表需要与主题匹配。

（2）视觉元素：即在实际图表中对概念元素的呈现，包括图表的大小、形状、色彩等。

（3）关系元素：决定视觉元素在图表中组织、排列和关联的方式，包括方向、位置、重心等。

（4）实用元素：是指设计所表达的含义、内容、目的与功能等。

9.2.2 数据信息图设计常用工具

用于设计和制作数据信息图的工具有很多种，最常用的如 Adobe Illustrator，这是一款非常好用的矢量图表处理工具。这款专业工具能提供丰富的像素描绘功能以及顺畅灵活的矢量图表编辑功能，能够快速创建设计工作流程。Adobe Illustrator 有很大的兼容性和灵活性，比如可以将 Excel 生成的数据信息图表复制到 Adobe Illustrator 操作界面，实现柱状图、饼图等的变形。这也是数据新闻中常见的做法。

此外，再介绍以下几款流行的数据图设计工具。

1. AntV

AntV 是蚂蚁集团的数据可视化解决方案，包含对统计数据、关系数据、地理数据等可视化技术解决方案。其设计原则是基于 Ant Design 设计体系衍生的，具有数据可视化特性的指导原则。它在遵循 Ant Design 设计价值观的同时，对数据可视化领域进一步解读，如色板、字体的指引。

2. Hanabi

Hanabi 花火是一款轻量级的在线数据可视化工具，能够自动推荐合适的图表类型，不但操作非常简单，而且能够自主选择图表主题模板。支持一键导出信息图表，支持 PNG、JPG、SVG 等多种格式。

3. Visual.Ly

Visual.Ly 可以用来快速创建自定义的信息图表，用户不需要具有任何设计相关的知识也可以使用。

4. StatSilk

StatSilk 有 Web 和桌面两个版本，可以让用户简易地分析数据，可以创建美观的地图、表格、图表以及各种视觉元素来展示数据。通过 StatPlanet 的 Flash 模板也可以创建 Flash 地图。

5. Infogr.Am

Infogr.Am 可以快速创建静态的或者交互的信息图表。只需要导入数据，就可以通过 Infogr.Am 的各种功能来创建绚丽的图表。

6. Easel.Ly

这是一个通过拖曳操作创建信息图的工具。它有各种预置的模板可供用户直接使用。

7. Many Eyes

Many Eyes 是由 IBM Research 和 IBM Cognos 软件公司提供的试验工具。Many Eyes 提供了一系列可视化效果，可以一键整合。

本章知识要点

1. 制作一个优雅的数据信息图需要关注的 6 要素包括字体、用色、配图、排版、细节和风格统一。

2. 在数据信息图制作过程中，设计只是其中一环，清晰明了地传达主题才是核心。无论是基本图表，还是更加复杂的数据呈现形式，可视化的目标都是将数据以比文字更清晰或更包容的方式呈现出来，并且达到易于读者阅读的效果。

3. 在数据新闻中使用数据信息图的基本理念是：知识+图表=值得分

享的故事。

4. 制作数据信息图的一般流程包括：构思→筛选→研究→同步→初稿→校订→推广。

5. 需要重视概念元素、视觉元素、关系元素和实用元素。所有元素都需要有意义，各元素细节是应该被重视的内容。

【习题】

1. 相比原始数据表、数据可视化产品，数据信息图的优势在哪里？

2. 制作理想的数据信息图应该考虑的 5 大核心要素是什么？你是否有其他的补充？

3. 图 9-8 的版面设计示例是否合乎设计原则？请分析问题在哪里。

图 9-8　版面设计示例

【实训】

使用已经完成基础数据清洗和分析的数据集，尝试做出几个你故事中所需的数据信息图，根据上述需要注意的 6 大要素，兼顾意义呈现和美观效果。具体操作可参照如下步骤。

（1）用你自己的数据，做一个包含流程、数据、图片的数据信息图。

（2）借助本章介绍的制作工具，进行图表配色和设计。

（3）参照信息图设计的核心原理，检查你的图表是否符合基本视觉原则。

第10章 数据新闻的交互图表制作

可交互性和参与性是数据新闻区别于传统新闻的一大特点，交互图表在数据新闻中被广泛使用，其优势在于：能够容纳比静态图表更多的信息，并且能够让读者获得一部分选择阅读的权利。本章介绍两款较为简单实用的工具 ECharts 和 Tableau，这两款工具生成的交互图表，均能够轻松引入 HTML 网页中。

 学习目标

❖ 了解交互图表的制作规则和一般工具；
❖ 熟悉并使用生成交互图表的工具；
❖ 熟悉将交互图表嵌入网页的方法。

 能力目标

❖ 掌握 ECharts 库的使用方法，能够编写简单的 CSS 代码，并按照自己的需求修改代码；
❖ 能够使用 Tableau 制作交互图表，清楚数据适合用哪种模板展现；
❖ 熟练掌握数据可视化软件，并能使用一款交互图表绘制工具。

10.1 使用 ECharts 定制可视化图表

ECharts 是一个纯 JavaScript 图表库，可提供直观、生动、可交互、个性化定制的数据可视化图表。它是来自百度商业前端数据可视化团队的基于 HTML 5 Canvas 的开源库。ECharts 的优势在于：通过简单的代码编写或修改，可生成定制的可视化图表，具有一定的灵活性，可用 script 标签将其引入 HTML 页面中。

2018 年，ECharts 项目进入全球著名开源社区 Apache 孵化器，是百度第一个进入国际顶级开源社区的项目。此后，网站更新改版为 Apache ECharts。

10.1.1 获取方式

根据其官网提示，改版后的 ECharts 可以从以下渠道获得。

（1）从 Apache ECharts 官网下载界面获取官方源码包后构建。Apache ECharts 官网下载界面如图 10-1 所示。

（2）在 ECharts 的 GitHub 获取。

（3）通过 npm 获取 ECharts，输入"npm install echarts"，然后保存，详见"在 webpack 中使用 echarts"。

（4）通过 jsDelivr 等 CDN 引入。

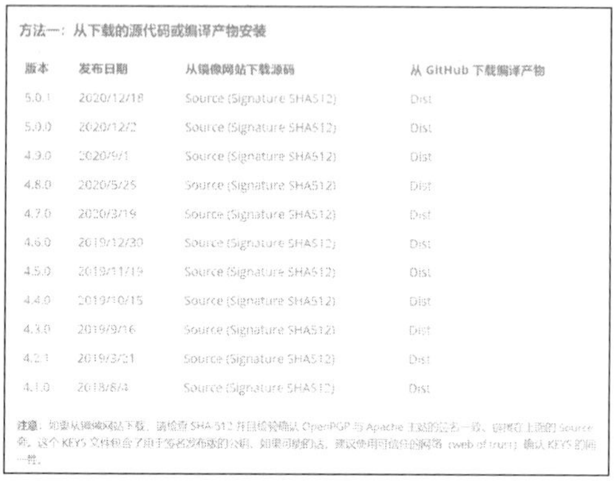

图 10-1 ECharts 官网下载界面

用户还可以在线定制需要的图表，以节省计算机的存储资源。ECharts 在线定制界面如图 10-2 所示。

图 10-2 ECharts 在线定制界面

获取 ECharts 后，可以在 HTML 网页上通过标签方式直接引入构建好的 ECharts 文件中，代码如下。

```
<!DOCTYPE html>
<html>
<head>
    <meta charset="utf-8">
    <!-- 引入 ECharts 文件 -->
    <script src="echarts.min.js"></script>
</head>
</html>
```

10.1.2 ECharts 基础概念

1. 系列（series）

系列是指一组数值以及它们映射成的图。在 ECharts 中，系列类型（series.type）就是图表类型。系列类型（series.type）至少包括 line（折线图）、bar（柱状图）、pie（饼图）、scatter（散点图）、graph（关系图）和 tree（树图）等。

2. 组件（component）

ECharts 中的各种内容被抽象为"组件"。ECharts 中的组件示例如图 10-3 所示，ECharts 至少包括以下组件：xAxis（直角坐标系 x 轴）、yAxis（直角坐标系 y 轴）、grid（直角坐标系底板）、angleAxis（极坐标系角度轴）、radiusAxis（极坐标系半径轴）、polar（极坐标系底板）、geo（地理坐标系）、dataZoom（数据区缩放组件）、visualMap（视觉映射组件）、tooltip（提示框组件）、legend（标记组件）、toolbox（工具栏组件），及 series（系列）等。

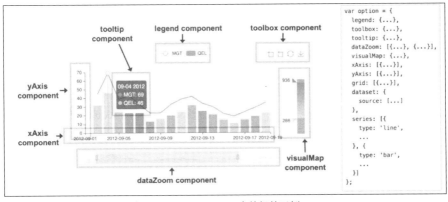

图 10-3 ECharts 中的组件示例

大多数系列和组件都能够基于 top/right/down/left/width/height 绝对定位。这种绝对定位的方式类似于 CSS 的绝对定位（position: absolute）。绝对定位是基于 ECharts 容器的 DOM 节点。

3．坐标系

坐标系用于布局 ECharts 图，以及显示数据的刻度等。一个坐标系可能由多个组件协作而成。以 ECharts 最常见的直角坐标系为例，如图 10-4 所示。ECharts 直角坐标系包括 xAxis（直角坐标系 *x* 轴）、yAxis（直角坐标系 *y* 轴）、grid（直角坐标系底板）3 种组件。ECharts 至少支持以下坐标系：直角坐标系、极坐标系、地理坐标系（GEO）、单轴坐标系和日历坐标系等。其他一些系列，如 pie（饼图）、tree（树图）等，并不依赖坐标系，能够独立存在。还有一些系列，如 graph（关系图）等，既能独立存在，又能布局在坐标系中，依据用户的设定生成。

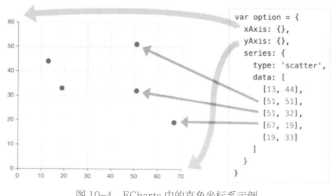

图 10-4　ECharts 中的直角坐标系示例

10.1.3　获取 ECharts 库

在 ECharts 的 GitHub 上下载最新版本的 release，在解压出来的文件夹里的 dist 目录中可以找到最新版本的 ECharts 库。

在 3.1.1 版本之前，ECharts 在 npm 上的包是非官方维护的，从 3.1.1 开始由官方 EFE 维护 npm 上 ECharts 和 zrender 的包。可以在命令行输入"`npm install echarts -save`"安装 ECharts。

通过 npm 安装的 ECharts 和 zrender 会放在 node_modules 目录下。可以直接在项目代码 require('echarts')中得到 ECharts。默认使用 require('echarts')得到的是已经加载了所有图表和组件的 ECharts 包，因此体积会比较大，如果用户对体积要求比较苛刻，也可以只引入需要的模块。具体操作见"在 webpack 中使用 echarts"的说明。

另一方法是通过 cnd 引入 ECharts。可以在 cdnjs、npmcdn 或者国内的 bootcdn 上找到 ECharts 的最新版本，具体步骤如下。

（1）在 cdnjs 或者国内的 bootcdn 上找到 ECharts 的最新版本。

（2）以 bootcdn 为例，复制<script>标签，粘贴至网页代码中。

```
<script src="网址"></script>
```

10.1.4　创建 HTML 5 Canvas（画布）元素

HTML 5 的 Canvas（画布）元素可用于在网页上绘制图表。

Canvas 有多种绘制路径、矩形、圆形、字符以及添加图像的方法。但 Canvas 元素本身是没有绘图能力的，所有的绘制工作必须在 JavaScript 内部完成。

创建 canvas 元素的基础代码如下。

```
<!--向 HTML5 页面添加 canvas 元素，并规定元素的 id、宽度和高度-->
<canvas id="myCanvas" width="200" height="100"></canvas>
◇ 通过 JavaScript 来绘制
<!--canvas 元素本身是没有绘图能力的。所有的绘制工作必须在 JavaScript 内部完成: -->
<script type="text/javascript">
// JavaScript 使用 id 来寻找 canvas 元素:
var c = document.getElementById("myCanvas");
</script>
```

10.1.5　绘制简单图表

使用 Excel 等图表工具只能完成基本的数据可视化图表，使用 ECharts 可以在网页上迅速修改图表的细节样式，或者让生成的图表具有交互性。

10-1　ECharts
绘制图表

1.　动态排序柱状图示例

动态排序柱状图是一种展示随时间变化的数据排名变化的图表，从 ECharts5 开始内置支持。学习者可尝试跟随以下代码实现，并可根据需求调整其中的细节部分。使用 ECharts 绘制的动态排序柱状图示例如图 10-5 所示。

```
var data = [];
for (let i = 0; i < 5; ++i) {
    data.push(Math.round(Math.random() * 200));
}
option = {
    xAxis: {
        max: 'dataMax',
    },
    yAxis: {
        type: 'category',
        data: ['A', 'B', 'C', 'D', 'E'],
        inverse: true,
        animationDuration: 300,
        animationDurationUpdate: 300,
        max: 2 // only the largest 3 bars will be displayed
    },
    series: [{
```

```
            realtimeSort: true,
            name: 'X',
            type: 'bar',
            data: data,
            label: {
                show: true,
                position: 'right',
                valueAnimation: true
            }
    }],
    legend: {
        show: true
    },
    animationDuration: 0,
    animationDurationUpdate: 3000,
    animationEasing: 'linear',
    animationEasingUpdate: 'linear'
};
function run () {
    var data = option.series[0].data;
    for (var i = 0; i < data.length; ++i) {
        if (Math.random() > 0.9) {
            data[i] += Math.round(Math.random() * 2000);
        }
        else {
            data[i] += Math.round(Math.random() * 200);
        }
    }
    myChart.setOption(option);
}
setTimeout(function() {
    run();
}, 0);
setInterval(function () {
    run();
}, 3000);
```

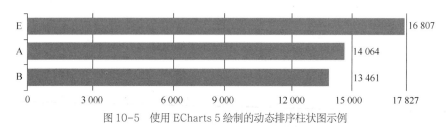

图 10-5　使用 ECharts 5 绘制的动态排序柱状图示例

　　上述代码中，yAxis.realtimeSort 设为 true，表示开启 y 轴的动态排序效果；yAxis.inverse 设为 true，表示 y 轴从下往上是从小到大的排列；如果只想显示前 n 名，则将 yAxis.max 设为 n-1，否则显示所有柱条；如果想实时改变标签，则需要将 series.label.valueAnimation 设为 true；yAxis.animationDuration

的值表示第一次柱条排序动画的时长。

ECharts 官网中的实例是最好的参考资源。我们通常的做法是，根据数据特点以及想要呈现的可视化效果，在官方实例中寻找合适的图表，复制其相应的代码，再结合数据以及相关配置修改代码。

2. 折线图示例

使用从猫眼电影网上获取的 3 部电影的票房数据（见表 10-1）绘制 ECharts 折线图示例如图 10-6 所示，可以参考以下代码。

```html
<!DOCTYPE html>
<html>
<head>
    <meta charset="utf-8">
    <!-- 引入 ECharts 文件 -->
    <script src="../echarts.min.js"></script>
</head>
<body>
    <div id="line" style="width: 800px;height:600px;"></div>
    <script type="text/javascript">
        // 基于准备好的 dom, 初始化 echarts 实例
        var myChart = echarts.init(document.getElementById('line'));
        option = {
            title: {
                text: '折线图堆叠示例',
                subtext: "电影票房占比",
            },
            tooltip: {
                trigger: 'axis'
            },
            legend: {
                data: ['看不见的客人', '刀剑神域：序列之争', '猩球崛起
3：终极大战'],
            },
            grid: {
                left: '3%',
                right: '4%',
                bottom: '5%',
                top: "15%",
                containLabel: true
            },
            toolbox: {
                feature: {
                    saveAsImage: {}
                }
            },
            xAxis: {
                type: 'category',
                boundaryGap: false,
                data: ['0915', '0916', '0917', '0918', '0919',
```

```
'0920', '0921']
            },
            yAxis: {
                type: 'value',
                name: "票房占比（%）",
            },
            series: [{
                name: "刀剑神域：序列之争",
                type: "line",
                stack: "总量",
                data: [6.6, 7.1, 5.7, 3.5, 3, 2.7, 2.5]
            }, {
                name: '看不见的客人',
                type: 'line',
                stack: '总量',
                data: [4, 5, 7.1, 10.5, 13.2, 15.2, 16.9]
            }, {
                name: '猩球崛起3：终极大战',
                type: 'line',
                stack: '总量',
                data: [70.9, 62.8, 60.6, 62.3, 58.3, 55.4, 52.5]
            }]
        };
        // 使用刚指定的配置项和数据显示图表
        myChart.setOption(option);
    </script>
</body>
</html>
```

表 10-1　票房数据

	看不见的客人	猩球崛起 3：终极大战	刀剑神域：序列之争
20170915	4.00%	70.90%	6.60%
20170916	5.00%	62.80%	7.10%
20170917	7.10%	60.60%	5.70%
20170918	10.50%	62.30%	3.50%
20170919	13.20%	58.30%	3.00%
20170920	15.20%	55.40%	2.70%
20170921	16.90%	52.50%	2.50%

数据来源：猫眼票房网，2017 年 12 月。该数据记录了 3 部电影在上映 1 周的时间里每天的票房占比。

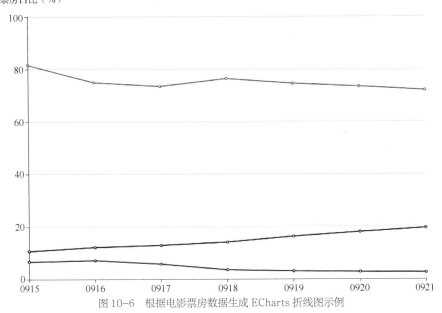

图 10-6　根据电影票房数据生成 ECharts 折线图示例

使用 ECharts 绘图并不是将图表数据直接导入，而是用代码将数据一行一行地写进去。这样做的缺陷在于，当存在大量数据时，操作会变得冗长；优势在于，在编写的代码上可以很方便地调整其中的细节。

例如，对图 10-6 所示的堆叠折线图做如下修改。

（1）图例列表的布局朝向改为垂直方向，并靠右对齐。

（2）将标题左缩进 40%，背景颜色设置为 "#ACCFCC"。

（3）将副标题字号设置为 15px，颜色设置为 "#8A0917"。

（4）将图中的每一条折线都改为平滑的曲线。

可在代码中插入如下语句。

```
// 图例列表的布局朝向改为垂直方向，并靠右对齐
orient: "vertical",
    right: "0",
// 将标题左缩进 40%
    left: "40%",
// 将标题背景颜色设置为 "#ACCFCC"
    backgroundColor: "#ACCFCC",
// 将副标题字号设置为 15px，颜色设置为 "#8A0917"
subtextStyle: {
    fontSize: 20,
    color: "#8A0917",
```

```
//将折线改为平滑曲线
smooth: "true"
// 图例列表的布局朝向改为垂直方向，并靠右对齐
    orient: "vertical",
        right: "0",
// 将标题左缩进40%
    left: "40%",
// 将标题背景颜色设置为"#ACCFCC"
        backgroundColor: "#ACCFCC",
// 将副标题字号设置为15px，颜色设置为"#8A0917"
    subtextStyle: {
    fontSize: 20,
    color: "#8A0917",
// 将折线改为平滑曲线
smooth: "true"
```

10.1.6　使用文档——配置项手册

文档中的配置项手册写明了图表包含的组件，对每一组件的含义、可修改的内容做了详细的说明，并提供了参考实例。

学习者在查看 ECharts 官方实例的过程中，可查看配置项手册（见图 10-7）理解实例中代码的含义，以便更好地将实例为我们所用。如果想修改图表任意一处的样式，则可参照配置项手册中组件样式的修改范例。

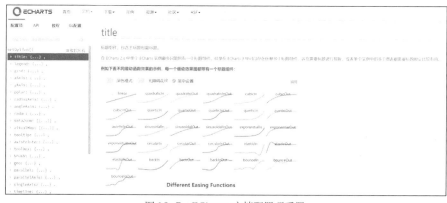

图 10-7　ECharts 文档配置项手册

ECharts 还能够绘制很多复杂的图表，本书无法一一介绍。因此，学习者只要学会使用文档配置项手册，就可以拓展使用更多的图表，这些规则大同小异，但要真正熟练使用，还需要投入一定的时间。同时，大家也可以参看 ECharts.js 中文文档，其中有详细的步骤指导。

10.2 使用 Tableau 导入数据生成可视化图表

Tableau 是一款简单易上手的可视化工具，能够导入数据集，通过简单的拖曳方式便能够生成相应的可视化图表。这款工具适用于 Windows、Mac 等操作系统，可以从其官网下载。高校师生用有效证件和学校邮箱，可以获得 Desktop 版为期一年的试用码，其上手难度低于 ECharts，可以算得上是非常适合数据新闻初学者的一款工具了。

Tableau 旗下的产品包括 Tableau Desktop、Tableau Server、Tableau Online、Tableau Public（免费）、Tableau Reader（免费）。Tableau 产品页面如图 10-8 所示。Tableau 的优势在于，没有强迫用户编写自定义代码，新的控制台也可完全自定义配置。控制台不仅能够监测信息，而且提供完整的分析能力，并具有动态特性。

图 10-8　Tableau 产品页面

跟随安装向导安装软件后，桌面会出现 Tableau 的图标。双击该图标打开软件界面，左侧一栏是"连接"，这个功能相当于导入数据。可连接的数据类型包括 Excel、txt、Access、json 文件等，也可连接到 MySQL 数据库。

1. 读入工作表

使用 Excel 数据表"country.xls"练习。将左侧"工作表"栏目中的页面 Sheet1 拖入中间的指示位置，如图 10-9 所示，工作表即在页面上显示出来。可以看到，工作表中的各项均是以字符串的形式表示的。根据需求，可以在这个页面上改变表格数据项的属性。比如，单击第二列"abc"，将其改为"地理角色"→"国家/地区"，确定后，此位置的图标变为一个小地球。同样可修改后面几列的内容为数字或地理信息。完成后，单击左下角的"工作表 1"，即可转到工作表的可视化界面。

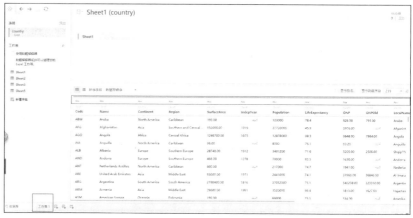

图 10-9　Tableau 读取工作表操作界面

2. 生成可视化工作表

转至工作表后，可以看到页面左侧的"数据"栏下分为两个部分，一个是"维度"，一个是"度量"。"维度"部分显示所有项目，"度量"部分仅显示可以度量的项目，即不包含字符串的部分。在工作表右侧是"智能显示"区域，当没有数值进入中间的操作区时，该区域为灰度。

比如，我们希望考查不同地区的人口平均寿命分布情况，就可以使用箱线图来完成。箱线图用于显示一组数据的分散情况包括最大值、最小值、中位数和上下四分位数。在这个例子中，箱线图能够较好地呈现各地区人口平均寿命的分布情况。例如，在图 10-10 所示的可视化图表中，可以较为明显地看到寿命差较大的地区是东非、北非、东南亚和西非，寿命差较小的地区包括澳大利亚、新西兰、英属岛国、波罗的海地区。具体的操作步骤是将 region 拖入列，将 LifeExpectancy 拖入行，将 Name 拖入数值，在右侧的"智能显示"区域中选择箱线图。

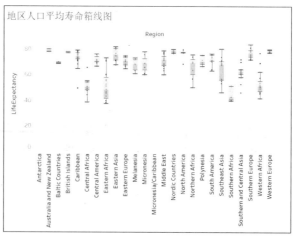

图 10-10　使用 Tableau 绘制各地区人口平均寿命箱线图

如果希望更清晰地看到各地区的人口平均寿命，也可以将 LifeExpectancy 拖入标签项，并调整寿命值显示的大小，如图 10-11 所示，让读者可以更清晰直观地看到各地区人口平均寿命的分布情况。需要注意的是，在"度量值"选择方面，本案例用"离散"较为合适，如果使用"连续"方式呈现，则圆圈的大小差异不大，且重叠较多。在本案例中，将鼠标指针悬置图表上，还可以看到具体的上须、下须、中位数等数值。

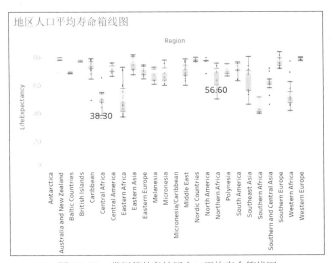

图 10-11　带标签的各地区人口平均寿命箱线图

接下来，以 Continent 作为划分标准的分布图如图 10-12 所示，又会看到什么呢？

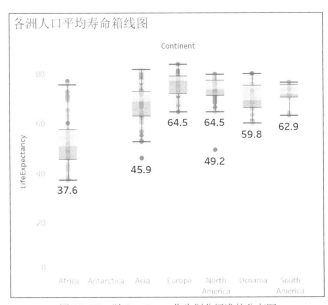

图 10-12　以 Continent 作为划分标准的分布图

在图 10-12 中，我们看到在全球人口寿命分布上，非洲地区的人口平均寿命低于欧洲和美洲。数据显示的结果让人不禁去想寿命与地域之间的关系，并且可以进一步挖掘人口平均寿命高的那些相对集中的地区，其自然环境和社会环境是怎样的。比较图 10-12 中的数据可以看到，非洲地区不同国家的人口平均寿命差异较大，将鼠标指针悬置图上，可以看到 Saint Helena 的人均寿命是76.8，而同在非洲的 Malawi 只有 37.6。这样的差距是如何产生的，以及受到何种因素的影响，也是一些需要研究的问题。实际上，这幅图还可以用热力图的方式呈现，并且能够添加标签和你所希望呈现的隐藏信息。

Tableau 允许用户生成多个工作表，只需在页面底部的"数据源"一行单击"新建工作表"按钮 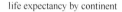。我们再建一张工作表，将 continent 放进"行"，life expectancy 放进"列"。在这两个维度下，数据可以用柱状图、气泡图、箱体图、树状图等不同形式表达。比如，做一个各地区人口平均寿命的条形图，如图 10-13 所示。当鼠标指针悬置在条形图上时，可以看到各地区 life expectancy（寿命）的具体指标。

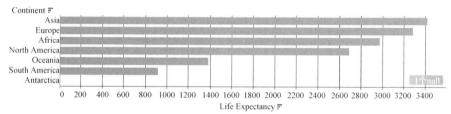

图 10-13　各地区人口平均寿命条形图

3. 在仪表板上实现工作表联动

现在，我们想让前面绘制的两个工作表中的图表联动，即在地图上单击某个国家时，在条形图中可以突出显示其所在的地区和地区人口平均寿命值。为此，需要新建一个仪表板，如图 10-14 所示。新建仪表板的方法与新建工作表类似，在界面最下方单击"新建仪表板"按钮 。在仪表板的界面左侧，显示完成的工作表。当需要在仪表板

10-2 Tableau
仪表板联动

上放置多个工作表时，将想要呈现的工作表拖至显示区，并在左下角将"平铺"改为"浮动"，可以拖动图表框调整所要显示内容的大小和布局。可以使用单击鼠标右键→"重命名"的方式，修改仪表板和工作表的名称，让图表更清楚。

这样，两个工作表就被整合到一个仪表板中了以便让这两个工作表联动起来。如图 10-15 所示，在仪表板的下拉菜单中，找到"操作"，然后单击"添加操作"，选择"筛选器"。在弹出的"添加筛选器操作"对话框的"源工作表"和"目标工作表"下拉列表框中分别选中"工作表 1"和"工作表 2"。运

行操作方式设为"选择"或者"悬停"，其区别在于："选择"方式需要读者自行单击鼠标，图表才会发生变化；"悬停"方式则在将鼠标指针放置在图表上时即发生变化。

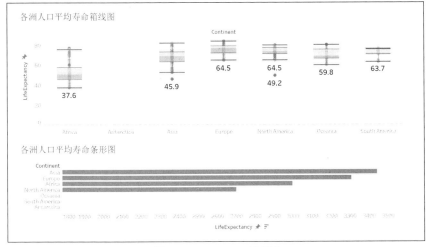

图 10-14 Tableau 仪表板

图 10-15 Tableau 仪表板中联动操作-1

这个步骤重复一次，在"源工作表"和"目标工作表"下拉列表框中分别选中"工作表 1"和"工作表 2"的位置置换，如图 10-16 所示。这样，无论单击哪个表中的内容，都可以实现工作表联动了。

实现工作表联动后，若单击的是条形图中的某项，则该地区所有国家的信息点都会在联动图中显示出来，如选择只看亚洲地区的寿命分布情况，可得到图 10-17 所示的联动效果。

4．导出和发布

（1）导出

创建一些数据视图之后，可能需要将结果导出到其他应用程序。Tableau提供了以下几种导出工作内容的方法。

123

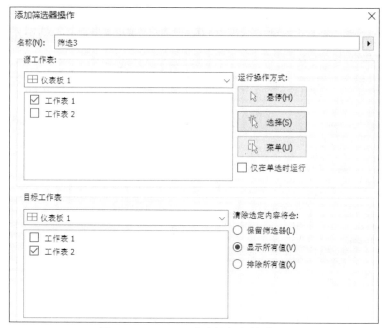

图 10-16　Tableau 仪表板中联动操作-2

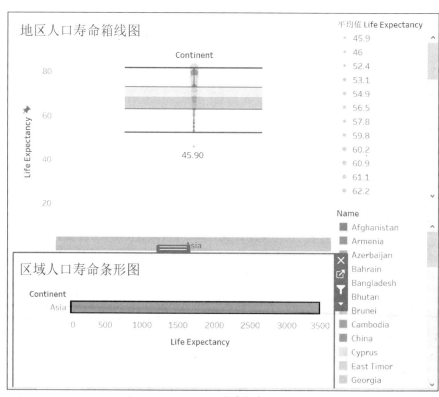

图 10-17　Tableau 仪表板上的联动效果

导出数据：将视图的数据复制到 Excel 工作表或导出为 Access 数据库。

导出为图像：将视图的图像复制到其他应用程序，如 Microsoft Office 或 PowerPoint。导出结果还可包括网页中的图像。

通过导出结果，可以方便地与不能访问 Tableau 的合作者共享自己的工作成果，或者将自己的工作成果包含在演示文稿或文档中。

遗憾的是，导出功能在免费的 Tableau public 版本中不可用。

（2）发布

Tableau 生成的可视化图表需上传至 Tableau 的服务器上才能完成发布。选择"文件"→"在 tableau public 中另存为"，将自动连接 Tableau 服务器，并将刚刚完成的可视化作品上传至服务器上。

需要说明的是，用户只有注册 Tableau public 账号才能有独立的账号空间，供上传和存储可视化作品。作品上传完毕后，可以选择生成分享码来将 Tableau 可视化作品放到网页上。

Tableau 可视化平台虽然操作简单，易于上手，但其功能非常强大，本章仅介绍了其中一小部分最常用的操作。学习者可通过 Tableau 官方网站教程，学习更多的内容。

随着数据可视化在各领域中应用的普及，可视化工具也越来越多，并且朝着更加便捷和人性化的方向发展。除了本章介绍的这两款软件，还有如 AntV、D3、CartonDB 等文科生能够上手且方便使用的工具。在数据新闻可视化领域，数据图表和地图是最常见的形式。如 CartonDB、ArcGis、QGIS 等工具，都是将地理信息生成地图的好用工具。每个工具都有独特的优势，但作为数据新闻学习者，我们不可能掌握每一种工具。在此给大家的建议是：熟练掌握一种可视化工具用于各种数据图表的处理，并了解和能够简单使用一个地图工具。

本章知识要点

1. 交互图表的优势在于能够容纳比静态图表更多的信息，并且能够让读者获得一部分选择阅读的权利。

2. 使用 ECharts 需要能够编写简单的 CSS 代码，更常见的做法是使用 ECharts 库，并按照自己的需求修改代码。

3. Tableau 的优势在于操作简单易上手，能够通过拖曳方式完成交互图表绘制，初学者在使用时需要清楚自己的数据适合用什么形式展现。

【习题】

1. 使用 ECharts 和练习数据表 country 绘制图表，要求：

（1）呈现人口数量在国家中的分布。

（2）呈现人口平均寿命与 GNP 的关系。

2. 使用 Tableau 和练习数据表 country、country language 绘制图表，要求：

（1）选择合适的维度，绘制两个工作表。

（2）将两个数据表用合适的方式联动。

【实训】

使用你自己的数据集，尝试使用本章介绍的两种工具绘制交互图表。具体可参考如下步骤。

（1）如果你的数据集中有地理位置要素，请找出其中的对应数据，使用 Tableau 绘制地图。

（2）使用 ECharts 绘制可视化图表，和之前绘制的基本图表比较。

（3）与老师讨论图表的可视化效果和叙事逻辑。

第11章 数据新闻前端发布实践与操作

目前，在开放性和灵活性方面，网页对数据新闻作品呈现来说最具优势。HTML 用于定义网页的内容；CSS 用来设置网页的布局、样式；JavaScript（简称 JS）用于实现网页的动态效果。本章将学习的前端发布技巧适用于可交互的数据新闻作品，具有良好的数据可视化兼容性，能够帮助学习者将作品以丰富的形式呈现出来。

完成数据分析与图表制作之后，最后也是关键的一步就是向读者展示你的作品。展示作品的方式有很多种，如静态信息图、文件包、H5 工具、网页等。静态信息图的呈现方式非常直观，但包含的内容量受到限制，以静态信息图方式呈现的数据新闻对设计部分的要求也相对较高。文件包的形式适合小范围传输，但无法满足面向公众阅读的需求。H5 工具由于简单易操作且能在移动媒体上方便地传输，是当下流行的发布工具，但其缺点是对一些交互图表兼容性欠佳。目前，对于数据新闻作品呈现而言，网页不仅能够呈现静态信息图和动态交互图等多种样式，而且能够调整适用于任何大小的屏幕，在开放性和灵活性方面都具有优势。

 学习目标

❖ 了解 HTML、CSS 和 JS 的基本属性与语法规则；
❖ 掌握网页制作的基本框架；
❖ 掌握引入外部库的方法。

 能力目标

❖ 熟悉数据新闻网页前端制作的基本思路和核心概念；
❖ 掌握交互网页制作的方法，并能够在借助外部库的情况下，完成数据新闻网页作品。

127

11.1 前端代码编辑器的安装与使用

目前，大多数的数据新闻作品都是通过网页形式展现出来的，尤其是使用了交互图表的数据新闻作品。网页制作需要用到前端编辑器。目前常用的前端编辑器有 Visual Studio Code、WebStorm 等，本章重点以 Visual Studio Code（简称 VS Code）为主展开介绍，下文所有操作都可以借助这个软件完成。

11-1 前端开发工具的安装

VS Code 是微软推出的一款轻量级的前端代码编辑器。它的突出优势在于其跨平台特性，不仅适用于 Windows 开发环境，也可用于 Linux 和 Mac 系统。VS Code 可通过官网下载并安装。安装完成后的用户欢迎界面如图 11-1 所示。界面的功能概述如图 11-2 所示。界面颜色支持 light 和 dark 等多种主题切换，界面左侧可新建文件或文件夹。

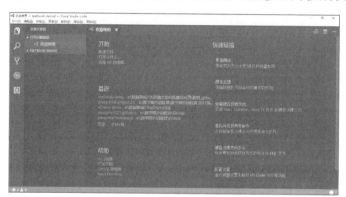

图 11-1 VS Code 用户欢迎界面

11-2 前端开发工具的使用样例

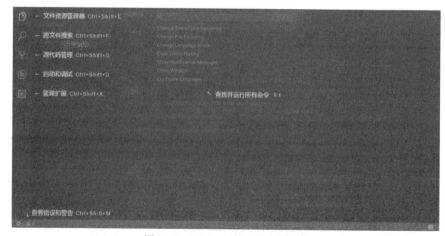

图 11-2 VS Code 界面的功能概述

用户可通过 VS Code 内置预览界面，实时查看编写的代码实现的效果，如图 11-3 所示。

图 11-3　VS Code 界面实时查看代码实现效果

VS Code 的应用商店中有很多扩展程序，最常用的有两个：JS-CSS-HTML Formatter 和 Preview on Web Server。前者主要用来美化样式，后者用于网页浏览。VS Code 常用的两个扩展程序如图 11-4 所示。

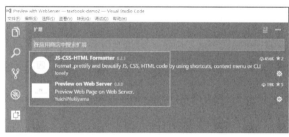

图 11-4　VS Code 常用的两个扩展程序

VS Code 常用的快捷键如下。

- Ctrl+Shift+l：默认浏览器预览。

相当于 F1→launch→vscode→preview→server

- Ctrl+Shift+P：VS 内置预览。
- Ctrl+F：查找元素。
- Ctrl+Shift+N：打开新的欢迎界面。

11.2　HTML、CSS、JS 的基本属性

如果把一个网页比作一辆汽车，那么汽车的挡风玻璃、后视镜、车灯、车轮等配件就是 HTML，HTML 用于定义网页的内容；汽车配件的外观、样式

是 CSS，CSS 用来设置网页的布局、样式；汽车的制动装置是 JS，JS 用于实现网页的动态效果，定义网页的行为。图 11-5 所示为百度网页源代码的标注，帮助我们理解 HTML、CSS、JS 分别是什么。

图 11-5　从百度网页源代码的标注看 HTML、CSS、JS

11.2.1　HTML

超文本标记语言（HyperText Markup Language，HTML）不是一种编程语言，而是一种标记语言，通过一套标记标签（markup tag）创建网页内容。

1. 基本框架

HTML 文档也叫作 web 页面，包含了 HTML 标签及文本内容。根据如下的代码，创建自己的第一个 HTML 页面吧！网页内容基本框架及呈现效果如图 11-6 所示。

```
<!DOCTYPE html>
<html>
  <head>
    <title>我的第一个网页</title>
  </head>
  <body>
    <h1>我的第一个标题</h1>
    <p>我的第一个段落。</p>
  </body>
</html>
```

代码说明如下。

- <!DOCTYPE html>：声明为 HTML 5 文档[1]。

---

1 注：网络上有很多不同的文件，<!DOCTYPE>声明用于声明 HTML 的版本，有助于浏览器正确显示网页。

- <html>是 HTML 页面的根元素。
- <head>包含了文档的元（meta）数据[1]。
- <title>描述了文档的标题。
- <body>包含了可见的页面内容。
- <h1>定义了一个大标题。
- <p>定义一个段落。

图 11-6　网页内容基本框架及呈现效果

2. HTML 标签

HTML 标签也叫作 HTML 元素，通常成对出现，由开始标签和结束标签组成，使用尖括号括起来，如<html>和</html>。但是也有部分没有内容的空标签没有结束标签，元素是在开始标签中关闭的，如<img>标签。HTML 常用标签如表 11-1 所示。

表 11-1　HTML 常用标签

开始标签	元素内容	结束标签
<html>	整个 HTML 文档	</html>
<body>	HTML 文档的主体	</body>
<p>	段落	</p>
<div>	块元素	</div>
<h>	标题	</h>
<img src="">	空标签；图片	无
<a href="default.html">	链接	</a>
<b>	加粗	</b>
 	空标签；换行	无

3. HTML 属性

HTML 元素可以通过设置属性来添加附加信息。属性一般描述为开始标

---

1 注：在部分浏览器中，直接输出中文有时会出现中文乱码的情况，这时需要在头部加入<meta charset="utf-8">声明编码。

签，并且总是以名称与值对应的形式出现[1]。HTML 元素常见属性如表 11-2 所示。

表 11-2　HTML 元素常见属性

属性	描述
class	定义元素的一个或多个类名（classname）[2]
id	定义元素的唯一 id[3]
style	规定元素的行内样式（inline style）
title	描述元素的额外信息（作为工具条使用）

11.2.2　CSS

层叠样式表（Cascading Style Sheets，CSS）用于定义网页的布局和样式。

1. CSS 规则

CSS 规则由两个主要的部分构成：选择器和一条或多条声明。CSS 选择器通常是要改变样式的 HTML 元素，如 h1 { color: red; font-size: 12px; }，其各项的含义如图 11-7 所示。

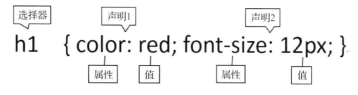

图 11-7　HTML 元素各项的含义

其中 h1 是选择器，选择器通常是要改变样式的元素；"color:red;" 和 "font-size:12px;" 是两条声明，每条声明由一个属性和一个值组成。属性是希望设置的样式属性（style attribute），每个属性都有一个值，并且属性和值由冒号隔开。

2. .id 和.class 选择器

.id 选择器以 "#" 定义，可以为标有特定 id 的 HTML 元素指定特定的样式。例如，设置某 HTML 元素的 id 属性为 "id=para1"，则可设置其 CSS 样式为：

```
#para1 { text-align:center; color:red; }
```

.class 选择器以 "." 显示，用于描述一组元素的样式，class 选择器有别于 id 选择器，class 可以在多个元素中使用。例如，HTML 中 h1、p 元素的 class

---

1 注：属性值应该始终被包括在双引号内。在某些情况下，如属性值本身含有双引号时，将外部的双引号改为单引号，如 name= 'John "ShotGun" Nelson'.

2 注：class 属性可以多用 class=" "（引号中可以填入多个 class 属性）。

3 id 属性只能单独设置 id=" "（只能填写一个，多个无效）。

属性为"class=center"，则可设置这组元素的样式为：

```
.center { text-align:center; }
```

在以上例子中，所有 class 属性为 p1 的 HTML 元素的样式均为居中。

3. CSS 创建

当读到一个 CSS 样式表时，浏览器会根据它来格式化 HTML 文档。CSS 样式表主要有外部样式表和内部样式表两种。

（1）外部样式表

当样式需要应用于很多页面时，外部样式表是理想的选择。外部样式表应该以.css 扩展名保存。如图 11-8 所示，浏览器会从文件 mystyle.css 中读到样式声明，并根据它来格式化文档。

图 11-8　CSS 外部样式表示例

在使用外部样式表的情况下，可以通过改变一个文档来改变整个网页的外观。每个页面使用 <link> 标签链接到样式表。<link> 标签在文档的头部，如图 11-9 所示。

```
<head>
  <link rel="stylesheet" type="text/css" href="mystyle.css">
</head>
```

```
1   <!DOCTYPE html>
2   <html>
3
4   <head>
5       <title>我的第一个网页</title>
6       <link rel="stylesheet" type="text/css" href="mystyle.css">
7   </head>
8
9   <body>
10      <h1>我的第一个标题</h1>
11      <p>我的第一个段落.</p>
12  </body>
13
14  </html>
```
将外部样式表mystyle.css链接到此页面

图 11-9　链接 CSS 外部样式表

外部样式表可以在任何文本编辑器中编辑，文档中不包含任何 HTML 标签，如图 11-10 所示。

```
1   <!DOCTYPE html>                          1   #para1 {              我的第一个标题
2   <html>                                   2       text-align: center;
3                                            3       color: ■red;        我的第一个段落
4   <head>                                   4   }                      我的第二个段落
5       <title>我的第一个网页</title>          5
6       <link rel="stylesheet" type="text/css" href  6 ▼ .center {
7   </head>                                   7       text-align: center;
8                                            8   }
9   <body>
10      <h1 class="center">我的第一个标题</h1>
11      <p id="para1">我的第一个段落.</p>
12      <p class="center">我的第二个段落.</p>
13  </body>
14
15  </html>
```

图 11-10　编辑外部样式表

（2）内部样式表

内部样式表适用于为单个文档设置特殊的样式，使用\<style\>标签在文档头部定义，如图 11-11 所示。

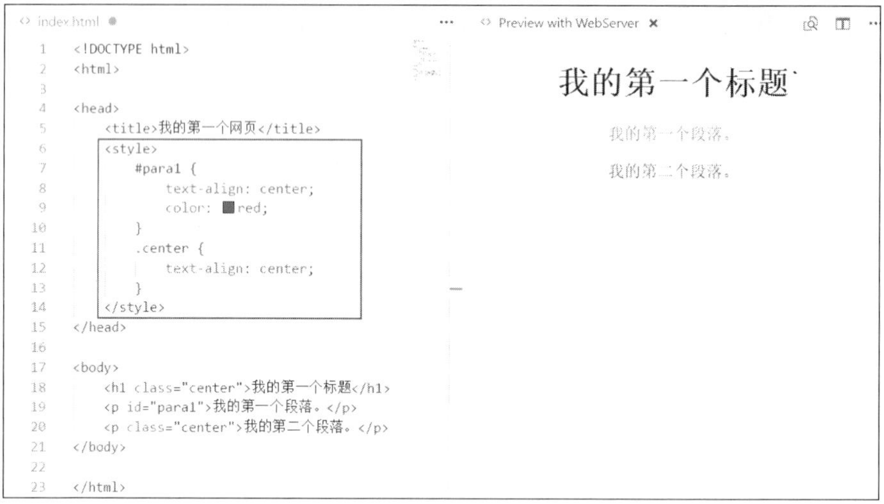

图 11-11　内部样式表样例

4. CSS 常用属性

CSS 常用属性如表 11-3 所示。

表 11-3　CSS 常用属性

属性	设置对象	可能的值	举例
background-color	背景颜色	RGB 值 十六进制值 颜色名称	h1{background-color: rgb(255,0,0);} p{background-color:#e0ffff;} div{background-color:red;}
color	文本颜色	同上	body {color:red;} h1 {color:#00ff00;} h2 {color:rgb(255,0,0);}
text-align	文本对齐方式	center（居中对齐） left/right（左/右对齐）	h1 {text-align:center;} p{text-align:right;}
font-size	字体大小	像素（px、em 等）	h1 {font-size:40px;} h2 {font-size:30em;}
margin	外边距	可以为不同的侧面指定不同的边距	margin-top:100px; margin-bottom:100px; margin-right:50px; margin-left:50px;
padding	填充（边框与元素内容之间的距离）	可以为不同的侧面指定不同的填充	padding-top:25px; padding-bottom:25px; padding-right:50px; padding-left:50px;

11.2.3　JavaScript

JavaScript 是一种轻量级的编程语言，JavaScript 代码可插入 HTML 页面中，定义网页的行为，创建动态的 HTML 页面。JavaScript 代码插入 HTML 页面后，可由所有的浏览器执行。

1. <script>标签

HTML 中的脚本必须位于<script>与</script>标签之间，<script>和</script>会告诉 JavaScript 在何处开始和结束。浏览器会解释并执行位于<script>和</script>之间的 JavaScript 脚本。

脚本可放置在 HTML 页面的<body>或<head>部分中，也可以同时存在于两个部分中。例如，在图 11-12 所示的 JS 脚本示例中，JavaScript 会在页面加载时向 HTML 的<body>写文本。

图 11-12　JS 脚本示例

2. 外部 JavaScript

当 JavaScript 文件要用于多个网页时，通常把脚本保存到外部文件中。外部 JavaScript 文件的扩展名是.js。使用外部 JS 文件，需要在<script>标签的 src 属性中引入该.js 文件，如图 11-13 所示。

图 11-13　外部 JS 文件引入

135

单击按钮后的效果演示如图 11-14 所示。

图 11-14　单击按钮后的效果演示

3. JavaScript 函数

函数是由事件驱动的或者当它被调用时执行的可重复使用的代码块。函数通常的格式为关键字 function 加上包裹在花括号中的代码块。

```
function functionname()
{
    代码块
}
```

JavaScript 函数可以在任何位置调用，在某事件发生时（如用户单击按钮时），可直接调用该函数，执行函数内的代码。例如，在图 11-15 所示的示例中，JavaScript 函数实现的效果是单击按钮，页面弹出对话框显示 "Hello World!"。

图 11-15　JavaScript 函数示例

4. HTML DOM 事件

网页被加载时，浏览器创建的页面的文档对象模型（Document Object Model，DOM）可理解为 HTML 文档的对象树。HTML DOM 使 JavaScript 有能力对 HTML 事件做出反应，如图 11-16 所示。

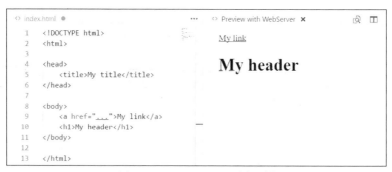

图 11-16　HTML DOM 反应示例

此示例中的 HTML 文档对应的 DOM 树如图 11-17 所示。

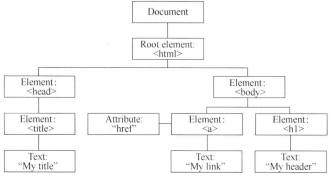

图 11-17　HTML 文档对应的 DOM 树

（1）查找 HTML 元素

要想通过 JavaScript 对 HTML 进行定义，首先要查找相应的 HTML 元素。可以通过 id、类别名、标签名 3 种方法查找。

● 通过 id 查找，语法格式通常为 `document.getElementById("idname")`。

● 通过类别名查找，语法格式通常为 `document.getElementByClassName("classname")`。

● 通过标签名查找，语法格式通常为 `document.getElementByTagName("tagname")`。

（2）使用 HTML DOM 来分配事件

使用 HTML DOM 可以通过 JavaScript 来为 HTML 元素分配事件，示例如图 11-18 所示。

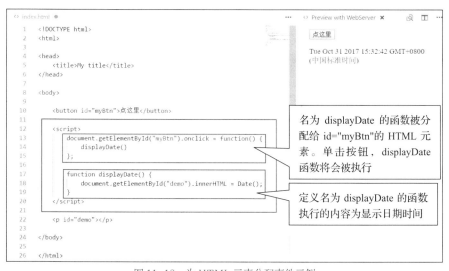

图 11-18　为 HTML 元素分配事件示例

11.3 外部库 Bootstrap 和 jQuery 的使用

在实际编写网页的过程中，我们通常会选择使用外部库。外部库一般是指由专业程序员开发出的开源项目，类似于编写好的模板。之所以建议学习者采用外部库，首要原因是其简洁灵活，使网页编写更加便捷。网络上可供选择使用的外部库很多，本节仅选取使用最广泛的 2 个进行介绍，分别是 HTML/CSS 的外部库 Bootstrap 和 JavaScript 的外部库 jQuery。

11.3.1 Bootstrap

Bootstrap 是由 Twitter 的设计师 Mark Otto 和 Jacob Thornton 合作开发的一个 CSS/HTML 框架，提供了优雅的 HTML 和 CSS 规范，可用于快速开发 Web 应用程序和网站的前端框架。

1. Bootstrap 基础组件

Bootstrap 包含了功能强大的内置组件（见图 11-19），包括网页基本结构的布局样式，用于创建图像、下拉菜单、导航、警告框、弹出框的组件，以及丰富的 JavaScript 插件。

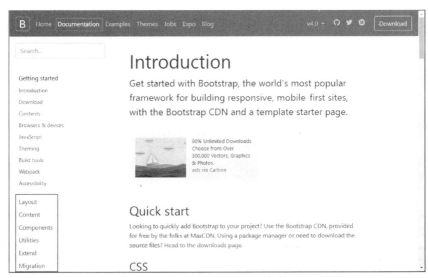

图 11-19　Bootstrap 内置组件

和其他外部库一样，要想更好地使用 Bootstrap，最重要的就是看文档！Bootstrap 的文档中包含了详细的内置组件的介绍、使用方法和实例。Bootstrap GRID -12 格系统示例如图 11-20 所示，基础布局组件如图 11-21 所示。

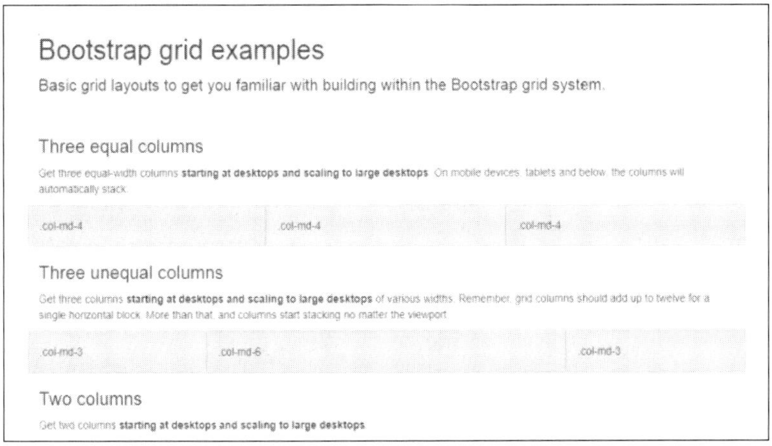

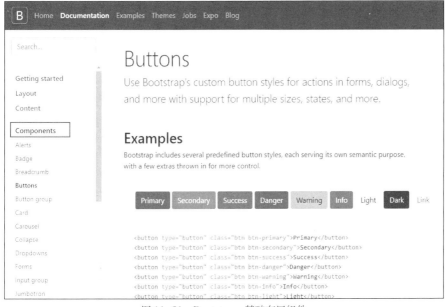

图 11-20　Bootstrap GRID-12 格系统示例

图 11-21　Bootstrap 基础布局组件

2. 引入 Bootstrap 库

要想使用 Bootstrap 中的丰富样式，首先需要在 HTML
文档中引入 Bootstrap 库。引入外部库的常用方式有两种，
一是下载完整的包，另一种是通过外部库的 CDN 引用。

11-3　Bootstrap
外部库引入

（1）下载 Bootstrap 的方式

① 从 Bootstrap 官网页面（见图 11-22）下载最新版本。

通常下载的是 Bootstrap CSS、JavaScript 和字体的预编
译的压缩版本，不包含文档和最初的源代码文件。将下载的压缩包解压后，
文件夹中的文件如图 11-23 所示。

图 11-22　Bootstrap 官网下载页面

css	2017/10/19 8:53	文件夹	
bootstrap	2017/10/19 9:34	层叠样式表文档	156 KB
bootstrap.css.map	2017/10/19 9:34	MAP 文件	382 KB
bootstrap.min	2017/10/19 9:35	层叠样式表文档	125 KB
bootstrap.min.css.map	2017/10/19 9:35	MAP 文件	503 KB
bootstrap-grid	2017/10/19 9:34	层叠样式表文档	32 KB
bootstrap-grid.css.map	2017/10/19 9:34	MAP 文件	81 KB
bootstrap-grid.min	2017/10/19 9:35	层叠样式表文档	24 KB
bootstrap-grid.min.css.map	2017/10/19 9:35	MAP 文件	57 KB
bootstrap-reboot	2017/10/19 9:34	层叠样式表文档	5 KB
bootstrap-reboot.css.map	2017/10/19 9:34	MAP 文件	55 KB
bootstrap-reboot.min	2017/10/19 9:35	层叠样式表文档	4 KB
bootstrap-reboot.min.css.map	2017/10/19 9:35	MAP 文件	27 KB
js	2017/10/31 19:07	文件夹	
bootstrap.bundle	2017/10/19 9:35	JavaScript 文件	189 KB
bootstrap.bundle.js.map	2017/10/19 9:35	MAP 文件	316 KB
bootstrap.bundle.min	2017/10/19 9:35	JavaScript 文件	68 KB
bootstrap.bundle.min.js.map	2017/10/19 9:35	MAP 文件	265 KB
bootstrap	2017/10/19 9:35	JavaScript 文件	109 KB
bootstrap.js.map	2017/10/19 9:35	MAP 文件	187 KB
bootstrap.min	2017/10/19 9:35	JavaScript 文件	50 KB
bootstrap.min.js.map	2017/10/19 9:35	MAP 文件	156 KB

图 11-23　Bootstrap 文件

② 将文件夹中已编译压缩的 bootstrap.min 层叠样式表文档和 bootstrap.min JavaScript 文件放入与 HTML 文档同一路径下的文件夹中，其放置位置如图 11-24 所示。

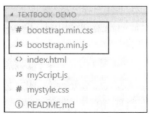

图 11-24　Bootstrap 所需文件放置位置

③ 在 HTML 文档的头部用<link>和<script>标签分别引入.css 和.js 文件，如图 11-25 所示。

图 11-25　引入.css 和.js 文件

（2）外部库的 CDN 方式

以 CDN 方式引入，则不用下载文件包，且引入后会自动随着 Bootstrap 的更新而更新，因此这也是一种常用的引入外部库的方式。

如图 11-26 所示，直接单击"Copy"按钮，复制代码并粘贴到 HTML 文档的头部，即可以 CDN 方式完成引入。

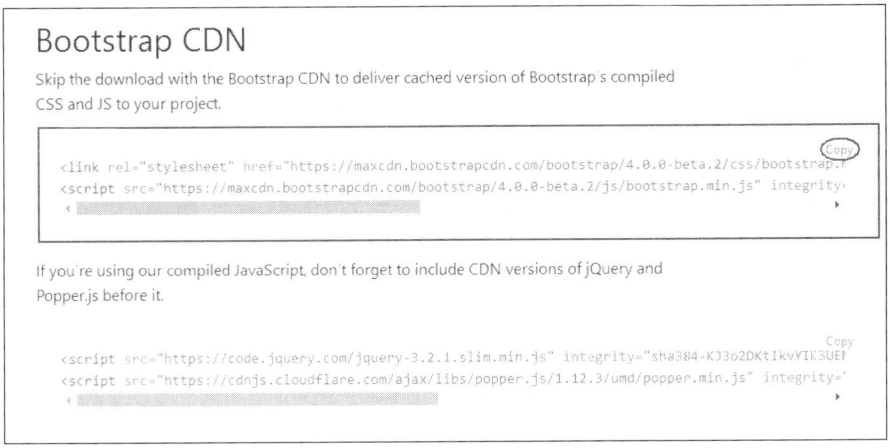

图 11-26　以 CDN 的方式引入示例

11.3.2　jQuery

jQuery 是一个轻量级的"写得少，做得多"的 JavaScript 库，是目前最流行的 JS 框架之一。

1. 引入 jQuery 库

jQuery 库也是通过下载和 CDN 这两种常用的方式引入。

（1）下载 jQuery 的方式

① 根据图 11-27 所示的下载页面的指示下载 jQuery。下载下来的是一个单独的文件名为"jquery-3.2.1.min"的 JavaScript 文件。

② 将该文件放入 HTML 文档同一路径下的文件中。

③ 在 HTML 文档的头部用<script>标签引入，如图 11-28 所示。

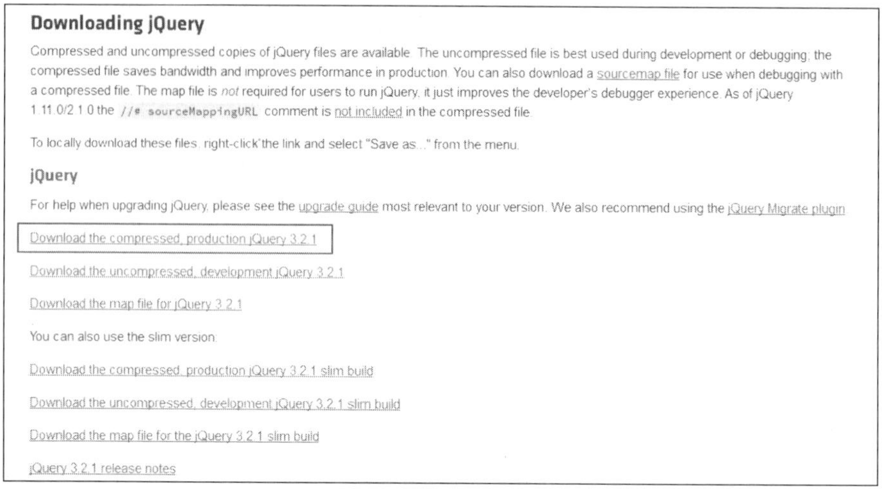
Downloading jQuery
Compressed and uncompressed copies of jQuery files are available. The uncompressed file is best used during development or debugging; the compressed file saves bandwidth and improves performance in production. You can also download a sourcemap file for use when debugging with a compressed file. The map file is not required for users to run jQuery, it just improves the developer's debugger experience. As of jQuery 1.11.0/2.1.0 the //# sourceMappingURL comment is not included in the compressed file.
To locally download these files, right-click the link and select "Save as..." from the menu.
jQuery
For help when upgrading jQuery, please see the upgrade guide most relevant to your version. We also recommend using the jQuery Migrate plugin
Download the compressed, production jQuery 3.2.1
Download the uncompressed, development jQuery 3.2.1
Download the map file for jQuery 3.2.1
You can also use the slim version:
Download the compressed, production jQuery 3.2.1 slim build
Download the uncompressed, development jQuery 3.2.1 slim build
Download the map file for the jQuery 3.2.1 slim build
jQuery 3.2.1 release notes

图 11-27　jQuery 下载页面

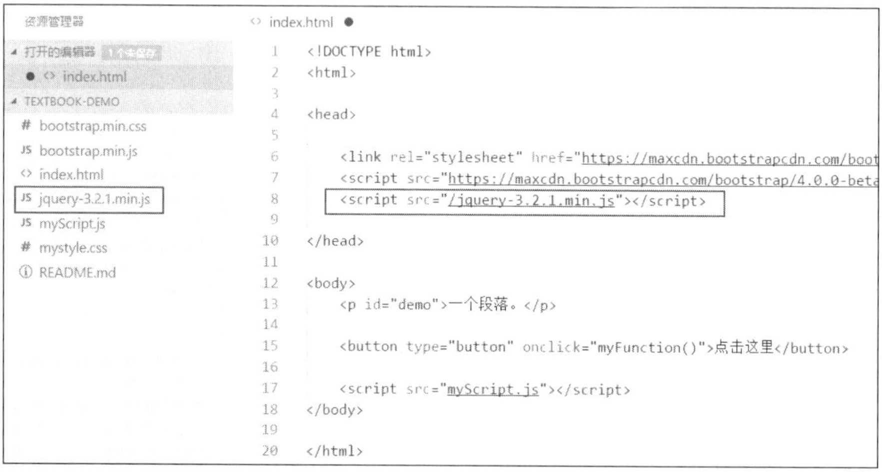
资源管理器
打开的编辑器
index.html
TEXTBOOK-DEMO
bootstrap.min.css
bootstrap.min.js
index.html
jquery-3.2.1.min.js
myScript.js
mystyle.css
README.md
index.html
<!DOCTYPE html>
<html>
<head>
<link rel="stylesheet" href="https://maxcdn.bootstrapcdn.com/boot
<script src="https://maxcdn.bootstrapcdn.com/bootstrap/4.0.0-beta
<script src="/jquery-3.2.1.min.js"></script>
</head>
<body>
<p id="demo">一个段落。</p>
<button type="button" onclick="myFunction()">点击这里</button>
<script src="myScript.js"></script>
</body>
</html>

图 11-28　以<script>的方式引入

（2）通过 CDN 的方式

首先通过搜索引擎找到 jQuery CDN 的网址，选择合适的 CDN。以 Google CDN 为例（见图 11-29），将代码复制到相应的 HTML 文档的头部即可完成 CDN 引入，如图 11-30 所示。

2. API 文档

jQuery 库包含了 HTML 元素选取和操作、CSS 操作、HTML 事件函数、JavaScript 特效和动画、HTML DOM 遍历和修改、AJAX、Utilities 等诸多功能。功能的介绍和用法都可以在 API 文档中查看，如图 11-31 所示。

本章介绍了使用网页呈现数据新闻作品涉及的基本内容，学会使用 HTML、CSS、JS 后，就可以将作品生成网页形式了。本教材后附的电子资源中还会介绍一些效果工具和插件，欢迎大家浏览和下载。

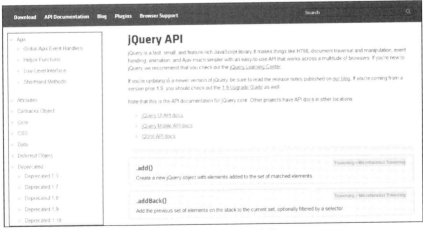

Using jQuery with a CDN

CDNs can offer a performance benefit by hosting jQuery on servers spread across the globe. This also offers an advantage that if the visitor to your webpage has already downloaded a copy of jQuery from the same CDN, it won't have to be re-downloaded.

jQuery's CDN provided by MaxCDN

The jQuery CDN supports Subresource Integrity (SRI) which allows the browser to verify that the files being delivered have not been modified. This specification is currently being implemented by browsers. Adding the new integrity attribute will ensure your application gains this security improvement as browsers support it.

To use the jQuery CDN, just reference the file in the script tag directly from the jQuery CDN domain. You can get the complete script tag, including Subresource Integrity attribute, by visiting https://code.jquery.com and clicking on the version of the file that you want to use. Copy and paste that tag into your HTML file.

Starting with jQuery 1.9, sourcemap files are available on the jQuery CDN. However, as of version 1.10.0/2.1.0 the compressed jQuery no longer includes the sourcemap comment in CDN copies because it requires the the uncompressed file and sourcemap file to be placed at the same location as the compressed file. If you are maintaining local copies and can control the locations all three files, you can add the sourcemap comment to the compressed file for easier debugging.

To see all available files and versions, visit https://code.jquery.com

Other CDNs

The following CDNs also host compressed and uncompressed versions of jQuery releases. Starting with jQuery 1.9 they may also host sourcemap files; check the site's documentation.

Note that there may be delays between a jQuery release and its availability there. Please be patient, they receive the files at the same time the blog post is made public. Beta and release candidates are not hosted by these CDNs.

- Google CDN
- Microsoft CDN
- CDNJS CDN
- jsDelivr CDN

图 11-29 以 CDN 的方式引入

Libraries

To load a hosted library, copy and paste the HTML snippet for that library (shown below) in your web page. For instance, to load jQuery, embed the `<script src="https://ajax.googleapis.com/ajax/libs/jquery/3.2.1/jquery.min.js"></script>` snippet in your web page.

图 11-30 Google CDN 引入代码示例

jQuery API

- Ajax
  - Global Ajax Event Handlers
  - Helper Functions
  - Low-Level Interface
  - Shorthand Methods
- Attributes
- Callbacks Object
- Core
- CSS
- Data
- Deferred Object
- Deprecated
  - Deprecated 1.3
  - Deprecated 1.8
  - Deprecated 1.9
  - Deprecated 1.10

jQuery is a fast, small, and feature-rich JavaScript library. It makes things like HTML document traversal and manipulation, event handling, animation, and Ajax much simpler with an easy-to-use API that works across a multitude of browsers. If you're new to jQuery we recommend that you check out the jQuery Learning Center.

If you're updating to a newer version of jQuery be sure to read the release notes published on our blog. If you're coming from a version prior 1.9, you should check out the 1.9 Upgrade Guide as well.

Note that this is the API documentation for jQuery core. Other projects have API docs in other locations.

- jQuery UI API docs
- jQuery Mobile API docs
- QUnit API docs

.add()   Traversing » Miscellaneous Traversing

Create a new jQuery object with elements added to the set of matched elements.

.addBack()   Traversing » Miscellaneous Traversing

Add the previous set of elements on the stack to the current set, optionally filtered by a selector.

图 11-31 jQuery API 文档

　　本章介绍的是最为基本的前端发布功能。学习者要想做出优雅的作品，还需要进一步深入学习。网络上有不少开放资源可供我们进一步深化学习，但最好的学习方式还是动手实践。

本章知识要点

1. 目前，在开放性和灵活性方面，网页对数据新闻作品呈现来说最具优势。

2. HTML 用于定义网页的内容；CSS 用来设置网页的布局、样式；JavaScript（JS）用于实现网页的动态效果，定义网页的行为。

3. HTML 不是一种编程语言，而是一种标记语言，并通过一套标记标签来创建网页内容。HTML 元素可以通过设置属性来添加附加信息。

4. CSS 选择器通常是要改变样式的 HTML 元素。当读到一个 CSS 样式表时，浏览器会根据它来格式化 HTML 文档。

5. JavaScript 是一种轻量级的编程语言，JavaScript 脚本插入 HTML 页面后，可由所有浏览器执行。

【实训】

找到并使用一个网页模板，修改和调整其中的页面，将你的数据新闻文本内容和可视化图表填充进去，尝试完成数据新闻作品的前端发布，具体可参考如下步骤。

（1）下载 Visual Studio Code 软件，根据本章内容，将你的数据作品制作成简单的网页。

（2）从 bootstrap 模板库中选择喜欢的模板，修改样式代码，美化网页布局。

（3）在网页中嵌入你手中的数据和图表，完成数据新闻作品。

第三部分

数据新闻进阶

第12章 社交网络分析与可视化

社交网络是由社会活动的参与者以及参与者之间的互动关系构成的网状结构。社交网络的发展为人类的沟通交流方式带来极大的变革，它打破了过去"接触型"交流的时空限制，拓宽了个体的见识和社交范围，极大降低了整个人类世界的信息交流成本。在移动互联网时代，社交媒体和网络空前发达，所产生的海量社交数据也为社交网络分析带来挑战。

"社会学是社交网络分析方法论发展的起点，数学计算却是定量分析现实网络的基础"。在实际应用中，我们可借助可视化工具自动计算社交网络的各项指标，理解其计算原理，能帮助我们理解计算结果，得出具有传播学意义的结论。

 学习目标

❖ 了解社交网络的发展历史和现实意义；

❖ 熟悉网络的拓扑结构和分析指标；

❖ 掌握大规模网络可视化工具 Gephi 的使用方法。

 能力目标

❖ 认识社交网络迅速发展带来的机遇与挑战；

❖ 提高自身对社交网络的案例分析及可视化能力。

12.1 社交网络基础知识

1775 年春天，身为联络员的保罗·里维尔陆续收到民间传来的消息：一位马夫偶尔听到的英国军官的对话、英国轮船及军队营房附近异常繁忙的人群等。保罗·里维尔经过确认、整合和分析，迅速得出了结论。他在晚上 10 时徒步冲上大街，一路通风报信，告知居民"The red coats is coming"（红衣英军来了）。当到达列克星敦时，已是半夜，他借来一匹马，以更快的速度前往康科德一带传达信息。当他骑马进入一个镇子时，并没有随机敲门而是直奔当地民兵指挥员家中，民兵指挥员确认消息后迅速行动，唤醒四周邻居防御，组织民兵准备战斗。4 月 19 日早晨，几百个英国士兵从波士顿出发意图摧毁一个秘密军火仓库。当他们到康科德一带的小镇时，意外遭到伏击，随后沿途不断受到袭击，一路溃退。民兵信心大涨，北美独立战争由此爆发。这就是美国孩童所熟知的一首名为《午夜骑士保罗·里维尔》的诗的真实故事背景。

马尔科目·格拉德威尔在 1999 年的《引爆点：为何小事件会产生巨大的影响》一书中提到另外一个故事：同一个晚上，一个名为威廉·道斯的年轻鞋匠带着同样的消息从波士顿出发，沿途通知人口密集的城镇，挨门逐户敲门告知"英国人要来了"。但是镇上的人无法确认消息可靠性，他们看看周围人没有反应，就又睡下想等天亮再看情况处理。最终结果是，威廉·道斯只成为了历史的过客，而保罗·里维尔则成为公认的英雄。

究其原因，具有联络员身份的保罗·里维尔在日常就经营着一张"线人→联络员→指挥官→民兵"的完整社交网络，他是消息交换的关键节点，十分熟悉消息传递的关键路径。更重要的是，人们尊重他的联络员身份，认可他提供消息的可靠性，因此他能在紧急情况下迅速引爆消息并动员民兵，成为改变历史事件的关键人物。

进入 21 世纪，迅速发展的社交网络平台极大改变了人们的社交、学习、娱乐、生活和沟通方式，信息传播速度之快也颠覆了人们对媒介发布信息的认知，催化出"新媒体""自媒体"等不同于传统媒体的新型媒体形态。随着智能设备的普及和第五代通信网络（5G）的加速建设，新一代社交网络平台正带来新的机遇和挑战。适应信息技术发展带来的社会变革，洞察社交网络升级产生的新型媒体形态，必将成为新闻传播学研究中不可或缺的一环。什么是社交网络？它的基本结构和特性是什么？如何展开社交网络分析？下文将一一介绍。

12.1.1 社交网络发展历史

社交网络的起点是电子邮件，它解决了远程信息异步传输的问题。美国 BBN 公司的工程师雷·汤姆林森（Ray Tomlinson）于 1971 年发出第一封电子邮件，然而由于当时的阿帕网络（ARPAnet）速度缓慢，仅为当前 56kbit/s 标准速度的 1/20，因此 20 世纪 70 年代使用网络和电子邮件的人都十分稀少。直到 20 世纪 80～90 年代，电子邮件才在大学生及全球网民中陆续推广开来，电子邮件的转发网络也被视作最原始的在线社交网络。

1978 年，芝加哥的两位计算机专家沃德·克里斯蒂安森（Ward Christiansen）和兰迪·瑟斯（Randy Seuss）开发出第一个 BBS 系统，经过一系列发展，演化为现在的 BBS 论坛。BBS 论坛实现了从电子邮件的"点对点"交流到受众更广泛的"点对面"交流的跨越。

1996 年 11 月，几个以色列青年推出了世界上第一个即时通信软件 ICQ，主要市场在美国和欧洲，目前已成为世界上最大的即时通信系统。1999 年，国内的第一款即时通信软件腾讯 OICQ 诞生，并一路发展壮大，成就了当前的互联网巨头腾讯。即时通信软件极大提高了社交网络的即使通信能力，为节点之间的高频、密集联络奠定基础。同一时期，个人网站开始初露头角，并于 1999 年被彼得·摩霍兹（Peter Merholz）正式命名为"博客（Blog）"。博客的诞生标志着网络信息的发布节点开始呈现丰富的个体意识，博主们通过聚合的内容来表示自身的兴趣、专长以及形象。

21 世纪，独具特色的社交平台陆续诞生，包括陌生人社交、熟人圈子、职场社交、问答等丰富的社交功能，被统称为社交网络服务（Social Networking System，SNS）平台。国外典型的 SNS 平台有脸书（Facebook）、推特（Twitter）、领英（Linkin）、"美版知乎"（Quora）和研究之门（ResearchGate）等，其功能类似于国内的人人网、微博、脉脉、知乎、科学网等平台。相比博客强调节点的个性，SNS 更强调连边的意义。社交网络构建之初，两个特征维度接近的节点可能自发地形成连边，随后借助"好友推荐"等功能发现更多潜在的边连接，实现整个网络的扩张和演变。总结起来，SNS 的两个显著特征就是"连边意义的构建"和"节点信息的传递"。

近年来，随着智能便携设备的普及以及移动互联网生态的完善，各类移动社交平台如雨后春笋般涌现。2011 年可以称得上移动社交的元年，微信、米聊、陌陌都相继写下了浓墨重彩的一笔。2014 年前后，虎牙、斗鱼等直播平台陆续问世，用户量呈爆发式增长。2016 年后，字节跳动旗下发布的抖音、火山小视频等音乐、短视频社区受到年轻人的追捧，全球下载量达 10 亿人次，日活用户达 7 亿，该公司于 2017 年发布的海外短视频社区——字节跳动（TikTok）也接连获得佳绩。随着第五代通信网络（5G）的加速建设，未来的社交网络形态将更加多元化、个性化。

12.1.2 网络拓扑结构

社交网络的拓扑结构可被抽象为图，图的基本组成单元是节点和边。其中，节点是网络参与者，节点之间的联系被抽象为边。边的类型如图 12-1 所示，根据边是否有方向可分为有向边和无向边，根据边是否带权重可分为无权边和加权边。无向边构成的图称为无向图，有向边构成的图称为有向图（如无特殊指定，默认为无权边）。

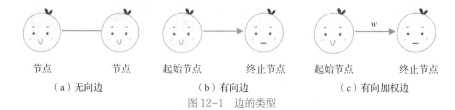

节点　　　　节点　　　　起始节点　　　　终止节点　　　　起始节点　　　　终止节点

（a）无向边　　　　　　　　（b）有向边　　　　　　　　（c）有向加权边

图 12-1　边的类型

在图论研究中，人们设计出一系列网络模型来模拟真实网络中由节点和边构成的几何形状。如图 12-2 所示，这些网络模型通常可分为以下 3 类。

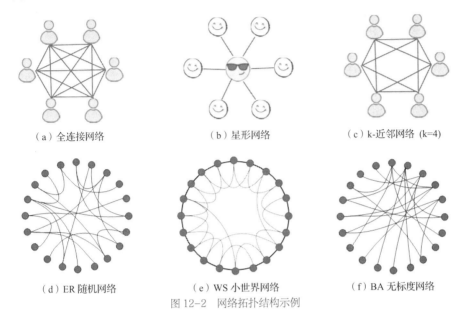

（a）全连接网络　　　　　　（b）星形网络　　　　　　（c）k-近邻网络（k=4）

（d）ER 随机网络　　　　　　（e）WS 小世界网络　　　　（f）BA 无标度网络

图 12-2　网络拓扑结构示例

（1）规则网络模型。 节点的连接方式由确定的规则定义。常见的规则网络有全连接网络、星形网络、k-近邻网络等。

（2）随机网络模型。 随机选择网络节点，按一定概率生成连边。概率的引入让网络结构具有极大的不确定性，从而引出图论中的一个新的分支——随机图论。Erdös 和 Rényi 于 20 世纪 50 年代提出的 ER 模型是目前最经典的随机网络模型之一。

（3）复杂网络模型。 复杂网络是物理学家根据对现实世界网络的观察，提出的介于规则网络和随机网络之间的一种网络拓扑类型，主要包含小世界网络和无标度网络两种类型。小世界网络的提出受到了"六度分离"理论的启发，是一种既具有较短的平均路径长度，又具有较高的聚类系数的网络类型。无标度网络是指节点的度分布服从幂律分布的网络，即少数节点往往拥有大量的连边，大部分节点的连边很少，类似于经济学中的二八定律或马太效应。目前最经典的复杂网络模型是瓦特（Watts）和斯特罗加茨（Strogatz）于 1998 年提出的 WS 小世界网络，以及巴拉巴西（Barabási）和艾伯特（Albert）于 1999 年提出的 BA 无标度网络。

12.1.3　网络分析指标

拓扑结构性质是指网络所呈现出的不依赖于节点摆放位置、边的表现形态而呈现出的性质。网络分析指标就是测量网络拓扑结构性质的各类指标，主要包括以下几种。

1. 节点度分布

节点的度是指与节点直接相连的边的数量。网络的平均度是指所有节点的度的平均值。在有向图中，出度和入度的和为该节点的度，出度是指以该节点为起始节点的边的数量，入度是指以该节点为终止节点的边的数量。度分布描述具有不同度值的节点占网络所有节点数的比例。假设度为 k 的节点数占比为 $P(k)$，当 k 从 0 增长到无穷大，就得到了由多个点组成的散点图。完全随机网络的度分布呈泊松分布的趋势，这是因为每条边出现的概率相等，多数节点的度会接近平均度，即峰值附近，如图 12-3（a）所示。无标度网络的度分布服从幂律分布，如果将横纵坐标都采用对数表示，则该分布图表现为一条近似的直线，如图 12-3（b）所示。此外，度分布为指数分布的网络，如果将纵坐标用对数表示，横坐标用线性表示，则也呈现为一条近似的直线，如图 12-3（c）所示。

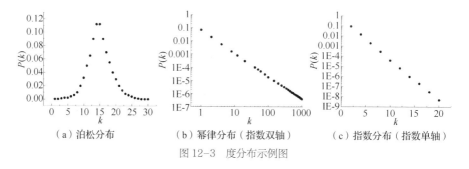

图 12-3 度分布示例图

2. 聚类系数

聚类系数描述的是图中节点的邻居之间的联系紧密程度。在实际应用中，聚类系数随着节点平均度的减小而减小。节点 i 的局部聚类系数计算公式为：

$$C_i = \frac{节点i的邻居之间实际存在的边数}{节点i的邻居之间可容纳边数的上限}$$

在公式中，局部聚类系数的计算围绕节点 i 的邻居（不含节点 i 本身）展开。邻居之间实际存在的边数是指两个端点都为邻居节点的边的数量。邻居之间可容纳边数的上限只和邻居数量 N 有关，即邻居节点构成的全连接图的边数，无向图中计算公式为 $N(N-1)/2$，有向图中计算公式为 $N(N-1)$。网络中所有节点的局部聚类系数的平均值称为平均聚类系数。

网络全局聚类系数不同于局部聚类系数和平均聚类系数，它的计算与整个网络中的三元组数有关。如果 3 个节点之间的连边构成三角形，则称为闭合三元组，表示"你的两个朋友之间也是朋友关系"；如果 3 个节点之间只有两条边，则称为开放三元组，表示"你的两个朋友之间不是朋友关系"。在无向图中，节点形成的每个三角形都等价于 3 个闭合三元组。最终，网络全局聚类系数的计算公式为：

$$C = \frac{闭合三元组个数}{闭合三元组个数+开放三元组个数} = \frac{3\times三角形个数}{3\times三角形个数+开放三元组个数}$$

3. 网络平均最短路径和网络直径

无向图中，节点 i 到节点 j 的最短路径是指连通两个节点的最少的边数，设为 d_{ij}。节点 i 的平均最短路径是指它到网络中所有节点的最短路径的平均值，表示为 $\bar{d}_i = \sum_{j=1}^{N} d_{ij}$。整个网络的最短路径是指网络中所有节点的平均最短路径的平均值，计算公式为 $D = \sum_{i=1}^{N} \bar{d}_i$。

网络直径是指网络中最远的两个节点之间的最短路径长度。计算网络直径时，需要首先计算所有节点两两之间的最短路径长度，然后取其中的最大值，即为所求。

4. 网络密度

网络密度用于描述网络中节点之间连边的密集程度，计算公式为：

$$\rho = \frac{网络中实际存在的总边数}{网络中可容纳边数的上限}$$

密度的取值范围为[0，1]。全连接图的密度为 1，无任何边的散点图的密度为 0。

5. 节点中心性

节点的中心性衡量了一个节点在网络中的重要程度，是识别网络关键节点的核心指标。最原始的中心性指标是度中心性，即节点的连边数。连边数越多，度中心性越大。度中心性只能描述节点的邻居数量，而无法描述邻居的质量，以及该节点与整个网络的关系。作为度中心性的补充，陆续出现了更多的中心性指标。

（1）**标准化度中心性（Standard Degree Centrality）**：归一化的度中心性，取值范围为 0～1。计算公式为 $C_D(i) = k_i/(N-1)$。其中 k_i 表示第 i 个节点的度，N 代表网络节点总数。

（2）**紧密度中心性（Closeness Centrality）**：衡量节点传递信息到其他节点的难易程度，用节点平均最短路径的倒数来计算。计算公式为 $C_C(i) = (N-1) \Big/ \sum_{j(j\neq i)} d_{ij}$，其中 d_{ij} 表示节点 i 和节点 j 之间的最短路径长度，注意 $j\neq i$，除节点 i 之外的网络节点总数为 $N-1$。

（3）**介数中心性（Between Centrality）**：衡量节点在转发信息中的重要程度，用经过该节点的最短路径的条数计算。假设当前节点为 i，网络中任选一对节点 j 和 k 之间的最短路径条数记作 n_{jk}，它们中间经过节点 i 的最短路径条数记为 n_{jk_i}，则节点 i 的介数中心性的计算公式为 $C_B(i) = \sum_{j,k(j\neq k\neq i)} \left(n_{jk\_i}/n_{jk}\right)$。

介数中心性越高，表示该节点的负载越重，影响其他节点交互的能力越强。

（4）**特征向量中心性（Eigenvector Centrality）**：通过节点邻居的数量和质量衡量节点的重要程度。在搜索引擎计算某个网页的排名权重时会用到这个中心性指标。例如，如果指向一个网页的站外链接很多，且提供外链的网站本身排名都比较高，那么搜索引擎会认为这个网页的排名也应该靠前。特征向量中心性的计算公式相对复杂，要用到网络邻接矩阵的特征值和特征向量。网络的拓扑结构在数学上表示为一个 $N \times N$ 维的矩阵的形式，称为邻接矩阵，表示为 $A = [a_{ij}], (i = 1, 2, \cdots, N, j = 1, 2, \cdots, N)$。在无向无权图中，若任意两个节点 i 和 j 之间相连，令 $a_{ij} = 1$；若两个节点无边相连，令 $a_{ij} = 0$。设邻接矩阵的最大特征值为 λ，对应特征向量为 $E = (e_1, e_2, \cdots, e_N)$，节点 i 的特征中心性的计算公式为 $C_E(i) = \lambda^{-1} \sum_{j=1}^{N} a_{ij} e_j$。

除了以上基础分析指标，社交网络分析作为一个专门的研究领域，也逐渐发展出丰富的研究方法。社交网络分析的主要研究分支大致可分为 3 类：拓扑结构研究（针对网络结构）、群体行为形成与互动规律研究（针对节点属性）和信息传播与演化机理研究（针对边的传播动态）。此外，社交网络分析作为辅助的分析手段，在推荐系统、谣言检测、隐私保护等其他领域得到广泛应用。

12.2　基于 Gephi 的社交网络可视化

社交网络的可视化能帮助人们直观地了解社交网络结构特点，还能通过设置网络的结构、形状、颜色等辅助挖掘网络的隐藏规律，如重要节点的发现、关键路径的挖掘、社区结构的检测等。传统的网络绘制工具通常针对中小规模网络，无法有效处理大规模网络的可视化。Gephi 作为一款免费的大规模网络可视化工具，兼具网络绘制和数据处理、分析、统计等功能。本节将介绍 Gephi 工具的使用。

12.2.1　Gephi 软件简介

社交网络可视化可按网络规模的不同灵活选择不同难度级别的工具。（1）如果是包含十几个节点的小规模网络，可通过简单的绘图工具如 Microsoft Visio、Microsoft PowerPoint、Photoshop 等手动绘制，其优点是可设计个性化的节点表示方式。（2）当网络规模增大到几百上千个节点，就需要把节点和边信息写在文件里，通过 Tableau 等

12-1　Gephi 安装教程

数据可视化工具绘制。（3）如果要绘制包含成千上万个节点的超大规模网络，就需要用到 Gephi、Pajek 等专用的大规模网络可视化工具。

本节以 Gephi 为主要工具介绍小规模网络、超大规模网络的绘制。Gephi 是一款免费软件，可通过官方网站下载最新版本。安装成功后，打开软件，新建一个工程项目，默认展现的是可交互的绘图界面，如图 12-4（a）所示。这个界面从上到下分为 3 层：菜单栏、视图选择区、工作区。视图选择区包含"概览""数据资料""预览" 3 个按钮，单击按钮后可切换到对应的工作区。图 12-4（b）标记了"概览"工作区包含的绘图功能部件。

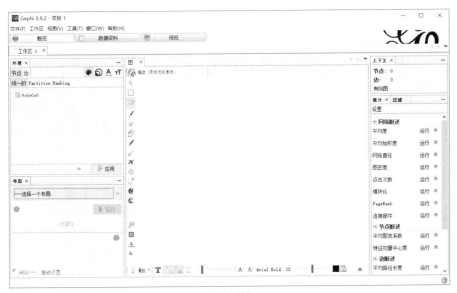

（a）原图

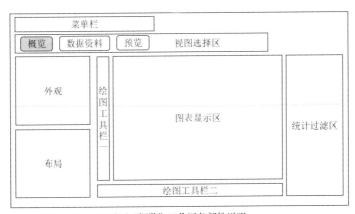

（b）"概览"工作区各部件说明

图 12-4　Gephi 界面

具体功能如下。

- **概览**：可绘制图表、调整布局、统计网络指标等。

- **数据资料**：可导入节点和边的数据表，进行数据编辑等。
- **预览**：提供网络展示功能，可在不改变数据的条件下调整显示效果，如背景色、边的曲直等。
- **外观**：调整节点和边的颜色与大小、标签的文字样式等。
- **布局**：通过算法计算节点的位置和彼此之间的距离，形成美观的网络结构。
- **绘图工具栏**：提供网络绘制工具，可手动增删节点和边、摆放节点位置、设置标签等。
- **图表显示区**：展现网络绘制、外观调整、布局设置的效果。
- **统计过滤区**：提供简单的统计分析功能，以及节点过滤功能。

12.2.2　Gephi 组件使用方法

12-2　Gephi 组件使用方法

下面以小规模网络的绘制为例，介绍概览视图下的各组件的使用方法。

1. 绘制节点和边

绘图工具栏一和绘图工具栏二提供了操作节点和边的工具，如图 12-5 所示。

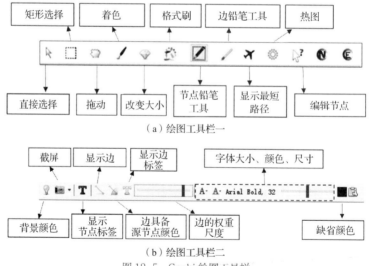

（a）绘图工具栏一

（b）绘图工具栏二

图 12-5　Gephi 绘图工具栏

绘制节点时，首先选中"节点铅笔工具"，在空白处单击，即可绘制节点。此时绘制出的节点非常小，且没有显示节点标签。接下来调整节点外观。

（1）改变大小。用"矩形选择"工具框选所有节点，然后单击"改变大小"按钮，按住鼠标左键并向上拖动鼠标可使节点变大，此时再次单击"改变大小"按钮才能取消缩放。

（2）添加并显示标签。通过"直接选择"工具选中节点，单击"编辑节点"按钮，此时工作区左侧会显示编辑窗口，可编辑节点标签。注意，如果单击"编辑节点"工具前没有事先选中节点编辑窗口不会出现。单击底部的绘图工具栏二中的"显示节点标签"按钮可在图中显示标签。

（3）摆放节点位置。使用"拖动"工具，将节点摆放至指定位置。

以上是节点的绘制和编辑。绘制连边时，首先选中"边铅笔工具"，分别单击源节点、目标节点，即可绘制有向边。原始边很细，可调整绘图工具栏二中的"边的权重尺度"来适当给边加粗。最终绘制得到的网络如图12-7（a）所示。

2. 调整外观

网络由节点和边构成，"调整外观"主要是调整节点和边的颜色、大小、标签样式等，外观编辑窗口如图12-6所示。

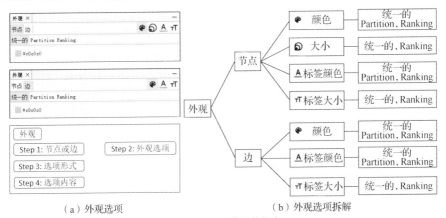

（a）外观选项　　　　　　　　　（b）外观选项拆解

图12-6　Gephi外观编辑窗口

所有的外观调整都有两个共同选项：统一的、Ranking。"统一的"方式对所有的节点（或边、标签）一视同仁，可设置同样的颜色和大小；"Ranking"方式则可选择按某个属性值设置颜色和大小，如节点的度、边的权重等。此外，颜色的调整还有额外的选项"Partition"，可按照用户指定的类别设置颜色，如节点所属社团编号、边的重要程度等。

设置外观时，第一步先选择调整对象是"节点"还是"边"，第二步选择调整的属性是"颜色""大小"还是"标签"等，第三步才是进行具体的参数设置。外观调整后的网络如图12-7（b）所示。

3. 调整布局

Gephi中的"布局"是一个根据算法规则自动美化图表的工具。Gephi默认提供11种布局方式。其中，主要的5种布局算法如下：

● **OpenOrd**：是基于Fruchterman Reingold的力导引布局。最初所有的顶点都放在原点处，接着通过模拟退火流程完成迭代优化。迭代包括5个步骤：液化（liquid）、膨胀（expansion）、冷却（cool-down）、紧缩（crunch）和慢煮（simmer）。OpenOrd算法的执行速度非常快，当节点量大于10万时，优先选择该布局。

- **Force Atlas 和 Force Atlas2**：力导引布局，如图 12-7（c）所示。算法将节点模拟成粒子，每个节点受到两个力的作用：节点之间的斥力（库伦力）、边对节点的引力（胡克力），网络通过引力和斥力来得到节点的速度和加速度，最终达到平衡状态。力导引布局能够充分展现网络的整体结构及其自同构特征。相比之下，Force Atlas 布局使图更紧凑，Force Atlas2 得到更为舒张的布局图。

- **Fruchterman Reingold**：改进的力导引布局，如图 12-7（d）所示。该算法将所有的节点看作钢环，将边看作刚环之间的弹簧，刚环之间带着类似电子间的斥力，弹簧则具有吸引刚环靠近的引力，最终通过移动节点来平衡节点间的力，最小化整个系统的能量。该算法有两个基本原则：（1）有连边的节点应相互靠近；（2）节点之间不能间隔太近。由于第二条原则，Fruchterman Reingold 布局图会显得蓬松且对称，最外层节点的摆放像一个圆环。

- **Yifan Hu 和 Yifan Hu 比例**：都属于胡一凡布局，如图 12-7（e）所示。这种布局适用于非常大的图表，特点是粗化图表，减少计算量，运行速度比较快。

- **Circular Layout**：环形布局，如图 12-7（f）所示。算法将节点依次摆放在一个圆环上，整体对称且美观，适合展示信息结构的集群特点。

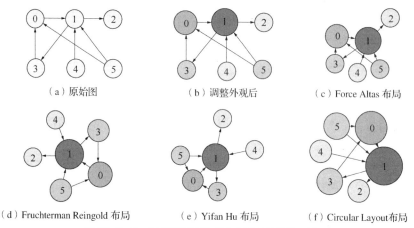

（a）原始图　　　　　　（b）调整外观后　　　　　（c）Force Altas 布局

（d）Fruchterman Reingold 布局　　　（e）Yifan Hu 布局　　　（f）Circular Layout布局

图 12-7　Gephi 调整网络外观和布局后的效果示例

完成布局之后，可在保持基本形状不变的情况下，适当旋转或者缩放，使网络图更美观。Gephi 提供了 6 个辅助布局工具：

- **旋转**：将图表原地旋转一定角度。
- **交叠**：放大节点间距，节点位置会适当调整。
- **扩展**：按比例放大节点间的间距。
- **收缩**：按比例缩小节点间的间距。
- **标签调整**：让遮挡的标签显示出来。

- **随机布局**：随机初始化节点位置。

除了默认布局，还可通过菜单栏的"工具"→"插件"→"可用插件"安装更多布局，然后重启 Gephi 即可使用。例如，双圆布局 Dual Circle layout 可以将等级高的点放在内圆或外圆上；圆形打包布局 Circle Pack layout 将联系紧密的节点聚集在一起；带行政边界的布局 Map of Countries 能绘制出世界各国的边界；地理位置布局 Geo layout 可识别经纬度，即名为 lat 和 lng 的列；Isometric layout 是等距布局，可将节点摆放成阵列的样式。

完成外观和布局设置后，可单击"预览"按钮查看效果图，并可在不改变布局的前提下，设置背景颜色，调整边的显示形态等。

4. 统计指标

Gephi 内嵌了许多统计分析算法，可计算网络的分析指标，具体介绍如图 12-8 所示。

图 12-8　Gephi 统计指标

- **点击次数**：分析经典的基于超链接分析的主题搜索，主要评估节点的权威性和枢纽地位两个值。节点权威性的值越高，说明节点被权威节点引用次数较多，因此该节点也就越权威；节点的枢纽值越高，意味着指向该节点的邻居节点的权威值之和较大，该节点更可能处于枢纽地位。

- **PageRank**：衡量节点在整个网络中的重要性。这个指标可通过节点的历史点击次数来计算该节点在下次被点击的概率。

- **连接部件**：计算网络中连通分量的数量。在无向图中，主要检测极大连通子图的数量，即子图中任意两个节点之间都有路径可达。在有向图中，主要检测强连通分量和弱连通分量的数量。强连通分量是指有向图的某个子图的每个节点都互相可达；弱连通分量是指无向图的某个子图中，任意一对节点都保证至少一方能到达另一方。如果从图中任一节点出发都可以遍历无向图的所有节点，则连通分量数为 1，即该图要么是连通的无向图，要么是强连通的有向图。

12.2.3 中小规模网络可视化

本案例借助空手道俱乐部好友关系网络（Zachary's karate club）数据，介绍如何可视化好友社交网络。需要准备的工具如下。

12-3 Gephi 网络关系生成、导入和导出

• **karate 数据集**：该数据后缀名为".gml"。如果在 Windows 环境下无法看到该后缀，则需要找到文件资源管理器的菜单栏中的"查看"→"选项"命令，在弹出的对话框中选择"查看"标签，取消选中"隐藏已知文件扩展名"复选框。

• **文本编辑软件 Notepad++**：适合处理中等规模数据，不适合处理超大规模数据。安装完成后，选择"视图"→"显示符号"→"显示所有字符"，查看隐藏的制表符。

GML 格式的文件可直接在 Gephi 的"概览"窗口导入。具体操作步骤是：选择"文件"→"导入电子表格"，在"输入报告"对话框中选择图的类型为无向图，再选择"Append to existing workspace"单选按钮将表格导入当前工作区，如图 12-9 所示。

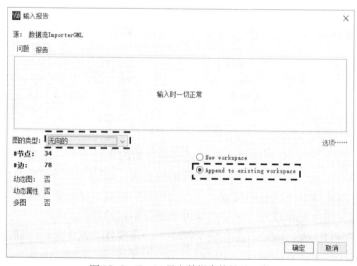

图 12-9　Gephi 导入数据表的最后一步

接着，按图 12-10（a）～图 12-10（c）所示的操作，调整好节点的颜色、尺寸、边的颜色。由于 karate 数据集经常作为社团划分的基础数据集，社团检测算法会给出节点所属社团的编号。因此，如果获得了社团结构编号，则还可以将图 12-10（a）中节点的颜色调整方式改为"Partition"，为同

类社团设置同一颜色，从而区分不同的社团。最后一步，按图 12-10（d）所示调整布局，修改区间大小，调整至合适比例。每个步骤对应的效果图如图 12-11 所示。

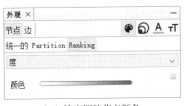

（a）按度调整节点颜色

（b）按度调整节点尺寸

（c）统一调整边的颜色

（d）调整布局为 Fruchterman Reingold

图 12-10　外观调整示例

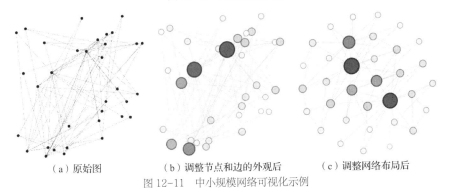

（a）原始图　　　　　　（b）调整节点和边的外观后　　　　（c）调整网络布局后

图 12-11　中小规模网络可视化示例

12.2.4　超大规模网络可视化

本节将基于 Brightkite 平台用户的好友关系与地理位置的数据集，介绍超大规模网络的可视化操作。预先准备的数据集及工具如下。

• **loc-Brightkite 数据集**：该数据集是研究者分享在斯坦福网络数据中心的一组 Brightkite 平台的用户打卡记录，时间跨度为 2008 年 4 月到 2010 年 10 月，包含 58 228 个节点以及 214 078 条边。

• **Gephi 的地理位置插件**：Map of Countries 和 Geo layout，在 Gephi 软件内部安装。

• **文本编辑软件 UltraEdit**：能迅速打开超大规模数据，支持快速分隔符替换、排序、去重等数据操作。UltraEdit 默认的容量值为 51 200，容量上限为 2 000 000 字符。为了方便打开超大规模数据，在软件安装完成后，需要通过

"高级" → "配置" → "设置" → "临时文件" → "上述的阈值" 设置为最大值 2 000 000，进行扩容，如图 12-12 所示。

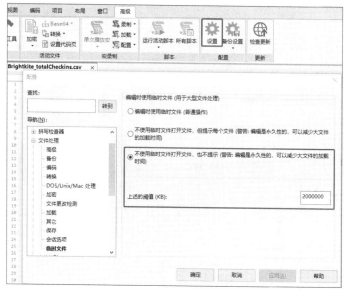

图 12-12　UltraEdit 扩容

loc-Brightkite 数据集下载并解压缩后，可得到两个文件。

（1）Brightkite_totalCheckins.txt：记录用户位置的节点文件，以制表符作为列分隔符，格式如下。

0	2010-10-17T01:48:53Z	39.747652	−104.99251	88c…6f5
0	2010-10-16T06:02:04Z	39.891383	−105.070814	7a0…ca2

（2）Brightkite_edges.txt：记录好友关系的边文件，以制表符作为列分隔符，格式如下。

0	1
0	2

由于节点文件 Brightkite_totalCheckins.txt 规模较大（364MB），普通文本编辑器如记事本、Notepad++均无法顺畅地打开这个量级的数据，而表格编辑器 Excel 和 WPS 会丢失约四分之三的数据。经测试，UltraEdit 能在 5 秒内顺利打开该文件，因此可将 UltraEdit 作为查看大规模数据文件的首选项。

针对节点文件和边文件的数据预处理步骤如下。

（1）**检查文本分隔符**。Excel/WPS 等表格工具是最常见的数据分析工具，然而不同的表格工具默认的列分隔符不同。数据规模小时，可通过工具自带的"分列"选项进行人工分列，但数据量大时，该操作十分费时。Excel/WPS 在打开后缀名为.csv 文件时，以逗号作为默认分隔符；在打开后缀名为.txt 或无后缀名的文件时，以制表符作为默认分隔符。根据实际数据情况，在 UltraEdit 中选择"主页"→"查找/在文件中替换"命令，在弹出的对话框中，将制表符批量替换为逗号，如图 12-13（a）所示。替换时注意选中 "Unix" 模式下的 "正则表达式" 复选框，才能将 "\t" 正确识别为制表符，否则会识别为普通的文本字符。后续案例没有进行分隔符替换。

（2）**调整节点文件的列**。由于 Brightkite_totalCheckins.txt 文件规模过大，直接通过 Excel/WPS 打开会提示 "数据长度超出工作表外，会丢失部分数据"。需要先将大文件分割为多个子文件，然后针对每个子文件实施操作：①删除冗余列（最后一列），降低数据的存储空间；②调换第一列和第二列的顺序，方便按日期进行排序；③将所有子文件合并为一个文件。此处有两个小技巧。

① **快速分割文件**。在 Windows 系统下安装 Git-bash 软件，打开 Git-bash 并切换到数据所在路径，输入命令 "split -l 1000000 Brightkite_totalCheckins.txt" 自动分割文件，其中，split 后 3 项分别为 "按行分割命令""行数""文件名"。分割后的文本文件无后缀名，例如 xaa、xab、xac，直接拖入 Excel/WPS 即可打开。在 Mac OS 系统下，打开 Terminal.app 输入命令 "split -l 1000000 Brightkite_totalCheckins.txt output" 可自动分割文件，最后一项为输出文件名。

② **快速合并文件**。在 Windows 系统下 Git-bash 合并命令为 "cat x* > nodes.txt"，其中 "x*" 表示一切以 "x" 开头的文件。在 Mac OS 系统下合并命令为 "cat output* > nodes.txt"，其中 "output*" 表示一切以 "output" 开头的文件。

（3）**节点文件排序及去重复**。在 UltraEdit 中打开 nodes.txt，选择 "编辑"→"排序"→"高级排序/选项" 命令，在弹出的对话框中选中 "删除重复"，并确定参与排序的开始列（第 1 个字符）和结束列（最后一个字符），从而实现数据文件的排序及数据去重，具体如图 12-13（b）所示。排序的原理是按字符的 ASCII 编码排序，而 ASCII 编码表中的数字、字母都是按从小到大排列，因此如果时间格式为 "日/月/年"，需要转换为 "年/月/日" 的格式。

（a）处理列分隔符

（b）高级排序/选项

图 12-13　UltraEdit 数据处理

（4）**添加指定标题**。用 UltraEdit 打开 nodes.txt，在第一行添加标题行"Time　Id　lat　lng"。标题中的"　"表示制表符，通过键盘的 Tab 键输入。选择"视图"→"显示"→"显示空格/制表符"命令查看制表符，确保输入正确。需要注意，列名"Id"是保证节点编号能够被 Gephi 识别的唯一写法；如果换成"id"或其他字符串，则 Gephi 会将该列内容识别为节点标签，自动生成新的 Id 列，此时节点文件和边文件无法对应。同理，打开边文件 Brightkite_edges.txt，添加标题行"Source　Target"。"Source"和"Target"同样是 Gephi 识别边文件中的源头节点和终止节点的唯一写法。

（5）**更改文件的后缀名**。Gephi 不支持导入后缀为".txt"的文件，因此需要将节点文件更名为"nodes.csv"，边文件更名为"edges.csv"。操作完成后的文件格式如图 12-14 所示。

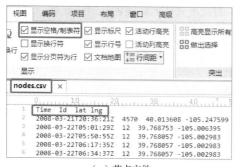
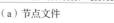

（a）节点文件　　　　　　　　　　　　　　（b）边文件

图 12-14　UltraEdit 数据处理后的节点文件和边文件

Gephi 在打开数据文件发现预设的内存不够用时，会提示重新启动并自动扩容。多数时候，我们希望一次性扩容到位，这就需要手动更改配置文件。具体操作步骤为：进入 Gephi 安装目录下的 etc/文件夹，用 Notepad++ 软件打开配置文件 gephi.conf，修改第 7 行代码中的"-J-Xmx512m"为"-J-Xmx5120m"，表示将内存占用从 512MB 扩展为 5GB，保存成功后重启 Gephi。扩容之后，打开 Gephi 新建一个工程项目，按以下步骤依次导入节点表格和边表格：

（1）**导入节点表格**。按图 12-15 所示的步骤进行操作：①进入"数据资料"窗口，选择"节点"→"输入电子表格"。②确认分隔符、节点表格、标题行等选项正确；③选择数据列及数据格式，常用的数据类型包括布尔型（Boolean）、整数型（Integer）、浮点型（Float）、双精度浮点型（Double）、字符串（String），为了简化操作，本案例只保留 Id、lat、lng 这 3 列；④确认网络类型，以及确认将节点加入当前工作区。在这个过程中，如果单击"数据资料"显示空界面，点击菜单栏中的"窗口"→"重置窗口"按钮可复原。

（2）**导入边表格**。边表格的导入步骤和节点表格的导入步骤基本相同，Gephi 能通过正确的标题行来自动识别表格和节点表格。在导入边表格的过程中，会自动添加节点表格中不存在的节点。

（3）**调整外观**。按"外观"→"节点"→"节点大小"→"Ranking"下的"度"选项设置节点尺寸，如设置最小尺寸为10，最大尺寸为100。节点颜色同样按"度"进行显示。由于边比较密集，所以统一设置为浅灰色，以降对节点的遮挡。

（4）**使用 OpenOrd 布局**。Gephi 提供的多数布局算法都运行至稳定，不限制时间，因此在大规模网络布局时效率低下。而 OpenOrd 布局是迭代至一定次数即可停止，运行时有明确的进度条，因此推荐作为大规模网络可视化的首选。OpenOrd 布局的运行过程如图 12-16 所示。

（a）选择导入的表格类型

（b）导入节点表格

（c）导入边表格

图 12-15　导入节点表格和边表格的操作步骤

（5）**按地理位置布局**。当节点包含经纬度信息时，地理位置布局是最佳选项，操作步骤如下。

① 找出并删除异常节点。进入"数据资料"→"节点"，单击"lat"或"lng"列排序，选中无经纬度的节点和经纬度为 0 的节点，单击鼠标右键，选择 ✖ **全部删除** 移除节点。注意此处不要误选 🖌 **删除所有……**（该选项是清除内容，而不会删除节点）。

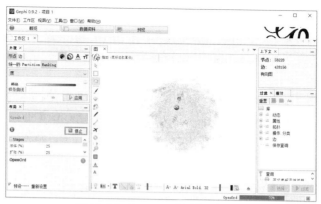

图 12-16　OpenOrd 布局的运行过程

　　② 绘制地图。如果想绘制地图边界，可按图 12-17（a）所示的提示操作：进入"概览"→"布局"，运行 Map of Countries 布局选项，选择地图样式为"Mercator"，选中"Center"复选框，单击"运行"按钮可看到世界地图背景。在实际操作中，由于 Map of Countries 提供的地图也是由节点和边组成的，当节点外观更改时，地图节点也会随之改变，很容易使画面杂乱无章。因此在大多数时候，不推荐使用 Map of Countries 地图样式，而是后期添加地图背景。

　　③ 绘制地理位置网络。可按图 12-17（b）所示，运行 Geo Layout 布局，选择经度、维度对应的数据列，选择地图样式为 Mercator，最终效果图如图 12-17（c）所示。

（a）设置 Map of Countries 布局参数

（b）设置 Geo Layout 布局参数

（c）Geo Layout 最终效果图

图 12-17　超大规模网络可视化示例

生成网络后，选择"文件"→"输出"→"SVG/PDF/PNG"命令导出图像。最终导出的图像并非"概览"界面的图表样式，而是"预览"界面的样式。"预览"界面左侧的工具箱支持对网络图的样式进行微调，如背景色、连边的曲直、标签的字体大小和样式等。设置好"预览"界面的样式后，单击工具箱右上角的 ▦ （保存）按钮，将样式保存起来。

12.2.5 Gephi 图导出到网页

尽管 Gephi 支持导出图像，但这种图像多是静态的。如果希望把网络图嵌入网页中，实现拖动、缩放、查看标签等交互操作，就需要将图像导出为网页能读取的数据形式。Gephi 支持 GEXF、JSON 等格式的数据导出。

导出 GEXF 格式数据的操作步骤为：随机打开一个 Gephi 样例图，单击"文件"→"输出"→"图文件"命令，在弹出的"输出"对话框中输入保存路径、文件名，选择保存文件类型为 GEXF 即可导出过程如图 12-18 所示。生成的 GEXF 格式数据可引入 ECharts，借助 ECharts 生成网页。

（a）输出图文件 （b）选择导出文件类型

图 12-18 导出图为 GEXF 格式数据的过程

JSON 格式数据可引入 node.js、Sigma.js 等主流 JavaScript 框架实现交互式展示。这类数据的导出需借助 JSON Exporter 插件。通过"窗口"→"插件"→"可用插件"命令搜索该插件并安装，随后重启 Gephi 完成安装。JSON 格式数据的导出步骤与 GEXF 格式数据相似。

SigmaExporter 插件支持 HTML5 交互展示，可直接将 Gephi 图导出为网页格式。该插件安装完成后重启 Gephi，在"文件"→"输出"下能看到新增了一个选项"Sigma.js template"。选中该选项，在弹出的对话框中选择导出路径，单击"确定"按钮，在路径下找到生成的 network 文件夹，用 Windows自带的 Microsoft Edge 浏览器打开 index.html 文件，即可看到网络图。导出过程如图 12-19 所示。

（a）输出图文件　　　　　　　　　　　　　（b）打开网页图

图 12-19　导出图为网页格式的过程

12.3　从社交媒体数据集中构建网络

在真实数据处理中，网络关系通常需要临时从数据集中抽取。构建网络的必备要素是节点和边，因此操作的关键在于节点和边的提取，这就需要掌握一定的技巧。

目前最常见的社交媒体数据是微博数据，也是最常见的短文本数据集。一条完整的微博数据包括发布时间、微博内容、发布设备、用户昵称、性别、城市、是否认证、总发帖数、关注数和粉丝数等属性列。在构建转发关系网络时，只需保留"用户昵称"和"微博内容"两列。如果额外引入"发布时间"，则可以构建动态网络。

首先新建一个数据文件 test.xlsx，其内容见表 12-1。

表 12-1　微博数据的原始文件

用户昵称	微博内容
张三	转发即可领奖！
李四	真的吗? @张三: 转发即可领奖！
王五	转发微博 @羊羊周报:谣言止于智者! @叮当医生:不传谣,不信谣!

其中第一条微博不存在转发关系，第二条微博存在一条边（李四，张三），第三条微博存在多次转发的情况，较为复杂。假设在第 3 种情况下，我们只提取直接转发关系，忽略间接转发，则最终的边为（王五，羊羊周报），（羊羊周报，叮当医生）。下面开始提取转发关系网络：

（1）为 Excel 安装正则表达式函数。正则表达式能帮助我们从微博内容中提取出包含用户昵称的字符串，初始 Excel 并不具备这个功能，需要进入官方网站，单击导航菜单中的"安装指南"，下载"ExcelAPI 函数库更新工具"压缩包。解压缩后，根据文件夹中的教程将工具正确安装到 Excel 或者 WPS 软件中。检验方式：安装完成后，打开任意 Excel 文件，在单元格中输入"=RegexString"的过程中，如果自动弹出函数提示，则表明安装成功！

（2）**从"微博内容"列提取被转发者的昵称**。被转发微博中会有明显的"@原作者："字符串。识别该字符串的正则表达式为：

```
=RegexString(B2,"(@[\u4E00-\u9FA5A-Za-z0-9_]+:)",1)
```

其中，第一项为内容所在单元格编号，第二项为正则表达式。如果是 Twitter 数据，则将"@"替换为"RT @"。正则表达式中符号的含义如下。

- []　　　　　　　匹配方括号内包含的任意一个字符。
- \u4E00-\u9FA5　匹配汉字（汉字 Unicode 编码区间是\u4E00～\u9FA5A）。
- A-Za-z　　　　匹配大小写英文字母。
- 0-9　　　　　　匹配数字 0～9。
- _　　　　　　　匹配下划线。
- +　　　　　　　匹配前一项元素一次或多次（即中括号中的内容）

微博昵称提取后的文件如表 12-2 所示。

表 12-2　微博数据的昵称提取后文件

用户昵称	微博内容	被转发用户昵称
张三	转发即可领奖！	#N/A
李四	真的吗？@张三: 转发即可领奖！	@张三
王五	转发微博 @羊羊周报:谣言止于智者！ @叮当医生:不传谣，不信谣！	@羊羊周报: @叮当医生:

（3）**分隔多次转发关系为多列**。①将数据文件另存为纯文本文件 test.csv，即不包含任何格式的文件，然后用文本处理工具 Notepad++打开，会看到.csv 文件的默认分隔符为逗号，如果最后一列后面有多个逗号，则表示存在空列，需要用 Excel/WPS 打开文件并删除空列；②按 Ctrl+H 组合键调出 Notepad++ 中的"替换"选项，将":@"批量替换为"，"，目的是将多次转发关系从一列分隔为多列；③用 Excel/WPS 打开 test.csv，此时"羊羊周报"和"叮当医生"已经位于不同列，选中各列，分别将"@"":""#N/A"替换为空，得到完整的被转发用户昵称；④删除"微博内容"列，以及第一行的标题，此时只剩下节点。具体操作过程如图 12-20（a）～（c）所示。

（4）**生成网络连边**。从图 12-20 中可看出，A 列为转发者，即终端节点（Target），B 列为被转发者，即源头节点（Source）。因此在数据开头加入标题"Target""Source"。接下来需要提取二次或多次转发关系。以二次转发为例，需要将 B 列和 C 列单独复制出来，删除空行后，追加到 A 列和 B 列的后面。

以此类推，将所有（Target，Source）组合提取出来，得到完整的边文件，如图 12-20（d）所示。最终的边文件导入 Gephi 即可绘制网络。

（a）用 Notepad++ 打开 .csv 文件

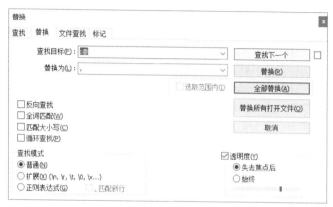

（b）全文替换

（c）用 Excel/WPS 查看替换后的文件　　　　（d）添加标题行

图 12-20　抽取节点之间连边关系

本章知识要点

1. 网络的拓扑结构主要包括三大类型：规则网络（全连接网络、星形网络、k-近邻网络等）、复杂网络（无标度网络、小世界网络）和随机网络。

2. 复杂网络是介于规则网络和随机网络中间的一种类型，现实世界的社交网络以复杂网络结构为主。

3. 借助网络的分析指标可以帮助我们分析社交网络的特征。通过纵向对比不同时期的社交网络，或者横向对比不同事件、不同群体中的社交网络的特征，更能体现所分析网络的独特之处。

4. Gephi 工具的使用对于大规模网络的可视化很重要，应重点掌握节点和边的绘制和外观调整、常见的网络布局、网络可视化步骤等。

5. 从社交数据集中构建社交网络的关键在于节点和边的提取。

【习题】

1. 在社交网络中，评估节点重要性的 4 种常见指标分别是什么?

2. 假设甲有 200 个好友，乙有 500 个好友，那么是否意味着乙的社交圈子更广、影响力更大?

3. 如果要你建一个大型娱乐商场，希望周围的顾客到达这个商场的距离都尽可能地短，那么你会如何锁定建设场所? 用选择合适的节点中心性指标来回答这个问题。

【实训】

尝试使用 Gephi 工具完善数据新闻作品。

（1）从你的数据素材中找出可用网络表示的数据。

（2）从数据中抽取出节点和边的关系，并通过 Gephi 绘制网络图。

（3）通过 Gephi 调整网络图的外观和布局，使其尽可能美观。

（4）通过 Gephi 的分析功能分析网络的各项指标，试着解释它们背后的含义。

第13章 基于 Python 的新闻数据处理及可视化

　　互联网和信息时代的发展促进了海量数据的产生，并引起金融、通信、计算机、新闻传播等多个学科领域的关注。2011 年 5 月，美国咨询公司麦肯锡正式提出"大数据时代"的概念。这标志着数据已经成为重要的生产因素，海量数据的挖掘和运用将促进新一波生产和消费结构的变革。数据不仅是指文字和数字，还包含了图片、语音、视频、表情符号等多种形式。传统的基于手工整理、Excel 表格、可视化工具的数据分析通常只适用于小规模、固定模式的数据分析任务。当今面对更多的是海量且多样化的数据，如果熟悉一门编程语言，就能实现个性化的分析目标，从数据中发现新的规律。

　　Python 是数据分析的利器，也是近些年最受欢迎的编程语言之一。它有一款优美且轻便的编程和可视化工具 Jupyter notebook，该工具不仅能在浏览器中编写和运行代码，而且能方便地展示中间结果、输出可视化图表；如果经过精心布局和设计，还能把输出结果直接导出为网页。

 学习目标

❖　学会 Jupyter notebook 环境的配置和使用；

❖　了解 Python 基本语法规则，以及常用的 3 个依赖包：pandas、matplotlib、jieba；

❖　了解基于 Python 的数据分析案例和可视化绘图。

 能力目标

❖　加深对数据挖掘技术的了解；

❖　提高个性化数据分析的执行能力。

13.1　Python 环境配置和基础语法

　　2012 年是麦肯锡提出"大数据时代"概念的第二年，这一年开始第 5 次创业的张一鸣将创业方向锁定在媒体领域，主攻新闻内容的个性化推荐。2012年 8 月，第一版"今日头条"产品上线，短短一年多时间累积活跃用户超过9 500 万，成为互联网领域的一匹黑马。今日头条创业之初大多数员工都是程序员，他们通过编程分析出海量的内容特征和产品用户特征，借助推荐算法来实现个性化的内容推荐。一个新闻热点刚出来，几秒内就会被今日头条捕获，通过机器智能匹配，推荐给可能感兴趣的用户。今日头条有源源不断的内容库、超快的分析速度、精准的内容投放，这些特质突破了传统纸媒和网络媒体的局限，给用户带来超前的、沉浸式的阅读体验。2020 年以后，个性化推荐服务几乎成为新媒体 App 的标准配置。

技术驱动的变革影响了媒体产业的发展和走向，技术驱动的大数据分析正成为新一代媒体人的专业技能。掌握一门合适的编程语言是掌握大数据分析技术的基础。一方面，互联网产生的大规模原始数据需要经过清洗才能使用，如缺失值处理、异常值检测、格式化等，计算机执行这些任务可能只需要几秒时间，换成人工处理就需要几倍的时间；另一方面，传统的可视化数据分析工具虽然能胜任常规的数据分析任务，但是如果想深入挖掘数据的价值，就需要高度定制化的分析方法。目前，先进的人工智能方法和模型多以代码的形式公开，借助这些开源代码，加上适量的自主编程，可完成高效率、低成本、高质量的数据分析任务。

"Life is short, you need Python"是近年来计算机行业流行的一句话。由于Python 的所有语句和错误提示都是口语化的，可读性高、不晦涩，大大降低了代码的阅读和理解难度，能让写代码的人专注于功能和逻辑。此外，免费开源的 Python 鼓励了大量志愿者参与社区建设，他们分享了大量工具包，极大地减少了重复劳动。可见，学会安装并使用他人共享的工具包是掌握 Python数据分析的关键。

13.1.1　Python 环境配置

Anaconda 是一个免费开源的 Python 集成开发环境。它能够自动配置 Python 开发环境，可在官网下载（本书推荐Python 3.7 版本的 Anaconda 安装包）。接着双击安装包，单击"下一步"按钮直至安装完成。

13-1　Python 安装和使用

安装完成后 Anaconda 3 可以在"开始"菜单中找到，展开目录后能看到命令行工具 Anaconda Prompt 以及自带的 3 个代码编写工具。

- **Ipython**：命令行窗口，方便简短的语法测试。
- **Spyder**：可视化编程工具，方便编写代码文件，内嵌 Ipython 窗口。
- **Jupyter notebook**：交互式 Web 开发工具，通过单元格运行代码，既可以实时查看每一条语句的运行结果，也可以通过多个单元格的组合编码完成数据分析。

Jupyter notebook 集合了 Ipython 和 Spyder 的优点，因此被采纳为本书的唯一编码工具。它需要通过 Anaconda Prompt 启动，具体步骤如下：

（1）切换盘符：命令为"盘符+英文冒号"，如在 Windows 命令行下输入"D:"可切换到 D 盘根目录。

（2）切换路径：格式为"cd+空格+具体路径"，如输入"cd D:/chinese_news/"可切换到 D 盘下的"chinese_news"文件夹下。注意，跨盘切换路径时，先要切换盘符。

（3）启动 Jupyter notebook：需要先切换路径进入文件所在地址，然后输入命令"Jupyter notebook"，才能在打开的 Jupyter notebook 界面中访问文件。如果不想每次都切换路径，则可以在开始菜单中找到"Anaconda Prompt"，单击右键，依次选择"属性"→"起始位置"，将文件所在地址填入"起始位置"文件框内并保存，即可更改 Jupyter notebook 启动的默认路径。

Jupyter notebook 的使用快捷键如下：

- 显示单元格的运行时间：在单元格第一行前输入%%time。
- 显示行号：选择菜单中的"view"→"toggle line numbers"命令显示行号。新版本的 Jupyter notebook 中没有"toggle line numbers"选项，可把鼠标指针移动到单元格外，按 L 键显示行号，再按 L 键行号消失。
- 运行单元格：按 Shift+Enter 组合键。

打开 Jupyter notebook 后，选择"New"→"Python 3"命令可新建文件，如图 13-1（a）所示。打开后的页面顶端会显示默认文件名为 Untitled.ipynb，双击文件名可重命名。每一个 Notebook 都包含 3 个主要区域：菜单栏、工具栏、单元格，如图 13-1（b）所示。在单元格中输入第一条 Python 语句"print("hello world")"进行环境测试，单击"运行"按钮，如果单元格下方屏幕正确打印出结果，则说明环境配置成功。

（a）新建 Python 文件

（b）编码界面

图 13-1 熟悉 Jupyter Notebook

Python 中有大量的第三方依赖包（又称为扩展包、工具包、组件），是社区内的程序员根据 Python 语法规则编写并封装好的代码。Python 自带的依赖包可以直接使用，第三方依赖包则需要下载到本地才能导入使用。正是这种"免费开源"的特性和理念促进了 Python 语言在近几年的飞速发展。

多数第三方依赖包都统一存放在 pypi.org 网站，该网站的网址写在 Python 的配置文件中，可通过 Anaconda Prompt 输入命令"`pip install X`"或者"`conda install X`"（X 是扩展包的名字）自动查找依赖包并下载。除了官方网站 pypi.org，还有许多非官方的 Python 组件网站，如 Unoffical Windows Binaries for Python Extension Packages 是一个非官方的 Python 依赖包下载网站，进入该网站后可按 Ctrl+F 组合键检索包名并手动下载。手动下载的 Python 依赖包文件可能包含以下 3 种后缀名，分别对应不同的安装方式：

（1）文件后缀为".tar.gz"时，首先解压缩文件，然后找到 setup.py 文件所在目录，进入 Anaconda Prompt 切换到该目录下，运行安装命令"`python setup.py install`"。

（2）文件后缀为".whl"时，通过 Anaconda Prompt 切换到文件所在目录，运行安装命令"`pip install X.whl`"（X 是文件名）。

（3）文件后缀为".egg"时，需要将后缀名改成".rar"，然后解压缩到文件夹，解压缩后注意检查入口文件"_init_.py"存在于文件夹的根目录下，接着将文件夹手动放置到 Python 依赖包存放路径，如"D:\\Anaconda3\\Lib\\site-packages"。

13.1.2 Python 基础知识

我们知道，当一个完全不熟悉计算机的人开始学习使用 Word 时，第一步是熟悉计算机操作环境，第二步是了解排版规则。学习 Python 和学习 Word 一样，第一步是熟悉环境和工具，第二步是了解编程规则。Python 入门难度相对较低，但是最后输出成果的质量如何，取决于我们的逻辑思维和经验技巧。下文借助简洁生动的案例来帮助初学者快速理解 Python 基础语法规则，进而能够读懂后续章节的代码。

1. 存储和变量

计算机的基本存储单位是比特（Binary Digit，简称 bit），1 比特存储一个用 0 或 1 表示的二进制数。我们生活的世界中的信号多数是模拟信号，以连续的波浪线形式呈现。而计算机使用的信号是离散的数字信号，因此需要将模拟信号分段，用高位表示一个脉冲（标记为比特 1），用低位表示脉冲之间的间隔（标记为比特 0），这样就实现了模拟信号和数字信号的转换。一个 64 位的计算机表示 CPU 一次最多处理 64 比特的信号，此时计算机中的汉字、英文字母、数字、符号的存储都是以 64 为单位，32 位计算机的原理类似。因此，从计算机的角度看过去，所有的存储都是 01010…0101 的格式。

变量可以被理解为一个瓶子，这个瓶子里装了人们需要的物品。为了准确无误地取出瓶子，我们需要给它贴个标签。变量赋值就是给瓶子（变量）贴上标签（变量名），标签（变量名）类似于一个索引，这个索引指向存放物品的瓶子的地址（内存地址）。赋值运算符"="用来连接变量名和我们定义的变量值，如数字赋值a=10，字符串赋值s="I am string"。重新赋值是指改变已有变量的值，通常是直接修改内存值。但是，Python 重新赋值不是简单地改变原地址存放的值，而是重新开辟一块内存地址存储新值，并更新索引指向的地址。也就是说，它不是像多数编程语言一样把瓶子里的物品倒出来，放新物品进去，而是直接生成一个新瓶子存放，把旧标签撕下来贴到新瓶子上。至于旧瓶子，如果一段时间内没有再被使用，就会被自动销毁。当同一个值被赋予多个变量，或者进行变量复制时，要尤其注意这个规则。

在 Python 语言中，变量名由英文字母、数字、下划线组成，不能包含空格和其他特殊字符，不能以数字开头，区分英文大小写。例如，data 和 Data 是两个完全不同的变量名，4_data 是违规的变量名。虽然下划线可以作为开头和结尾，但是一般不建议这么做，因为它们有特殊的用途，如私有变量名。除此之外，Python 语言本身也是程序编写的，因此它用掉了一些名字，称为保留字，这些保留字不能够再被用户使用。输入命令"import keyword; print(keyword.kwlist)"，可以查看所有保留字。

变量值是指变量名指向的数据。最基础的变量类型是数字和字符串。数字包括整型、浮点型、布尔型、复数类型。字符串（str）是被英文引号（单引号或双引号）引起来的一串字符，可以为数字、字母、下划线、空格、标点符号、特殊符号等的组合。更高级的变量类型是列表（list）、元组（tuple）、集合（set）、字典（dict），它们如同包裹一样打包了多种类型的数据，以逗号作为分隔符。常用变量类型和函数见表 13-1。

变量中，有一些特殊符号需要用到转义字符"\"（反斜杠）。反斜杠可以和字母构成一个特殊功能的符号（如"\n"表示换行符，"\t"表示制表符），还可以还原符号本身的含义（如"\\"表示反斜杠本身）。

表 13-1　变量的数据类型

变量类型	描述	举例	常见搭配函数	
数字	实数和虚数空间中的数字	num_int = 3 num_float = 3.13 num_complex = 3.1j	int() complex() float()	
字符串（str）	用英文引号引起来的一串字符	str1 = 'Hello world!' srt2 = "Hello world!"	.index() .strip() .find() .replace()	.upper() .lower() .startwith() .endwith()

变量类型	描述	举例	常见搭配函数	
列表 （list）	用方括号括起来的多个元素，元素顺序固定	lis1 = ['a', 'b', 'c'] lis2 = list('abc')	range() len() enumerate() sorted()	.append() .extend() .index() .sort() .insert() .remove()
元组 （tuple）	用小括号括起来的多个对象，定义完成后不能再改变值，类似于只读列表	tup1 = (1, 2, 3) tup2 = tuple([1, 2, 3])	len() enumerate()	.index()
集合 （set）	用花括号括起来的多个元素，不分先后顺序，类似于无序列表	set1 = {1, 3, 2} set2 = set([1, 2, 3])	.union() .intersection() .difference()	.issubset() .add() .remove()
字典 （dict）	用花括号括起来的多个"键值对"类型元素，不分先后顺序，键和值以冒号连接，表示一种映射关系	dic1 = {'name': 'john', 'age': 18} dic2 = dict() dic2['age'] = 18 dic2['name'] = 'john'	.keys() .values() .items()	.clear()

\# lis1 和 lis2，tup1 和 tup2，set1 和 set2，dic1 和 dic2，可等价替换

在变量赋值中，所有括号和标点符号都为英文的。初学者很容易混淆一些符号的使用场景，它们的介绍如下：

- **小括号()**：用来表示元组；或出现在函数名后，用来传递参数。
- **方括号[]**：用来表示列表；或出现在字典名后，根据键取出对应的值；或出现在列表名后，用来取出列表元素或列表切片。方括号的使用案例见表 13-2。

表 13-2　方括号的使用案例

案例	解释
lis[a]	取出索引为 a 的元素
lis[-a]	取出索引为（len-a）的元素（即倒数第 a 个元素，len 表示列表长度）
lis[a:b]	取出索引为 a～（b-1）的多个元素（列表切片为"左闭右开"的结构）
lis[:b]	取出索引为 0～（b-1）的多个元素
lis[a:]	取出索引不小于 a 的所有元素

说明：索引默认从 0 开始

- **花括号{}**：用来表示字典或集合（区别在于字典中的元素必须是"key: value"（键值对）的形式，集合元素为任意形式）。
- **冒号**：用来表示列表切片的分隔符；或字典键值对的连接符；或函

数后面缩进代码块的标记符。

- **逗号**：是列表、元组、集合、字典中的元素分隔符。
- **分号**：运算分隔符（当两条运算指令写在同一行时，必须用分号隔开）。

2. **运算符**

计算机中的运算通过运算指令完成，运算指令中的运算符告诉计算机执行什么类型的运算操作。下面介绍 3 种常用的数学运算：算术运算、比较运算、逻辑运算，以及 Python 特有的两种运算：成员运算、身份运算。这 5 种运算对应的运算符分别如下：

（1）算术运算符：常见的四大数学运算符——加（+）、减（-）、乘（*）、除（/），以及指数运算符（**）、求余数运算符（%）、整除运算符（//）。它们的使用优先级和数学书介绍的一致，先乘除后加减，小括号可以改变优先级。此外，上述符号都出现在赋值运算符（=）右边，还有一些自运算符可以替代等号本身，表示变量对自己的更新，包括自加（+=）、自减（-=）、自乘（*=）、自除（=/）。例如，a+=1 其实等价于 a=a+1。

（2）比较运算符：常见的比较运算符包括大于（>）、小于（<）、大于等于（>=）、小于等于（<=）、等于（==）、不等于（!=）。注意，由于等号被赋值运算符占用，因此相等关系用双等号（==）表示，而不能用等于号（=）表示。

（3）逻辑运算符：数学中逻辑运算符包括或（or）、与（and）和非（not）其优先级是"非大于与，与大于或"。逻辑运算符的整体优先级低于算术运算符和比较运算符。为避免混淆，使用多种运算符时，可以按实际优先级加上小括号。

（4）成员运算符：用于判断一个小单位是否属于一个大单位，包括属于（in）和不属于（not in）两种。这里的大单位可以是字符串、列表、元组、集合、字典。例如，print('s' in 'string')以及 print(1 in [1, 2, 3])，打印结果都为 True。

（5）身份运算符：用于判断两个变量指向的地址是否一致，包括是（is）和不是（is not）两种。身份运算符 is 和比较运算符==的区别在于，前者要求地址和值完全相同才返回 True，后者只需要二者的值相等，即返回 True。

3. **条件判断语句**

如果希望计算机像人一样根据不同情况做出不同的反应，就需要用到条件判断语句。一条完整的条件判断语句有 4 个要素：if 关键字、判断条件、冒号和缩进的代码块。If 语句中的代码块需要整体缩进 4 个空格，标记着代码的开始和结束位置。代码块里还可以嵌套多条子 if 语句，每条子语句都需要有自己的缩进。条件判断语句的语法如下：

```
if 判断条件：
    缩进代码块
```

判断条件分为如下 3 种情况：

（1）算术运算，返回值为 0 表示条件不成立，此外的任何值都表示条件成立；

（2）比较运算、逻辑运算、成员运算、身份运算时，返回值为 False 表示条件不成立，返回值为 True 表示条件成立；

（3）如果判断语句不是运算而是一个单独的非空对象（非空字符串、非空列表、非 0 数组等），则表示条件成立，反之条件不成立。

此外，当一个条件不满足时，可以通过 elif 语句、else 语句进行补充。elif 即 else if 的缩写，可以使用多次。else 语句只有在 if 语句和所有 elif 语句都不工作的情况下才会生效，放在最后使用。下面是一个典型的 if-elif-else 语句例子。

```
if ('str' in 'string') and (1 >2):
    print("Wrong condition! This sentence should not be printed!")
elif ('str' in 'string'):
    print("You are right!")
else:
    print("This sentence should not be printed!")
```

代码里的关键字和条件判断语句之间也以空格区分，就像英文句子的单词以空格区分一样。条件判断也可以用于变量的赋值，称为条件赋值。例如：

```
a = 1 if (1+1==2) else 0       # 条件满足, a=1
b = 1 if (1+1>2) else 0        # 条件不满足, b=0
```

4. 循环语句

大多数时候，重复性劳动是一件烦人的事情。如果能让计算机来做这些事，人就能专注于更有创造性的事情。计算机可通过计数循环和条件循环来实现重复操作。

（1）计数循环，又叫作 for 循环。扫描一个列表，逐个取出列表元素进行操作。如果希望循环运行多次，就可以借助 range() 函数快速创建多维数字列表。如果同时获取列表元素的索引和值，就可以借助 enumerate() 函数。具体案例如下：

```
# 遍历数字列表            # 遍历列表索引、列表元素
for i in range(1000): for (i, v) in enumerate(['a', 'b', 'c']):
    print(i)                  print(i, v)
```

在列表内组合使用条件判断和计数循环，可快速操作列表元素。例如：

```
lis = [1, 2, 3]
lis1 = [it+1 for it in lis]         # lis1 = [2, 3, 4]
lis2 = [it+1 for it in lis if it>1] # lis2 = [3, 4]
```

（2）条件循环。没有数字的计数，通过条件判断跳出循环，又叫作 while 循环。条件循环会在"不满足循环条件"的情况下终止，如果设置了错误的循环条件，就可能陷入无限循环，此时可按 Ctrl+C 组合键强制终止循环。此

外，while 循环和 for 循环都可以通过关键字 continue 跳过某轮循环，通过关键字 break 彻底终止循环。具体案例如下：

```
# 条件循环              # 条件循环，带 continue      # 条件循环，带 break
i = 0                 i = 0                      i = 0
while i<10:           while i<10:                while i<10:
    i = i+1               if i==0:                   if i==0:
                              continue                   break
                         i = i+1                    i = i+1
```

5. 函数

函数是把各种语句收集起来构成一个功能模块的代码块。定义函数时，通过 def 关键字创建函数，随后是函数名。函数名后紧跟着一对小括号，小括号内装着函数的形式参数，接着是缩进的代码块。函数定义语法如下：

```
def 函数名：
    执行语句
    return 返回值
```

函数调用通过传递参数的方式给这些形式参数赋予实际的值，随后主程序跳转到函数内部执行，return 给出函数返回值，没有被调用的函数则会被主程序忽略。具体案例如下：

```
# 无参数和返回值               # 有输入参数和返回值
def say_hello():             def str_to_list(string):
    print("Hello!")              return list(string)
say_hello()                  lis = str_to_list("Hello")
```

6. 类和对象

类是用来表示一类物体的属性和功能的代码块，对象是类的实例。例如，球类有颜色、半径等属性，也有"求面积""求体积"等功能需求。类的定义使用 class 关键字，内部封装着表示属性的类变量和表示功能的类函数。定义类的语法如下：

```
class 类名：
    def _init_(self, 参数):
        self.变量名 = 值
    def 函数名(self, 参数):
        函数语句
```

在上述语句中，_init_()是构造函数，用来初始化类变量。构造函数和其他类函数都可以像普通函数一样定义，区别在于构造函数会在对象生成时被自动执行一次，普通函数则不会。所有类变量前都有"self."，所有类函数的第一个参数也是"self"。这是因为一个类可以实例化为多个对象，不同对象都可以使用类的变量和函数，self 关键字能将变量和函数绑定到正在操作的对象。当类实例化为对象之后，可以通过对象名来调用属于类的变量和函数。对象的初始化和使用语法如下：

- 创建对象：对象名 = 类名(参数)

- 调用类变量：对象名.类变量
- 调用类函数：对象名.类函数(参数)

7. 模块

有时候，我们希望能够重复利用已经写过的函数，这时可以把它们放到一个单独的 Python 文件中，这个文件就是一个模块，通过 import 关键字可在另一个文件中导入这个模块，使用模块内的函数。例如，将工具函数 get_date() 放在 utils.py 文件中，有 3 种导入模块的方式。

# 导入模块	# 导入模块并重命名	# 从模块导入函数
import utils	import utils as U	from utils import get_date
date = utils.get_date()	date = U.get_date()	date = get_date()

变量、函数、类、模块可看作从小到大的 4 只桶。变量可以看作最小的桶，这只小桶如果贴着列表、字典、元组、集合的标签，则可以继续装更小的桶；如果贴着整数、浮点数、字符串、布尔数的标签，则装不下其他小桶。函数可以看作特殊的类，通常用它封装变量及变量操作，也可以嵌套子函数。类的桶里可以装函数和变量。模块这只桶最大，可以同时封装类、函数、变量。

8. 路径和文件

路径是操作系统中标记文件或文件夹存放地址的字符串。Windows 系统中最根部的路径是盘符，是最大的一个文件夹。文件夹里面可以嵌套子文件夹。进入根文件夹后，层层打开子文件夹，上级文件夹和下级文件夹通过反斜杠（\）连接，使得每个文件夹名都变成路径中的一部分，例如 Windows 公共桌面的路径为 "C:\Users\Public\Desktop"。

Windows 路径可以直接从地址栏中复制，却不能直接用在 Python 语言中。上文提到，反斜杠在 Python 字符串类型中表示转义字符，它和路径中的字母连接在一起可能构成特殊符号，会影响路径查找。因此需要对 Windows 路径中的连接符做特殊处理。一种处理方式是用斜杠（/）作为路径连接符，如 path="C:/Users/Public/Desktop"；另一种处理方式是用双反斜杠（\\）作为路径连接符，如 path="C:\\Users\\Public\\Desktop"。这两种路径表示方式都能被 Python 正确识别。

文件有名称、类型、位置、大小 4 个属性。文件名中通常有一个点，点前面是文件名，点后面是文件类型，如 news.csv 表示无格式文本文件。文件存放路径加上文件名，构成该文件的存放路径，如 C:/Users/Public/Desktop/news.csv 表示文件存放的绝对路径。

（1）绝对路径与相对路径：绝对路径是存放文件的目录的绝对位置，通常是以盘符为起点的完整路径，例如 C:\Anaconda3。输入绝对路径，可以方便地访问计算机任何位置的文件，缺点是一旦整个文件夹被移动则绝对路径会失效。相对路径是以当前文件所在的目录为根目录，当前位置用点（.）表示，上级目录用两个点（..）表示。例如，访问当前目录下的文件可直接输入

"filename.txt"或"./filename.txt"，访问上级目录下的文件则输入"../filename.txt"。为了方便代码迁移，在代码内部通常使用相对路径。

相对路径和绝对路径都包含上下级目录的分隔符，分隔符可以是斜杠（/）或者反斜杠（\）。但是由于反斜杠在 Python 语言中有转义字符的作用，所以通常使用斜杠（/）、双反斜杠（\\）作为分隔符。在复制 Windows 文件路径时尤其需要注意这一点。

（2）文件读写：在获取文件路径后，通过 open 关键字可以打开文件进行读写操作。Python 提供了多种文件打开方式，最常见的 3 种为"r"（只读）、"w"（只写）和"a"（追加写）。只读型打开方式可保证文件不会被改动，如果文件不存在则报错。只写型打开方式会把文件内容清空，如果文件不存在则创建文件。追加写打开方式会在原有文件内容的末尾写入数据，如果文件不存在则创建文件。

常见的读文件的函数主要有 3 种：read()——读取所有内容，readline()——只读取一行；readlines()——读取所有行并存入列表。写文件的函数只有一种：write()——写入字符串到文件，换行符需要自己在字符串中指定。文件读写完成后，通过函数 close()关闭文件，否则其他进程无法访问。推荐使用 with open 语句，不仅能打开文件，还会自动关闭文件，常见于只读类型的文件操作，案例如下：

```
# 读取文件                          # 追加写文件
with open(path,"r") as fr:         with open(path, 'a') as fa:
    lis = fr.readlines()               fa.write("Hello!")
```

（3）把原始数据类型存起来：文件读写的方式只能存储字符串，所有对象都需要转化为字符串，这就损失了数据格式。当重新读取这些数据时，需要烦琐的操作才能把它们还原为原来的类型。能不能把原始数据类型存起来呢？答案是有，且不止一种方式。

① pickle 模块：能够以二进制格式存储几乎所有的 Python 对象，缺点是文件可读性差，不能人工打开查看。

② json 模块：能以字符串格式存储 Python 基本数据类型，文件可读性好，缺点是不支持自定义对象的存储。

③ yaml 模块：既能像 pickle 模块一样存储 Python 对象，又像 json 模块文件一样具有可读性，缺点是兼容性不好，在不同 Python 环境下可能存在数据无法识别的问题。

使用 pickle 存取数据的案例如下：

```
import pickle
data = [1, 2, 3]
with open("a.pickle", "w") as fw:  # 文件存储
    pickle.dump(data, fw)
```

```
with open("a.pickle", "r") as fr:    # 文件加载
    fdata = pickle.load(fr)
```

13.2   新闻数据处理及可视化案例

少量数据内容的分析可依靠人工，海量数据的分析则依靠模拟人工思路的自动化处理方法。本节主要介绍如何对新闻数据进行简单的统计分析。

本节需要用到的第三方 Python 依赖包如下。

13-2 Python
新闻数据处理及
可视化案例

- numpy：高效数值计算。
- pandas：表格式数据存储。
- tqdm：绘制进度条。
- matplotlib：绘图。
- seaborn：绘图。

13.2.1   数据统计及可视化

进入 kaggle 官方网站，搜索"新闻联播（Chinese official daily news）"数据集并下载。在数据可视化过程中，可使用个性化的中文字体，本节以字体 SourceHanSansCN 为例介绍自定义字体设置，该字体可在 github.com 网站下载。

在 D 盘根目录下新建文件夹，命名为"chinese_news"，目录"D:/chinese_news"即为工程的根目录。将下载的数据包中的"chinese_news.csv"文件和字体包中的"SourceHanSansCN-Regular.otf"文件解压缩到该目录下。接着，启动 Anaconda Prompt，切换到工程的根目录下，启动 Jupyter notebook，新建 Jupyter 文件，重命名为"code.ipynb"。

接下来以单元格形式展示该文件的完整代码和运行结果。每个单元中的第一列为顺序编号，表明该单元在整个文件中的位置。

1. 数据读取

pandas 包提供了迅速读取文本文件的函数 read_csv()，读取数据后自动存为 DataFrame 类型。在单元格末尾调用 head() 函数，可查看数据格式。输入见 In[1]，输出见表 13-3。

```
In[1]:    1    #通过 pandas 读取数据
          2    import pandas as pd
          3    data_df = pd.read_csv('./chinese_news.csv')
          4    data_df.head(3)
```

表 13-3　In[1]输出结果

	date	tag	headline	content
0	2016-01-01	详细全文	陆军领导机构火箭军战略支援部队成立大会在京举行 习近平向中国人民解放军陆军火箭军战略支援部队...	中国人民解放军陆军领导机构、中国人民解放军火箭军、中国人民解放军战略支援部队成立大会 2015...
1	2016-01-01	详细全文	中央军委印发《关于深化国防和军队改革的意见》	经中央军委主席习近平批准，中央军委近日印发了《关于深化国防和军队改革的意见》...
2	2016-01-01	详细全文	《习近平关于严明党的纪律和规矩论述摘编》出版发行	由中共中央纪律检查委员会、中共中央文献研究室编辑的《习近平关于严明党的纪律和规矩论述摘编》……

下面介绍 pandas 包的两个常用数据类型。

（1）Series：带标签的一维数组。Series 的每个元素都通过索引获取，索引默认为数字编码，也可在初始化时通过 index 选项进行字符串编码。例如：

- 定义序列：s = pd.Series([4,7,-5,3], index=['a','b','c','d'])；
- 读取序列值、序列索引：s.values，s.index；
- 通过序列索引获取序列值：s['a']。

（2）DataFrame：二维的表格型数据结构（矩阵形式），可以理解为 Series 的容器。该格式存储的数据可方便地按行、列读取，index 为行索引，columns 为列索引。

- 定义 2 行 2 列的矩阵：df = pd.DataFrame([[1,2,3], [4,5,6]], index = ['ind0', 'ind1', 'ind2'], columns = ['column0', 'column1', 'column2'])。
- 读取第一列：df['column0']或 df.column0，注意前者有方括号和引号，后者则没有。
- 读取第一行：df.loc['ind0']或 df.iloc[0]，要注意的是，loc 函数用字符串索引，iloc 函数用数字索引，两个函数都跟着方括号。
- 切片功能：df.loc['ind0':'ind2', 'column0':'column2'] 或 df.iloc[0:3,0:3]。二者都通过冒号实现切片功能，即读取连续的行和列。区别在于，loc 方式的冒号后的索引表示的列会被切下来，iloc 方式的冒号后的数字指向的列不会被切下来。

此外，pandas 还有丰富的功能函数，在需要时可在搜索引擎输入关键词检索案例，或查看 pandas 函数说明，在命令行输入 help()是最简洁的获取使用说明的方式。

接下来要完成的任务主要由两部分组成：一是统计不同时间周期下的新闻

数，观察其与日期的联系，只需要用到 date 列；二是从新闻的标题和文本中提取关键词，绘制关键词云，需要用到 tag、headline、content 列。因此，首先在 In[2]单元格中将数据切割成两部分，输出结果见 Out[2]。

```
In[2]:    1  #按文本、日期分开读取数据，方便统计分析
          2  import pandas as pd
          3  text = pd.read_csv('./chinese_news.csv',usecols=['tag', 'headline', 'content'])
          4  dates = pd.read_csv('./chinese_news.csv',usecols=['date'])
          5  print(text.shape, dates.shape)
Out[2]:   (20738, 3) (20738, 1)
```

原始数据中的日期以"年-月-日"的格式存储，初始类型为字符串。通过 pandas 下的 to_datetime()函数，可以把字符串转化为日期，此时类型转换为对象（即以 class 关键字定义的数据结构），包含年、月、日、星期几等具体数值。提取具体日期信息后，pandas 可通过"列名-列值"的方式为 dates 增加新列，只需一行语句即可实现。日期的提取见 In[3]，结果展示见 Out[3]。

```
In[3]:    1  #提取 datetime 的年、月、日，存为 dates 的新列
          2  dates['datetime'] = dates['date'].apply(lambda x: pd.to_datetime(x))
          3  dates['year'] = dates['datetime'].dt.year
          4  dates['month'] = dates['datetime'].dt.month
          5  dates['dow'] = dates['datetime'].dt.dayofweek
          6  print(dates.shape)
          7  dates.head(3)
Out[3]:   (20738, 5)
```

	date	datetime	year	month	dow
0	2016-01-01	2016-01-01	2016	1	4
1	2016-01-01	2016-01-01	2016	1	4
2	2016-01-01	2016-01-01	2016	1	4

2. 可视化

Jupyter notebook 的一大优势在于，数据处理和可视化能够在同一页面中操作，且互不干扰。在传统编程工具中，如果数据操作和绘图在同一文件中，每次调整绘图都需要重新生成一次数据，这种方式不适用于海量数据处理的情况，时间消耗巨大。一种解决方案是先把绘图的数据导出为文件，然后在另一文件中读取数据、绘制图表，流程上烦琐许多。而 Jupyter notebook 可将数据的生成过程单独放置在一个单元格内，将可视化代码放在另一个单元格内，实现数据操作和可视化的解耦合。

本案例主要用到以下两个 Python 绘图依赖包：

● Matplotlib：基础绘图工具，用于设置画布大小、添加横纵坐标，主要用到的函数有：figure()函数设置画布，title()函数设置标题，xlabel()函数设置横坐标的标签，ylabel()函数设置纵坐标的标签。

- Seaborn：是建立在 matplotlib 基础上的升级绘图工具，更容易绘图。

Seaborn 通过 set 函数和 set_style 函数设置主题风格，通过一行简单命令即可绘制图表，如条形图（barplot）、折线图（lineplot）、箱线图（boxplot）、散点图（pointplot）、热力图（heatmap）等。以计数图为例（在 Seaborn 中，柱状图就是基础的计数图），绘图步骤见 In[4]～In[6]，输出的计数图如图 13-2 所示。

```
In[4]: 1  # 导入绘图包 seaborn、matplotlib
       2  import matplotlib.pyplot as plt
       3  import seaborn as sns
       4  %matplotlib inline
```

```
In[5]: 1  # 导入个性化中文字体
       2  import matplotlib.font_manager as fm
       3  prop = fm.FontProperties(fname='./SourceHanSansCN-Regular.otf', size=15)
       4  # 使用系统字体: prop = fm.FontProperties(family='STsong', size=15)
```

```
In[6]: 1  # 绘制计数图
       2  plt.figure(figsize=[6, 4])
       3  sns.set(font_scale=1.5, font='Times New Roman')
       4  sns.countplot(x='year', data=dates)
       5  # 设置标题、行标签、列标签
       6  plt.title('按年统计的新闻数', fontproperties=prop, fontsize=16, color='black')
       7  plt.ylabel('新闻数', fontproperties=prop);
       8  plt.xlabel('年份(2018 年截止到 10 月 09 日)', fontproperties=prop);
```

图 13-2　In[6]输出的计数图

按年份统计的数据粒度过大，有时候我们希望按月份进行数据统计。pandas 的 groupby()函数能实现迅速归类，见 In[7]。随后，继续调用统计函数完成不同功能，如 count 计数、sum 求和、mean 求均值、median 求中位数、min 计算最小值、max 计算最大值和 std 计算样本标准差等。只要函数的生成结果为 DataFrame 类对象，就能够连续调用它自带的类函数。

```
In[7]:      1    # 按月份顺序统计
            2    month_df = dates.groupby(['year', 'month']).count()
            3    month_df.head(3)
```

Out[7]:

year	month	date	datetime	dow
	1	527	527	527
2016	2	481	481	481
	3	578	578	578

函数 sns.scatterplot()和 sns.lineplot()可绘制折线图，输入见 In[8]，输出的折线图如图 13-3 所示。

```
In[8]:      1    # 绘制点线图
            2    x_data = [i for i in range(34)]
            3    y_data = month_df['date']
            4    plt.figure(figsize=[10, 5])
            5    sns.scatterplot(x=x_data, y=y_data)
            6    sns.lineplot(x=x_data, y=y_data)
            7    plt.title('按月份统计的新闻数', fontproperties=prop)
            8    plt.ylabel('新闻数', fontproperties=prop)
            9    plt.xlabel('月份', fontproperties=prop)
```

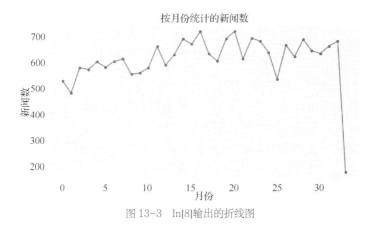

图 13-3　In[8]输出的折线图

随着数据处理的粒度越来越精细，如何最大限度保留有效信息成为一项新的挑战。In[9]中，我们尝试精确到"天"来计算新闻数，并生成覆盖 1 008 天的新闻数据的横纵坐标。如果将全部数据按折线图展示出来，就发现能观察到的规律并不明显。在数据较多的情况下，散点图是较为直观和美观的展示方式。In[10]提供了绘图步骤，每个日期都被映射到一周的第 0 天~第 6 天，依次对应星期日~星期一，绘制的散点图如图 13-4 所示。

```
In[9]:  1 #横坐标数据生成：日期去重复，并对应到每周第几天
        2 x_data = list(dates.drop_duplicates(['date'],
                      keep='first', inplace=False)['dow'])
```

```
3 #纵坐标数据生成：按日期统计的新闻数
4 y_data = list(dates.groupby("date").count()['datetime'])
5 len(x_data), len(y_data)
Out[9]: (1008, 1008)
In[10]:1 #绘制散点图
2 plt.figure(figsize=[10, 5])
3 sns.swarmplot(x=x_data, y=y_data)
4 plt.title('按天统计的新闻数', fontproperties=prop)
5 plt.ylabel('新闻数', fontproperties=prop)
6 plt.xlabel('每周第几天', fontproperties=prop)
```

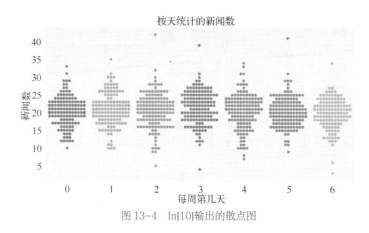

图 13-4　In[10]输出的散点图

散点图提供了直观的数据展示。我们从图 13-5 中可观察到，周日到周二的新闻数相对规律，呈现中间齐、两头窄的双锥形。从周三开始到周六，视觉重心逐渐下沉，双锥形演化为上宽下窄的鱼形。

如果想获得更精细的数值证据，可以考虑箱线图。箱线图可以准确观察数据是否对称、分布的分散情况，用于多组数据的对比等，在科学论文中比较常见。箱线图是专门显示数据分布特征的统计图，如图 13-6 所示。它的绘制方法如下：

（1）找出一组数据的四分位数、异常值、上边缘、下边缘。

（2）用两个四分位数绘制箱体的上下边，中位数绘制在箱体中。四分位数的计算过程如下：把所有数值由小到大排列并分成四等份，处于 3 个分割点位置的数值就是四分位数，从小到大依次标记为 Q1、Q2、Q3。其中，Q3 与 Q1 分别用于绘制箱体的上下边，二者的差距又称四分位距（Inter Quartile Range，IQR），Q2 为中位数。

（3）异常值的识别是根据四分位距算出来的：把 Q3+1.5IQR、Q1-1.5IQR 的位置标记为内限，处于内限以外的都是异常值；把 Q3+3IQR 和 Q3-3IQR 的位置标记为外限，外限以内的异常值为温和异常值，否则为极端异常值。

（4）上边缘和下边缘表示数据中非异常值的最大值和最小值，在图 13-5 中表示为两条线段。

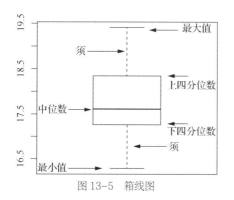

图 13-5　箱线图

在 In[11]单元格中，将散点图的数据用箱线图来展示。输出的箱线图如图 13-6 所示。

```
In[11]:    1    # 绘制箱线图
           2    plt.figure(figsize=[10, 5])
           3    sns.boxplot(x=x_data, y=y_data)
           4    plt.title('按周统计的新闻数', fontproperties=prop)
           5    plt.ylabel('新闻数', fontproperties=prop)
           6    plt.xlabel('每周第几天', fontproperties=prop)
```

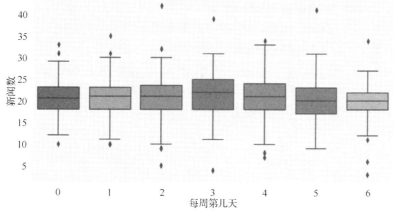

图 13-6　In[11]输出的箱线图

媒体中的新闻通常是分门别类地管理，因此收集到的文本数据通常会带类别标签。这些类别信息可以用于新闻的自动归类。在 In[12]单元格中，先将各类别下的新闻数以计数图的形式展示，输出的柱状图如图 13-7 所示。在 seaborn 中，基础的计数图就是柱状图，省去了计算横纵坐标值的过程。

```
In[12]:1    #统计不同标签(tag)下的新闻数
      2    plt.figure(figsize=[6, 4])
      3    ax = sns.countplot(x='tag', data=text)
      4    ax.set_xticklabels(ax.get_xticklabels(), fontproperties=prop);
      5    plt.title('不同标签下的新闻数', fontproperties=prop)
      6    plt.ylabel('新闻数', fontproperties=prop)
      7    plt.xlabel('标签', fontproperties=prop)
```

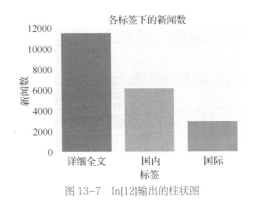

图 13-7   In[12]输出的柱状图

13.2.2   自动生成网页版数据新闻

制作数据新闻时，需要将图片和文字制成 HTML 网页形式。Jupyter Notebook 支持隐藏代码，并导出只包含说明文字和图像的 HTML 网页，只需要在代码最开头插入一个新单元格，原封不动地输入下列的代码：

13-3 Python 自动生成网页版数据新闻

```
In[1]:1  from IPython.display import display
     2  from IPython.display import HTML
     3  import IPython.core.display as di
     4  di.display_html('<script>jQuery(function() {if (jQuery
        ("body.notebook_app").length == 0) { jQuery(".input_
        area").toggle(); Query(".prompt").toggle();}});</script>',
        raw=True)CSS = """#notebook div.output_subarea {max-width:
        100%;}"""
     5  HTML('<style>{}</style>'.format(CSS))
```

运行该代码之后，选择 "File" → "Download as" → "HTML(.html)" 命令就可以输出网页。网页将会下载到浏览器默认的下载地址。

此外，还可以将单元格设置为 MarkDown 模式，从而制作内容元素丰富的网页。首先选中单元格，选择 "Cell" → "Cell Type" → "MarkDown" 命令，可将单元格转化为 MarkDown 文本框。Markdown 单元格内可编辑标题、段落，支持插入图片、动画等素材。简单的文字排版语法如下：

```
#【标题格式】
```

```
# 这是一级标题
## 这是二级标题
### 这是三级标题(多级标题递增#号)
# 【段落格式】
<center>  <!--开始居中对齐-->
<p>这是普通段落</p>
</center>  <!--结束居中对齐-->
# 【列表格式】
* 这是无序列表
* 这是无序列表
1. 这是有序列表
2. 这是有序列表
# 【字体】
*我是斜体*
**我是粗体**
***我是加粗斜体***
~~我是删除线~~
++我带着下划线++
# 【引用】
>我是一级引用
>>我是二级引用
>>>我是三级引用(多级引用继续加尖括号)
```

图片的插入有两种方式：带小括号的路径和基于<img>标签的代码。网络图片和本地图片均支持插入，案例如下：

```
# 【插入图片】
![网络图片](网址)
![网络图片]<img src="网址" width=280>
![本地图片](./mask.jpg)
![本地图片]<img src="mask.jpg" width="40%">
```

视频的插入需要借助<vedio>标签。如果插入网络上的音视频，则需要找到带音视频后缀标记（.mp4，.avi，.wmv，.mpeg 等）的原始文件，由于版权限制，这类素材已经很难直接从视频网站获取。插入本地音视频相对更容易，只需在<source src="">中填入相对路径或绝对路径。

下面以插入本地音视频为例进行讲解。该案例中，<vedio>标签内的高度和宽度设置了 Jupyter notebook 中显示的视频大小，而<source>标签内的高度和宽度设置生成的 HTML 网页中的实际视频窗口大小，建议二者保持一致，方便调试。音频的插入使用<audio>标签，和视频的插入方式类似。

```
# 【插入本地视频】
<video height="360px" width="640px" controls="" preload="none"
```

189

```
poster="网址">
    <source height="360px" width="640px" src="./vedio.mp4",type=
'vedio/mp4'>
    </video>
# 【插入本地音频】
<audio controls="" preload="none">
<source src="./music.mp3">
</audio>
```

本章知识要点

1. Python 基础知识包括变量、运算符、条件判断语句、循环语句、函数、类、模块、路径和文件读写等。

2. Jupyter notebook 有极强的交互能力，传统编辑器需要写完一页代码再运行，而 Jupyter notebook 能够一行一行地运行代码。

3. Jupyter notebook 能实时查看数据的原始格式和可视化效果，且能方便地将结果导出到网页。

【习题】

1. 下载并安装 Anaconda 包，学会 Anaconda Prompt 和 Jupyter Notebook 的使用，并思考 Jupyter notebook、Spyder、Ipython 的适用场景分别是什么？

2. Python 中的变量名、变量值分别起什么作用？最常见的变量类型有哪些？

3. 谈一谈你理解的 "函数" "类" "对象" 的使用范围。

第14章 人工智能方法在数据新闻中的应用

人工智能是指通过一定的理论、方法和技术，使计算机能够学习和模仿人类行为活动规律和认知理解模式，并通过构建智能系统来完成过去只有人的智力才能胜任的工作，扩展机器智能。通俗地说，人工智能使得机器像人类一样思考，甚至在复杂任务的处理上超越人类智能。

自然语言处理技术和机器学习是人工智能领域的两大重要方向。自然语言处理技术致力于提高机器对人类语言理解的准确率，使得计算机能够批量处理以文本、音频、图片等形式呈现的人类语言。机器学习主要通过学习历史经验和数据来提升算法性能，综合了概率论、统计学、近似理论、算法复杂度理论等多学科知识，是一门跨学科的人工智能方法。本章以 Python 依赖包 jiagu 和 sklearn 为例，介绍自然语言处理技术和机器学习方法在数据新闻中的应用实践。

 学习目标

❖ 了解常见的自然语言处理技术，如词法分析、篇章分析、知识挖掘等；
❖ 了解常见的机器学习的类型和使用步骤；
❖ 了解封装了人工智能方法的 Python 依赖包，如 jiagu、sklearn。

 能力目标

❖ 能够理解人工智能的方法、概念、使用场景；
❖ 能够独立运行书中代码，提升动手实践能力。

14.1 基于 jiagu 的自然语言处理实践

让机器像人类一样思考和沟通是众多科幻小说中的愿景。2016 年，法国电影《她》上映。该电影展示了一个强大的名为 OS 的人工智能系统，该系统出厂时，工程师只做了最基础的设定，然而在与用户交互的第 1 秒开始，OS 就开始不断地分析、学习、自我进化，逐渐形成了主观意识、性格、情感、求知欲。人机对话是贯穿这部电影始终的线索，展现了自然语言处理的未来图景。

进入 20 世纪以来，高性能计算机系统的发展和语料库的丰富促进了自然语言处理技术（Nature Language Processing，NLP）、机器学习（Machine Learning，ML）、深度学习（Deep Learning，DL）等人工智能技术的发展，"让机器像人类一样思考"正在从科幻走向现实。这些人工智能技术的开发或多或少会受到人的思维、学习过程的启发，例如机器理解自然语言正是模拟了人类学习语言的过程。

本节介绍一个初学者能快速入手的 Python 工具包——jiagu（甲骨）。jiagu 提供中文分词、词性标注、命名实体识别、情感分析、知识图谱关系抽取、关键词抽取、文本摘要和新词发现等常用功能。

14.1.1　词法分析

前文提到，汉语与英文不同，汉语中的词和词之间没有明确的空格分隔符，因此词法分析任务紧紧围绕着中文分词、词性标注、命名实体识别这三部分内容展开研究，是句法分析和语义分析的基础。

1. 中文分词

jiagu 包提供了两个分词函数：jiagu.seg()和 jiagu.cut()。这两个函数都采用精准分词模式，词语之间无重复出现的字。两个函数的切分结果基本相同，见 In[1]单元格。通过 jiagu.load_userdict()加载用户自定义的词典，加载后，分词函数遇到这些词语会自动归为一个词，不做二次切分。词典的词汇量小时，可以存储在 Python 字符串列表中，见 In[1]第 9 行；词典的词汇量大时，可把自定义词语存在本地文件中（本案例中自定义的文件名为 user.dict），词语之间以换行符分隔。分词完成后，可以得到由中文词语组成的字符串列表。

```
In[1]:     1    import jiagu
           2    text = '''上海市垃圾分类是超大城市精细化治理试验田'''
           3    # 直接分词
           4    words = jiagu.seg(text)
           5    print（"直接分词:", words)
           6    words = jiagu.cut(text)
           7    print（"直接分词:", words)
           8    # 加载自定义字典（支持字典列表、字典路径形式）
           9    jiagu.load_userdict(['超大城市'])
           10   # jiagu.load_userdict('./user.dict')
           11   words = jiagu.seg(text)
           12   print（"字典分词:", words)
```

```
Out[1]:                 直接分词：['上海市', '垃圾', '分类', '是', '超大',
                 '城市', '精细化', '治理', '试验田']
                        直接分词：['上海市', '垃圾', '分类', '是', '超大',
                 '城市', '精细化', '治理', '试验田']
                        字典分词：['上海市', '垃圾', '分类', '是', '超大城市',
                 '精细化', '治理', '试验田']
```

2. 词性标注

词性标注是指将语料中的词语按其含义和上下文环境进行标记。词性（Part-Of-Speech，POS）是指词的语法特征，也叫作词类。汉语的词类系统包含 18 个大类，其中包括 7 类体词、4 类谓词、5 类虚词、代词和感叹词。英文的词类系统包含 10 个大类，其中包括名词、代词、形容词、副词、动词、数词、冠词、介词、连词和感叹词。词性的统计可辅助识别文章体裁。例如，诗歌中感叹词、形容词的比例较高；学术论文中名词、代词、连词的使用相对频繁；广播和电视节目中的副词比例明显低于报纸和网络，同时语气词用量偏高等。

jiagu.pos()函数可实现词性标注功能，用法见 In[2]第 2 行。函数返回值为词性标注的各种符号，具体说明见表 14-1。

表 14-1　词性标注说明

n	普通名词	v	动词	u	助词
nt	时间名词	vd	趋向动词	e	叹词
nd	方位名词	vl	联系动词	o	拟声词
nl	处所名词	vu	能愿动词	i	习用语
nh	人名	a	形容词	j	缩略语
nhf	姓	f	区别词	h	前接成分
nhs	名	m	数词	k	后接成分
ns	地名	q	量词	g	语素字
nn	族名	d	副词	x	非语素字
ni	机构名	r	代词	w	标点符号
nz	其他专名	p	介词	ws	非汉字字符串
		c	连词	wu	其他未知的符号

3. 命名实体识别

命名实体识别是指从文本中识别出"人名、地名、机构名以及其他所有以名称为标识的实体"。命名实体可分为三大类（实体类、时间类、数字类）和七小类（人名、地名、组织机构名、时间、日期、货币和百分比）。其中，时间、日期、货币等实体构成的规律比较明显，可通过正则匹配实现。狭义上的命名实体识别任务是找出人名、地名、组织机构名这3 类命名实体。

jiagu.ner()函数能够识别词汇列表中的命名实体，用法见 In[2]第 4 行。命名实体符号说明如下（采用 BIO 标记方式）：B-PER、I-PER 表示人名，B-

LOC、I-LOC 表示地名，B-ORG、I-ORG 表示机构名，O 表示非命名实体。

```
In[2]:  1  Print(words)
        2  pos = jiagu.pos(words)   # 词性标注
        3  print(pos)
        4  ner = jiagu.ner(words)   # 命名实体识别
        5  print(ner)
Out[2]:  ['上海市', '垃圾', '分类', '是', '超大城市', '精细化', '治理', '试验田']
         ['ns', 'n', 'v', 'vl', 'v', 'n', 'v', 'n']
         ['B-LOC', 'O', 'O', 'O', 'O', 'O', 'O', 'O']
```

14.1.2　篇章分析

句子级别的语义分析搜索范围有限，有时需要借助上下文语境来进行判断，这就需要用到篇章分析。篇章分析是针对段落、章节等多个句子组成的模块的自然语言处理方法，能够解决如"共指消解""语义关系识别""依存语法树"等必须在篇章层面才能解决的问题。下面列举 jiagu 工具包内能够帮助实现篇章分析的函数。

1. 关键词提取

关键词提取是指从文本文档中提取少量表征其内容的词语。jiagu.keywords() 函数可以实现关键词提取，用法见 In[3]。该函数的两个参数分别为：指定文档 text、关键词数 k。该函数主要依靠 TextRank 算法实现关键词提取，这是一种用于文本的基于图的排序算法，其原理如下：（1）识别候选词，把文本按句子分割，对每个句子进行分词、词性标注，只保留指定词性的词，如名词、动词、形容词；（2）构建关键词图，关键词图中的节点为候选词，连边为词语的共现关系。假设两个单词最多 L 次出现在同一篇文档，二者才能形成连边；（3）通过特定的节点权重公式，计算每个节点的权重，并不断迭代更新直至收敛；（4）对节点权重排序，选出最重要的 M 个候选单词；（5）将 M 个候选单词放回原文中标记，如果某两个词构成相邻词组，则合并两个候选单词为一个关键词组；（6）输出权重最高的 k 个关键词。

```
In[3]:  1  text = '''垃圾分类（英文名为 Garbage classification），一般是指按
           一定规定或标准将垃圾分类储存、分类投放和分类搬运，从而转变成公共资源
           的一系列活动的总称。分类的目的是提高垃圾的资源价值和经济价值，力争物
           尽其用。垃圾在分类储存阶段属于公众的私有品，垃圾经公众分类投放后成为
           公众所在小区或社区的区域性准公共资源，垃圾分类搬运到垃圾集中点或转运
           站后成为没有排除性的公共资源。从国内外各城市对生活垃圾分类的方法来
           看，大致都是根据垃圾的成分、产生量，结合本地垃圾的资源利用和处理方式
           来进行分类的。
           进行垃圾分类收集可以减少垃圾处理量和处理设备，降低处理成本，减少土地
           资源的消耗，具有社会、经济、生态等几方面的效益。'''
        2  keywords = jiagu.keywords(text, 5)   # 提取关键词
        3  print(keywords)
```

```
Out[3]:    ['垃圾', '分类', '处理', '资源', '公众']
```

2. 新词发现

新词发现是指不需要输入先验素材，直接根据已有的大规模语料库发现文本中可能成词的语言片段。jiagu.findword()函数能通过信息熵实现简单的新词发现，用法见 In[4]。输入的两个参数为：输入文件路径、输出文件路径。该函数的基本原理如下：（1）把输入文本中出现频率较高的语言片段提取出来，测量文本内部单个文字的聚合程度，考察该片段独立成词的可能；（2）通过概率推理，计算该片段与左右邻字的聚合程度，推测该片段与左右两侧文字构成新词的可能。如果该片段能够算作新词，它应该会灵活地出现在各种不同的环境中，具有丰富的左邻字集合和右邻字集合。In[4]，以第 13.2 节中使用的新闻联播数据为输入案例，将新词及词频显示在指定的输出文件中。

```
In[4]:  1 %%time
        2 jiagu.findword('chinese_news.csv', 'output.txt')
Out[4]:    Wall time: 1min 6s
```

3. 文本摘要

文本摘要是指通过少量句子概括、总结、提炼文本中的重要信息，本质上是一种信息压缩技术。jiagu.summarize()函数能实现文本摘要抽取功能，用法见 In[5]。该函数输入参数分别为：文档内容 $text$、提取的摘要句子数 k。该函数同样采用 TextRank 算法实现，其基本原理如下：（1）把文本分割成单个句子，用词向量表示每个句子；（2）计算句子词向量间的相似性，并存放在相似度矩阵中；（3）将相似度矩阵转换为以句子为节点，以相似性得分为边的图结构，用 TextRank 算法的节点权重公式计算句子重要性，并按权重先后顺序排序；（4）选择排名靠前的前 k 个句子构成最后的摘要列表。

```
In[5]:  1 summarize = jiagu.summarize(text, 2)  # 文本摘要
        2 print(summarize)
Out[5]: ['进行垃圾分类收集可以减少垃圾处理量和处理设备，降低处理成本，减少土
         地资源的消耗，具有社会、经济、生态等几方面的效益。','垃圾分类（英文名
         为 Garbage classification），一般是指按一定规定或标准将垃圾分类储
         存、分类投放和分类搬运，从而转变成公共资源的一系列活动的总称。']
```

14.1.3　知识挖掘

知识图谱关系抽取是一种经典的知识挖掘方法，是指从数据中挖掘、分析、构建、绘制和显示知识及它们之间的相互联系。我们可以直观地把知识图谱想象成多关系图，命名实体表示为节点，实体之间的关系构成边。这些节点和边的大量存储可构成知识库，方便知识匹配和信息检索。知识图谱技术已经广泛应用于搜索引擎检索、推荐系统等，应用示例如图 14-1 所示。

jiagu.knowledge()函数能帮助我们从指定字符流中抽取简单的知识图谱关系，用法见 In[6]。关系抽取完毕后可得到节点和边，导入现有绘图工具（如 Gephi、Echarts）可绘制知识图谱。在节点较少、关系简单的情况下，用 PPT、Photoshop 也可以绘制漂亮的图表。

（a）百度搜索"林黛玉"的相关人物

（b）豆瓣搜索"红楼梦"的相关推荐

图 14-1　知识图谱的应用示例

```
In[6]:  1 # 知识图谱关系抽取
        2 text = '''钟南山，男，汉族，祖籍福建厦门，1936 年 10 月出生于南京，
          中共党员。他是著名呼吸病学专家，中国抗击非典型肺炎的领军人物'''
        3 knowledge = jiagu.knowledge(text)
        4 print(knowledge)
Out[6]: [['钟南山', '民族', '汉族'], ['钟南山', '祖籍', '福建厦门'],
        ['钟南山', '出生日期', '1936 年 10 月'], ['钟南山', '出生地', '
        南京']]
```

情感分析也是知识挖掘的一部分，又称为意见挖掘，是分析句子自带的感情色彩或观点偏向的分类问题。其类别标签通常有：（积极、消极）、（正面、负面）、（支持、中立、反对）、（喜、怒、哀、乐）等。

jiagu 包内部自带了情感极性词典，能够识别有明显感情色彩的词，如表示积极情感的"美丽""希望"，以及表示消极情感的"讨厌""不文明"等。在 In[7]单元格中，我们借助 jiagu.sentiment()函数实现了对句子情感的简单分析。该函数返回情感类别及对应概率值，概率值越大表示情感越积极，反之越消极。当概率接近 0.5 时，情感处于中立的状态，由于该函数并未定义中立状态，所以必要时可重新封装该函数，人为划分中间情感的概率区间。

```
In[7]:  1 # 情感分析
        2 text_list = ['我的家乡,如此温柔美丽', '我讨厌不文明行为', '他希
          望就这么平平淡淡地生活着', '平平淡淡地生活着']
        3 for text in text_list:
        4     sentiment = jiagu.sentiment(text)
        5     print(sentiment)
Out[7]: ('positive', 0.9454666644416514)
        ('negative', 0.9989120433830845)
```

```
('positive', 0.7807761202255176)
('negative', 0.5236906935665328)
```

尽管 jiagu 包可根据情感极性词典做简单的情感判断，但是在实际应用中，情感极性词典往往不能够完全覆盖用户数据样本中的情感词，或者无法很好地校准情感基线。此外，文本内容经常存在喜忧参半、反讽、欲扬先抑等复杂情况，该函数很容易出现误判，给出不准确的分析结果。因此，我们需要借助机器学习技术，实现更精准的文本情感分析。

14.2 基于 sklearn 的机器学习实践

数据新闻研究中的许多问题都可简化为分类问题，如新闻体裁识别、文章态度倾向判断、微博和评论的情感判断等。就文本自身特点而言，新闻、博文等属于长文本，信息量丰富，特征充分；微博、评论等属于短文本，单条样本信息量少，特征稀疏。本节以短文本的情感分类为例，介绍如何使用机器学习方法完成基本的文本分类任务，该方案也同样适用于长文本分类问题。

解决文本分类问题的基本流程如下：

（1）生成文本特征，包括数据清洗，以得到规整的样本集，并通过特征工程提取样本特征；

（2）训练并优化分类器，首先是划分样本集为训练集和测试集，然后选择合适的分类器。接着，在训练集上训练分类器，赋予其特殊的分类能力。在这个过程中，可以使用分类器的默认参数，也可通过参数调整找出具有最优性能的分类器；

（3）分类器性能评估，即在测试集上评估分类器的预测能力。测试完成后，如果分类器达到了合格的性能指标，就可正式应用于未分类数据的类别预测。

机器学习可分为监督学习、半监督学习、无监督学习 3 种类型。监督学习需要相当数量的已分类数据样本来训练分类模型，模型预测准确度依赖于训练集的质量。无监督学习不需要训练样本，最常见的无监督学习是"数据聚类"，只需要计算样本间的相似度，不需要事先知道类别信息。半监督学习介于二者之间，一开始只需要少量的训练样本，在模型训练模型过程中需要不断将预测出的可靠结果纳入训练集中，改进模型质量。由于监督学习在工程实际中最为常见，因此作为本节的介绍重点。

14.2.1 生成特征

机器学习方法是目前主流的分类器，也是数据挖掘的"屠龙刀"之一。本节以公开的评论数据为基础，介绍机器学习方法的使用流程。

首先在 D 盘新建工程根目录"D:/comments_sentiment_analysis"，在根目录下新建名为 data 的文件夹，存放数据集。然后进入 Github 网站，搜索"利用 Python 实现酒店评论的情感分析的数据集"并下载。下载完成后解压缩，将 data 文件夹中的数据集存放到新建的目录下。数据文件夹 data 打开后的目录树结构如下：

```
▼Data （文件夹）
    ▼ChnSentiCorp_htl_ba_2000 （文件夹）
        ▼neg （文件夹）
            neg.0.txt
            …
            neg.999.txt
        ▼pos （文件夹）
            pos.0.txt
            …
            pos.999.txt
```

1. 导入需要的依赖包

打开 Anaconda Prompt 进入工程根目录，在根目录下打开 jupyter notebook，新建"code.ipynb"文件存放代码。按照编码习惯，在第一个单元格内一次性导入所有需要的依赖包，见 In[1]。其中需要安装的第三方包有 jieba、sklearn、matplotlib、seaborn。

```
In[1]:1    import os, re, time
      2    import jieba, codecs
      3    import pandas as pd
      4    import numpy as np
      5    from sklearn.model_selection import train_test_split
      6    from sklearn.feature_extraction.text import CountVectorizer,
           TfidfVectorizer
      7    from sklearn.svm import SVC
      8    from sklearn.metrics import confusion_matrix, classification_report,
           roc_auc_score, precision_score, recall_score, f1_score
      9    from sklearn.ensemble import RandomForestClassifier
      10   import matplotlib.pyplot as plt
      11   import matplotlib.font_manager as fm
      12   import seaborn as sns
      13   %matplotlib inline
```

2. 读取数据文件

pos 和 neg 文件夹非常相似，两个文件夹下都存放着 1 000 条评论，每条评论单独放在一个文件中，因此需要按文件读取。在 In[2]单元格中，可以把读取文件的步骤抽象为 read_files()函数，这样只需要调用该函数两次，即可获取正、负面评论。函数存在的目的就是减少代码重复量。os.listdir()函数可遍历目录下的文件调用，只返回文件名。如果要获取文件的绝对路径，还需把文件根目录和文件名通过 os.path.join()拼接起来，才能打开文件。

```
In[2]: 1 def read_files(root):  # 定义文件读取的函数
       2     lis = []
```

```
3        for file in os.listdir(root):
4            with open(os.path.join(root, file), 'rb') as fd:
5                item = fd.read()
6            item = item.strip().decode('gbk','ignore')
7            lis.append(item)
8        return lis
```

文件通过 open()函数打开，传入的第一个参数为文件路径，第二个参数为文件的打开方式。文件打形式的可选项有：

- w：只写（常见）
- r：只读（常见）
- w+：可读写，如果文件存在则清空原内容，如果文件不存在则创建新文件
- r+：可读写，如果文件存在不会清空原内容，如果文件不存在则报错
- a：追加写，不可读
- a+：追加写，同时可读
- rb：按二进制方式读取
- wb：按二进制方式写入

在文件为正规的 gbk 编码（适用中文）或者 utf-8 编码（国际编码）时，只用 "w" 和 "r" 即可满足大部分需求。不巧的是，我们下载的数据集文件有一部分编码异常，无法按这两种编码读取。因此，采用 "rb" 方式读取文件，然后借助 "str.decode('gbk','ignore')" 将字节流强制编码为 gbk，并忽略其中的异常内容。

此外，文件内容的读取也有 3 种方式：

（1）readlines()：读取所有行并存为字符串列表，这种方式最为常见；

（2）readline()：只读取一行并存为一个字符串变量，通常需要和循环语句结合使用，不单独出现；

（3）read()：读取所有内容存为一个字符串变量，适用于本案例。

在 In[3]单元格中调用上文定义的 read_files()实现文件读取。值得注意的是，无论是文本内容，还是文本类别，都是以列表 list 的格式存储。列表特点如下：支持在表示列表的方括号内部写循环语句，大大减少代码行数；支持通过冒号进行切片操作，冒号后面的一项不包含在内；通过 len()函数可获取列表长度，list.append()函数可添加新元素到列表。

```
In[3]:  1 pos_root = "./data/ChnSentiCorp_htl_ba_2000/pos/"
        2 neg_root = "./data/ChnSentiCorp_htl_ba_2000/neg/"
        3 pos_content = read_files(pos_root)
        4 neg_content = read_files(neg_root)
        5 pos_label = ['pos' for i in range(len(pos_content))]
        6 neg_label = ['neg' for i in range(len(pos_content))]
        7 STOPWORDS = [w.strip() for w in codecs.open('./data/stopWord.txt',
          'r', encoding='utf-8').readlines()]
        8 pos_content[:3]
```

```
Out[3]: ['距离川沙公路较近,但是公交指示不对,如果是"蔡陆线"的话,会非常麻烦.建
         议用别的路线.房间较为简单.',
         '商务大床房,房间很大,床有2m宽,整体感觉经济实惠不错!',
         '早餐太差,无论去多少人,那边也不加食品的。酒店应该重视一下这个问题
         了。\r\r\n房间本身很好。']
```

3. 文本分词

前面已经介绍过 jieba.cut()函数的分词用法，这里不再赘述，把重点放在数据清洗上。In[4]提供了一个文本切分的函数。在 In[5]单元格中，通过在列表内循环调用 cut_text()函数，对每个句子分析，得到词汇列表，并借助str.join()函数拼接列表元素，将列表以字符串形式存储。

```
In[4]:  1  def cut_text(sentence):
        2      #去除文本中的英文和数字
        3      sentence = re.sub("[a-zA-Z0-9]","",sentence)
        4      #去除文本中的中文符号和英文符号
        5      sentence = re.sub("[\s+\.\!\/_,$%^*(+\"\';:“”. ]+
        6      |[+—!,。？?、~@#￥%……&*（）]+", "", sentence)
        7      tokens = list(jieba.cut(sentence, cut_all=False))
        8      tokens = " ".join([tk for tk in tokens if token not in STOPWORDS])
               return tokens
```

```
In[5]:  1  pos_tokens = [cut_text(line) for line in pos_content]
        2  neg_tokens = [cut_text(line) for line in neg_content]
        3  pos_tokens[:3]
Out[5]  ['距离 川沙 公路 较近 公交 指示 蔡陆线 麻烦 建议 路线 房间 较为简单',
         '商务 大床 房 房间 很大 床有 宽 整体 感觉 经济 实惠 不错',
         '早餐 太 差人 不加 食品 酒店 应该 重视 一下 问题 房间 好']
```

数据清洗主要通过 re.sub()函数实现，re.sub()函数有 3 个主参数，分别为：被替代的子字符串、替代的子字符串和整个字符串。其中，被替代的字符串通过正则表达式来描述。正则表达式可以被当作描述字符串的公式，它定义了一些基本符号来描述特定字符，然后通过字符的组合来描述要表示的对象，其部分符号描述如表 14-2 所示。

表 14-2　正则表达式的部分符号描述

正则模式	描述
^	匹配字符串的开头
$	匹配字符串的结尾
.	匹配任意字符，换行符除外
*	匹配前面的子表达式零次或多次
+	匹配前面的子表达式一次或多次
?	匹配前面的子表达式零次或一次
\d	匹配一个数字字符，等价于[0-9]
\D	匹配一个非数字字符，等价于[^0-9]
\w	匹配字母、数字及下划线，等价于[A-Za-z0-9_]

正则模式	描述
\W	匹配非字母、数字及下划线，等价于[^A-Za-z0-9_]
\s	匹配任意空白字符
\S	匹配任意非空字符

In[6]借助 pandas 包实现了将分词后的文本列表、标签列表按列存储到表格。In[7]借助 pandas.DataFrame 变量类型，可调用 head()函数或 tail()函数来查看开头或结尾的几项内容。

```
In[6]: 1 df = pd.DataFrame({"content": pos_tokens + neg_tokens,
              "label": pos_label + neg_label})
       2 print(print(df.shape))
Out[6]:(2000, 2)


In[7]: 1 df.head(3)
Out[7]:     content                                                    label
        0  距离 川沙 公路 较近 公交 指示 蔡陆线 麻烦 建议 路线 房间        pos
           较为简单
        1  商务 大床 房 房间 很大 床有 宽 整体 感觉 经济 实惠 不错        pos
        2  早餐 太 差 人 不加 食品 酒店 应该 重视 一下 问题 房间 好        pos


In[8]: 1 df.tail(3)
Out[8]:     content                                                    label
        0  距离 川沙 公路 较近 公交 指示 蔡陆线 麻烦 建议 路线 房        pos
           间 较为简单
        1  商务 大床 房 房间 很大 床有 宽 整体 感觉 经济 实惠 不错        pos
        2  早餐 太 差 人 不加 食品 酒店 应该 重视 一下 问题 房间 好        pos
```

4. 生成特征矩阵

经过前文的数据清洗和分词操作，我们已经得到了每条评论的分词序列，下面分析所有评论的分词序列，从中抽取出公用的词向量。这个功能已经被封装在 sklearn.feature_extraction.text 下的 CountVectorizer 类中。在 In[9]单元格中调用了这个类接口，并封装成新的函数 count_vect_feature()。

```
In[9]: 1 # 将输入的列转化为特征，返回特征矩阵、CountVectorizer 对象
       2 def count_vect_feature(df_column, max_features=5000):
       3     start_time = time.time()
       4     cv = CountVectorizer(max_features=max_features,
       5                          ngram_range=(1, 1),
       6                          stop_words=STOPWORDS)
       7     X_feature = cv.fit_transform(df_column)
       8     return X_feature, cv
```

输入最大特征数 max_features、词袋模型的参数 ngram_range、停用词列表 stop_words，对 CountVectorizer 类进行初始化，得到名为 cv 的类对象，该

对象的常用属性和方法如下。

.vocabulary_	词汇表，返回字典型变量
.get_feature_names()	得到所有文本的词汇，返回列表型变量
.stop_words_	返回停用词表
.fit_transform()	对输入的列表进行模型拟合，返回词频矩阵

在 In[10]单元格中，通过调用函数 count_vect_feature()，将所有评论的分词列表转化为最终的特征矩阵 X，并将所有列对应的类别标签提取出来，存为单独的列表型变量 y。从输出 Out[10]可看出，X 为 2 000 行 5 000 列的矩阵，y 为长度为 2 000 的列表。X 的每一行都对应于 y 的一个类别标签，数据规整是使用机器学习模型的前提。

```
In[10]:   1 X, cv = count_vect_feature(df['content'])
          2 y = df['label'].values
          3 print(X.shape, y.shape)
Out[10]:  (2000, 5000) (2000,)
```

14.2.2　训练分类器

机器学习模型常常被称为分类器，其作用是在标记好类别的训练样本集上判断一个新的观察样本所属的类别。在实际操作中，为了评估分类器的性能，我们需要划分带标签数据集为训练集和测试集两部分，前者用于训练分类器，后者用于评估分类器的有效程度。

sklearn.model_selection 中的 train_test_split()函数能够快速划分数据集，见 In[11]。参数 test_size 指定测试集的占比（通常为 20%~30%），参数 random_state 指定了随机划分的随机数，随机数保持不变时，划分规则也保持不变，多次运行代码会得到相同的样本集和测试集。

```
In[11]:   1 train_X, test_X, train_y, test_y = train_test_split(X, y,
            test_size = 0.3, random_state = 42)
          2 print(train_X.shape, test_X.shape, train_y.shape, test_y.shape)
Out[11]:  (1400, 10816) (600, 10816) (1400,) (600,)
```

机器学习中有许多分类器，如随机森林、支持向量机、逻辑斯特回归、梯度提升树等。每种分类器都有严格的数学公式定义，可参考《统计学习方法》（李航著）一书。各种分类器的使用规则和实战案例可查阅《机器学习实战》（Peter 著）或《机器学习》（周志华著）等书。本节只介绍最原始、最简单的机器学习方法。

在 In[12]中，初始化一个名为 clf 的分类器对象，该对象调用随机森林的类函数。调用分类器下的.fit()函数，输入训练集，便能够自动训练模型。此时查看 clf 会发现分类器有许多参数选项，由于这些参数自带默认值，所以不输入任何值也可以正常使用分类器。

```
In[12]:   1 clf = RandomForestClassifier()
          2 clf = clf.fit(train_X, train_y)
          3 clf
```

```
Out[12]:  RandomForestClassifier(bootstrap=True, class_weight=None,
          criterion='gini', max_depth=None, max_features='auto',
          max_leaf_nodes=None, min_impurity_split=1e-07, min_
          samples_leaf=1, min_samples_split=2, min_weight_
          fraction_leaf=0.0, n_estimators=10, n_jobs=1, oob_
          score=False, random_state=None, verbose=0, warm_start=
          False)
```

在实际应用中，为了获得更好的分类器性能，通常需要对分类器进行调参。sklearn 包是个百宝箱，它提供了两个调参方法。

（1）GridSearchCV：网格搜索法，适合参数少或者数据量较小的情况，可遍历所有指定参数。该方法封装在类中，导入方式为 from sklearn.model_selection import GridSearchCV。

（2）RandomizedSearchCV：随机搜索法，适合参数多或数据量大的情况，可随机在参数空间中选择一部分点搜索，速度快。对应类的导入方式为 from sklearn.model_selection import RandomizedSearchCV。

训练完成之后，可引用参数.feature_importances_得到特征的重要程度。随后，借助 numpy.argsort()函数对特征按重要程度排序，默认顺序为从小到大，借助切片操作[::-1]实现列表倒置，得到从大到小排列的顺序。此时得到的只是特征序号，无法观察其代表的实际意义，需要借助 In[10]单元格中的 cv 对象得到特征名，与特征序号一一对应。最后，通过格式化打印的方式输出最重要的前 10 个特征词汇。整个过程见 In[13]。

```
In[13]:  1  # 特征重要性
         2  fea_importances = clf.feature_importances_
         3  indices = np.argsort(fea_importances)[::-1]
         4  fea_names = cv.get_feature_names()
         5  for f in range(10):
         6      print("%s) %-*s %f" % (f + 1, 30, fea_names[indices[f]],
                fea_importances[indices[f]]))
```

```
Out[13]:  1) 不错                           0.047962
          2) 方便                           0.015820
          3) 很差                           0.014162
          4) 比较                           0.010393
          5) 携程                           0.008700
          6) 招待所                         0.008092
          7) 丰富                           0.007872
          8) 酒店                           0.007839
          9) 还会                           0.007203
          10) 电梯                          0.006611
```

训练阶段结束后，在测试集上评估模型的准确度。clf.predict()函数收到测试集的特征矩阵后，返回预测出的标签列表。准确度的计算方法为：用测试预测标签与真实标签相同的样本数，除以测试集的总样本数。该计算方法等价于对两个列表做"同或"操作，然后求均值，即 np.mean(list0==list1)。对两个变量做"同或"运算，如果二者相同，则返回值为 1，否则返回值为 0。最终，我们得到所训练的分类器准确度约为 0.86，见 In[14]。

```
In[14]: 1 predicted_test = clf.predict(test_X)
        2 prediction_acc = np.mean(predicted_test == test_y)
        3 print("Prediction accuracy:", prediction_acc)
Out[14]: Prediction accuracy: 0.866666666667
```

结束对模型的评估后，分类器可正式用于处理未分类数据。In[15]定义了一个函数 predict_sentence()，能够预测原始评论语句的情绪类别。该函数中包含了 3 个步骤：句子分词、特征生成和分类器预测。In[16]中调用了该函数，以计算好的 cv 对象、训练过的 clf 分类器对象作为输入参数。

```
In[15]: 1 def predict_sentence(count_vectorizer, classifier, sentence):
        2     tokens = cut_text(sentence)
        3     frame = count_vectorizer.get_feature_names()
        4     features = np.zeros(len(frame))
        5     for tok in tokens:
        6         if tok in frame:
        7             ind = frame.index(tok)
        8             features[ind] += 1
        9     result = classifier.predict(features.reshape(1,-1))[0]
        10    return result
```

```
In[16]: 1 predict_sentence(cv, clf, '这家酒店棒极了!')
Out[16]: 'pos'
```

14.2.3　分类结果的评价指标

当样本分布不均衡时，用"准确率"评价分类器性能是远远不够科学全面的。例如，关注美妆节目的观众中，女性占比可能达到 90%以上。如果定义一个分类器，就算这个分类器不加思考地把所有的节目观众都预测为女性，它的准确率仍然可达 90%以上，这并没有实际意义。许多情况下，少数样本才是我们关注的重点，如地震预测、异常检测、非主流观点识别等任务。

（1）**精确度和召回率**：在不平衡数据集的案例中，精确度（查准率）和召回率（查全率）比准确率更受欢迎。精确度将重点关注的样本类别定义为"正例"，其计算方式为：

$$精确度 = \frac{预测为正例，实际也为正例的样本数}{预测为正例的样本数}$$

精确度只考查了"预测出的正例有多少是准确的"，却没有考查到"所有正例有多少被预测出来了"。作为补充，召回率计算了分类结果的全面程度，其计算方式为：

$$召回率 = \frac{预测为正例，实际也为正例的样本数}{实际为正例的样本数}$$

精确度和召回率作为两个指标，此消彼长。当多个分类器对比时，我们需要更统一的评价指标来给分类器的性能排序。

（2）F_1 分数：F_1 分数被定义为精确度和召回率的调和平均数。只有当精确度和召回率都占优势时，F_1 分数值才会领先；如果只有精确度或者召回率高，另一指标低，则 F_1 分数值也会偏低。F_1 分数计算公式为：

$$F_1 = 2 \times \frac{精确度 \times 召回率}{精确度 + 召回率}$$

最早人们只关注 F_1 分数，使精确度和召回率保持相同的权重。随着大型搜索引擎的兴起，召回率和精确度的权重开始不同。更一般地，我们定义 F_β 分数的计算公式为：

$$F_\beta = (1 + \beta^2) \times \frac{精确度 \times 召回率}{(\beta^2 \times 精确度) + 召回率}$$

如果想定义召回率的权重大于精确度，则可用 F_2 分数；如果希望精确度的权重大于召回率，则可用 $F_{0.5}$ 分数。

（3）**ROC 曲线与 AUC 值**：接收者操作特征（Receiver Operating Characteristic，简称 ROC）曲线是对分类器性能的一种直观评价指标。在多数情况下，我们把正例标记为 1，负例标记为 0，分类器的原始预测结果是一个概率值，当这个概率大于阈值 0.5 时，分类器判定样本为正例，否则判断样本为负例，最终得到一个（FPR，TPR）坐标值。而在 ROC 中，这个阈值是从 0 逐渐增长到 1，从而得到一组坐标值。在这一组坐标值中，横轴是"假正例率"（False Positive Rate，FPR），纵轴是"真正例率"（True Positive Rate，简称 TPR），计算公式分别为：

$$ROC\ 横轴：FPR = \frac{预测值为1、真实值为0的样本数}{真实值为0的样本数}$$

$$ROC\ 纵轴：TPR = \frac{预测值为1、真实值为1的样本数}{真实值为1的样本数}$$

根据（FPR，TPR）绘制出的 ROC 曲线与 AUC 如图 14-2 所示，其中，AUC 值即 ROC 曲线下的面积（Area Under ROC Curve，简称 AUC）。

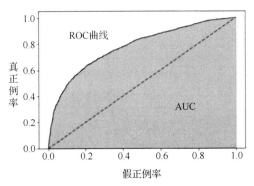

图 14-2　ROC 曲线与 AUC

表 14-3 描述了评价分类器各指标的计算公式。Positive 和 Negative 表示预测

值，True 和 False 表示预测值是否正确。准确率用到矩阵中的所有值，精确度和召回率分别用到第一列和第一行的值，TPR 和 FPR 分别用到第一行和第二行的值。

表 14-3　评价分类器各指标的计算公式

真实值	预测值		
	1	0	
1	True Positive (TP)	False Negative (FN)	$Recall = TP/(TP+FN)$ $TPR = TP/(TP+FN)$
0	False Positive (FP)	True Negative (TN)	$FPR = FP/(FP+TN)$
	$Precision = \dfrac{TP}{TP+FP}$		$Accuracy = \dfrac{TP+TN}{TP+TN+FP+FN}$

熟悉分类器的各种评价指标后，可通过 sklearn 提供的接口计算这些值，见 In[17]。

```
In[17]:  1  prediction_precision = precision_score(test_y,
            predicted_test, average='weighted')
         2  prediction_recall = recall_score(test_y, predicted_
            test, average='weighted')
         3  prediction_f1_score = f1_score(test_y, predicted_test,
            average='weighted')
         4  test_y_binary = [1 if it=='pos' else 0 for it in test_y]
         5  predict_test_binary = [1 if it=='pos' else 0 for it in
            predicted_test]
         6  prediction_auc = roc_auc_score(test_y_binary, predict_
            test_binary, average= 'weighted')
         7  print("Prediction precision:", prediction_precision)
         8  print("Prediction recall:", prediction_recall)
         9  print("Prediction F1-score:", prediction_f1_score)
        10  print("Prediction auc:", prediction_auc)
        11  print(classification_report(test_y, predicted_test))
Out[17]:    Prediction precision: 0.830264994887
            Prediction recall: 0.83
            Prediction F1-score: 0.829984888217
            Prediction auc: 0.830081336948
                      precision  recall  f1-score  support
               neg      0.82      0.84     0.83      298
               pos      0.84      0.82     0.83      302
            avg / total 0.83      0.83     0.83      600
```

在 In[18]中，定义了将预测结果和真实结果的可视化函数，数值内容通过 confusion_matrix()函数计算，随后借助 seaborn 包绘制出热力图。In[19]调用该函数实现绘图，输出的热力图如图 14-3 所示。

```
In[18]:  1  def show_confusion_matrix(test_y, predicted, trim_labels=False):
         2      mat = confusion_matrix(test_y, predicted)
         3      plt.figure(figsize=(4, 4))
         4      f, ax = plt.subplots(1,1, figsize=(4,4))
         5      sns.set()
         6      target_labels = np.unique(test_y)
```

```
 7      if(trim_labels):
 8          target_labels = [x[0:70] for x in target_labels]
 9      sns.heatmap(mat.T, square=True, annot=True, fmt='d',
        cbar=False,xticklabels=target_labels, yticklabels=
        target_labels)
10      ax.set_xticklabels(ax.get_xticklabels())
11      ax.set_yticklabels(ax.get_yticklabels())
12      prop = fm.FontProperties(family='STsong', style='italic', size=15)
13      plt.xlabel('真实类别', fontproperties=prop)
14      plt.ylabel('预测类别', fontproperties=prop)
15      plt.show()
```

In[19]: 1 show_confusion_matrix(test_y, predicted_test)

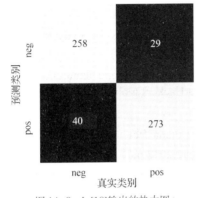

图 14-3 In[19]输出的热力图

本章知识要点

1. 自然语言处理工具包 jiagu 能够实现基础的自然语言处理功能，但更准确的分析需要其他专门的工具。

2. 机器学习工具包 sklearn 非常强大，包含了很多主流的机器学习分类器。

3. 典型的机器学习过程需要经过特征生成、分类器训练、测试集测试 3 个环节。

4. 评价指标的选择会影响分类器的性能评估，AUC 是目前主流的评价指标。

【习题】

1. 常见的自然语言分析方法有哪些？

2. 机器学习模型使用的流程分哪几步？

参考文献

[1] 章永宏、黄琳：《重建客观：中国大陆精确新闻报道研究》，北京：中国书籍出版社，2013 年，第 4 页.

[2] Meyer.philip：Precision Journalism: A Reporter's Introduction to Social Science Methods, Amerucac: Rowman & Littlefield Publishers, 2002: VIII.

[3] 方洁：《数据新闻概论》，北京：中国人民大学出版社，2015 年，第 17 页.

[4] Anderson,C.W. Notes towards an analysis of computational journalism. Social Science Research Network, 2009.

[5] Lewis, S. C., & Usher, N, Code, collaboration, and the future of journalism: A case study of the Hacks/Hackers global network，Digital Journalism,Vol. 2, No.3, 2014, pp.383-393.

[6] Jonathan Gray, Liliana Bounegru, Lucy Chambers ,The Data Journalism Handbook. O'Reilly Media: ,2012,p.6.

[7] Jonathan Gray, Liliana Bounegru, Lucy Chambers ,The Data Journalism Handbook. O'Reilly Media: ,2012,p.6.

[8] Mark Coddington "Clarifying Journalism's Quantitative Turn: A typology for Evaluating Data Journalism, Computational Journalism, and Coputer-assisted Reporting", Digital Journalism, Vol.3, No.3,2015, pp.331-348.

[9] 方洁、颜冬：《全球视野下的 "数据新闻"：理念与实践》，《国际新闻界》2016 年第 6 期.

[10] 郭晓科：《数据新闻学的发展现状与功能》，《编辑之友》2013 年第 8 期.

[11] 苏宏元、陈娟：《从计算到数据新闻：计算机辅助报道的起源、发展和现状》，《新闻与传播研究》2014 年第 10 期.

[12] 凌云：《数据的新闻价值与使用风险》，《新闻战线》2016（16）：16-18.

[13] 童兵：《理论新闻传播学导论》，北京：中国人民大学出版社，2011: 44.

[14] Knight, M. Data journalism in the UK: a preliminary analysis of form and content. Journal of Media Practice，16（1），55-72. 转引自：张帆，吴俊：《2011—2015：大数据背景下英美数据新闻研究述评》，《国际新闻界》，2016（1）.

[15] 朗劲松、杨海：《数据新闻：大数据时代新闻可视化传播的创新路径》,《现代传播》, 2014（3）.

[16] 吴小坤、童峥：《数据新闻对传统新闻价值的突破与重构》,《当代传播》2017 年第 4 期.

[17] Jaime A. Teixeira da Silva，Judit Dobranszk：Potential Dangers with Open Access Data Filesin the Expanding Open Data Movement, Publishing Research Quarterly, 2015, 31(4), pp.298-305.

[18] 张晓娟，王文强，唐长乐 ：《中美政府数据开放和个人隐私保护的政策法规研究》,《情报理论与实践》, 2016 年 1 月.

[19] David Craig, Stan Ketterer, and Mohammad Yousuf：To Post or Not to Post: Online Discussion of Gun Permit Mapping and the Development of Ethical，Journalism & Mass Communication Quarterly， 2017, Vol. 94(1) , pp.168-188.

[20] Lewis, Seth C. & Oscar Westlund (2015) "Big Data and Journalism", in Digital Journalism, vol.3, no.3, pp.447-466.

[21] Kasey Panetta. Champion data literacy and teach data as a second language to enable data-driven business. February 6, 2019.

[22] Megan Squire． 干净的数据：数据清洗基础与实践[M]． 任政委（译）. 北京：人民邮电出版社，2016.

[23] 龙志：《"世华会"香港注册记：先"公司"后"协会"》,《南方都市报》2011 年 9 月 7 日.

[24] 王珊、萨师煊：《数据库系统概率（第 5 版）》, 北京：高等教育出版社，2014 年：第 4 页.

[25] David Herzog, Data Literacy, USA: Sage Publications Inc., 2016, P.6.

[26] 黄慧敏：《最简单的图形与最复杂的信息》, 浙江人民出版社，2013 年，第 129-130 页.

[27] 周宏宇：《经验分享：热门有趣的信息图是怎样诞生的？》, 优设网，2014 年 1 月 20 日.

附录 A　微课目录

附录 B　拓展阅读

章节	拓展阅读	作者	出版方	时间
第 1 章	《数据新闻概论》	方洁	中国人民大学出版社	2015
	《数据新闻：理论承递、概念适用与界定维度》	吴小坤	《新闻与传播研究》	2017
	《数据新闻对传统新闻价值的突破与重构》	吴小坤，童峥	《当代传播》	2017
	《数据新闻现实困境、突破路径与发展态势》	吴小坤，全凌辉	《中国出版》	2019
第 2 章	《调查记者手册：文件、数据及技巧指南》	布兰特·休斯顿等	南方日报出版社	2005
	《大数据时代》	迈克·舍恩伯格	浙江人民出版社	2013
	《数据新闻大趋势：释放可视化报道的力量》	西蒙·罗杰斯	中国人民大学出版社	2015
第 3 章	《开放数据》	乔尔·古林	中信出版社	2014
	历年 DJA（国际数据新闻奖）获奖作品	—	—	—
第 4 章	《深入浅出统计学》	Dawn Griffit	电子工业出版社	2011
	《数据可视化》	陈为，沈则潜	电子工业出版社	2013
	《ggplot2：数据分析与图表艺术（第 2 版）》	哈德利·威克姆	西安交通大学出版社	2018
	《局限与整合：大数据下的因果和相关》	宋文婷，贺天平	《系统科学学报》	2021
	《相关关系和因果关系在事故分析中的应用——研究综述与启示》	刘祖德，刘永泰，王清	《安全与环境学报》	2020
第 5 章	《Excel 图表之道 如何制作专业有效的商务图表》	刘万祥	电子工业出版社	2017
	《用数据讲故事》	科尔·努斯鲍默·纳福利克	人民邮电出版社	2017
	《Power Query 数据清洗实战》	Excel Home	北京大学出版社	2020
第 6 章	《Using OpenRefine》	Ruben Verborgh 等	Packt Publishin	2013
	Quartz Bad Data Guide	—	[online resource]	—
第 7 章	《Python 3 爬虫、数据清洗与可视化实战》	零一等	电子工业出版社	2018

数据新闻理论与实践（微课版）

章节	拓展阅读	作者	出版方	时间
第8章	《最简单的图表与最复杂的信息》	黄慧敏	浙江人民出版社	2013
第9章	《图解·平面设计规范》	刘响，沈志良	香港高色调出版有限公司	2020
	The Grammar of Graphics	Leland Wilkinson	Springer	2011
	《数据可视化》	陈为，沈则潜	机械工业出版社	2013
第10章	ECharts 官网的术语速查手册	—	ECharts 官网	—
	Tableau 可视化案例	—	ECharts 官网	—
第11章	《网页设计与前端开发实用教程》	张婷	人民邮电出版社	2020
	《HTML5+CSS3 网页前端设计案例教程》	高立军，谢秋钊	高等教育出版社	2020
第12章	the wisdom and/or madness of crowds（群体智慧小游戏）	—	ncase.me	—
	the evolution of trust（信任演化的小游戏）	—	ncase.me	—
	parable of the polygons（让每个人都高兴起来的小游戏）	—	ncase.me	—
第13章	《父与子的编程之旅：与小卡特一起学 Python》（第三版）	Warren Sande	人民邮电出版社	2020
第14章	《利用 Python 进行数据分析》（原书第二版）	Wes·McKinney	机械工业出版社	2018